Bianca Schöpper
Die Systeme der progressiven Kundenwerbung unter besonderer Berücksichtigung des Multi-Level-Marketing-Systems

Reihe Rechtswissenschaft

Band 214

Bianca Schöpper

Die Systeme der progressiven Kundenwerbung unter besonderer Berücksichtigung des Multi-Level-Marketing-Systems

Centaurus Verlag & Media UG

Bianca Schöpper, geb. 1980, absolvierte ein Studium der Rechtswissenschaften an der Universität Osnabrück und promovierte dort mit dieser Arbeit. Sie ist Staatsanwältin bei der Staatsanwaltschaft bei dem Landgericht Lübeck.

Bibliografische Informationen der Deutschen Nationalbibliothek
Die Deutsche Nationalbibliothek verzeichnet diese Publikation in der Deutschen Nationalbibliografie; detaillierte bibliografische Daten sind im Internet über http://dnb.d-nb.de abrufbar.

ISBN 978-3-86226-063-8   ISBN 978-3-86226-919-8 (eBook)
DOI 10.1007/978-3-86226-919-8
ISSN 0177-2805

Alle Rechte, insbesondere das Recht der Vervielfältigung und Verbreitung sowie der Übersetzung, vorbehalten. Kein Teil des Werkes darf in irgendeiner Form (durch Fotokopie, Mikrofilm oder ein anderes Verfahren) ohne schriftliche Genehmigung des Verlages reproduziert oder unter Verwendung elektronischer Systeme verarbeitet, vervielfältigt oder verbreitet werden.

© *CENTAURUS Verlag & Media KG, Freiburg 2011*
www.centaurus-verlag.de

Satz: Vorlage der Autorin
Umschlaggestaltung: Antje Walter, Titisee-Neustadt

1. Vorwort

Die vorliegende Arbeit wurde im Januar 2010 von der juristischen Fakultät der Universität Osnabrück als Dissertation angenommen.

Mein Dank gilt meinem Doktorvater Herrn Prof. Dr. Ralf Krack für die Anregung zu diesem Thema sowie die Betreuung und Begutachtung meiner Dissertation. Weiterhin möchte ich Herrn Prof. Dr. Roland Schmitz für die Erstellung des Zweitgutachtens danken.

Darüber hinaus danke ich allen, die mich durch ihr Interesse an meiner Arbeit sowie Diskussionen bei der Erstellung unterstützt haben.

Insbesondere bedanke ich mich bei meinen Eltern für die Unterstützung während meiner gesamten Ausbildung. Ihnen ist diese Arbeit gewidmet.

Inhaltsverzeichnis

1. Vorwort .... *I*
A. EINLEITUNG UND GANG DER UNTERSUCHUNG 1
B. DARSTELLUNG UND FUNKTIONSWEISE DER UNTERSUCHTEN
   VERTRIEBSSYSTEME 3
   I. DIE SYSTEME DER PROGRESSIVEN KUNDENWERBUNG 3
      1. Das Schneeballsystem *4*
      2. Das Pyramidensystem *6*
      3. Geldgewinnspiele *9*
      4. Zusammenfassung *10*
   II. DAS MULTI-LEVEL-MARKETING-SYSTEM 12
      1. Entwicklung einer Definition *12*
         a) Bisherige Definitionen 12
            aa) Definition von Tietz 12
            bb) Definition von Otto und Brammsen 13
            cc) Definition von Zacharias 13
            dd) Definition von Wehling 13
         b) Auswertung 14
            aa) Direktvertrieb 14
            bb) Einsatz von nicht kaufmännisch Ausgebildeten im Haupt- oder
                Nebenberuf 16
            cc) Der Vertrieb durch Repräsentanten und deren rechtlicher Status 18
               (1) Der Eigenhändler 18
               (2) Der Vertragshändler 19
               (3) Der Verkaufskommissionär 19
               (4) Der Handelsvertreter 20
               (5) Ergebnis 20
            dd) Akquisition neuer Mitarbeiter 21
            ee) Stufenmäßige Gliederung des Systems 23
               (1) Der Einstieg in das Multi-Level-Marketing-Unternehmen 23
               (2) Der Aufbau der eigenen Vertriebslinien 24
               (3) Der Ausbau der Vertriebslinien über mehrere Ebenen 24
               (4) Ergebnis 25
            ff) Erfolgsbezogene Vergütung 25
               (1) Die Handelsspanne 26
               (2) Teamorientierte Provisionen 27
               (3) Bonuszahlungen 27
               (4) Ergebnis 28
            gg) Produktbindung 28
            hh) Keinerlei Lagerbestände oder Abnahmeverpflichtungen 29
            ii) Arbeit im Rahmen eines Franchise-Programms 30

jj) Der Marketing-Plan 34
c) Eigene Definition 35
2. Die Geschichte des Multi-Level-Marketing 36
3. Beispiele von im Multi-Level-Marketing-System tätigen Unternehmen 39
   a) Das Unternehmen Amway 39
   b) Das Unternehmen Herbalife 41
   c) Das Unternehmen Nu Skin Enterprises 42
   d) Zusammenfassung 43
III. ERGEBNIS DES ABSCHNITTS B. 43

C. RECHTSGRUNDLAGEN 45
I. DIE HISTORISCHE ENTWICKLUNG DES § 16 ABS. 2 UWG 45
II. DIE RECHTSNATUR DES § 16 ABS. 2 UWG 50
   1. Der Tatbestand der progressiven Kundenwerbung als abstraktes
      Gefährdungsdelikt 50
   2. Der Tatbestand der progressiven Kundewerbung als Unternehmensdelikt ..
      51
III. DAS GESCHÜTZTE RECHTSGUT 52
   1. Individualschutz oder Kollektivschutz 52
      a) Eine Ansicht: Schutz ausschließlich des Individualvermögens 53
      b) Andere Ansicht: Schutz auch kollektiver Rechtsgüter und
         Schutzobjekte 53
      c) Stellungnahme 54
   2. Die geschützten Rechtsgüter und Schutzobjekte im Einzelnen 55
      a) Schutz der Allgemeinheit 55
      b) Schutz der Mitbewerber 56
      c) Schutz der Verbraucher 56
IV. ERGEBNIS DES ABSCHNITTS C. 57

D. UNTERSUCHUNG DER VERTRIEBSSYSTEME NACH DEM GELTENDEN § 16 ABS. 2 UWG 58
I. STRAFBARKEIT VON SCHNEEBALL- UND PYRAMIDENSYSTEMEN NACH § 16
   ABS. 2 UWG 58
   1. Beurteilung von Schneeball- und Pyramidensystemen in Rechtsprechung
      und Literatur 58
   2. Der Verbraucher als Tatbestandsmerkmal des § 16 Abs. 2 UWG 59
      a) Der Begriff des Verbrauchers und seine Entwicklung 60
         aa) Der Verbraucherbegriff nach europäischem Recht 60
         bb) Der Verbraucherbegriff nach dem BGB 61
         cc) Der Verbraucherbegriff nach dem UWG 62
      b) Die Verbrauchereigenschaft der Umworbenen im Rahmen der
         Schneeball- und Pyramidensysteme 63
         aa) Natürliche Person 63
         bb) Abschluss eines Rechtsgeschäfts 63

cc) Keine gewerbliche oder selbständige berufliche Tätigkeit..........64
(1)Die Tätigkeit im Rahmen der Schneeballsysteme 65
 (a)Keine gewerbliche Tätigkeit 65
  (aa) Die unterschiedlichen Gewerbebegriffe..........................65
  (bb) Subsumtion 65
 (b)Keine selbständige berufliche Tätigkeit...............................66
 (c)Zwischenergebnis...67
(2)Die Tätigkeit im Rahmen der Pyramidensysteme.......................67
 (a)Das Anwerben als gewerbliche oder selbständige berufliche
  Tätigkeit 68
 (b)Das Problem der Existenzgründung......................................69
  (aa) Eine Ansicht: der Existenzgründer als Verbraucher..........69
  (bb) Andere Ansicht: der Existenzgründer als Unternehmer.....70
  (cc) Stellungnahme...71
   (α) Wortlaut..71
   (β) Systematische Auslegung..73
   (χ) Teleologische Auslegung 75
dd) Ergebnis...78
II. STRAFBARKEIT VON MULTI-LEVEL-MARKETING NACH § 16 ABS. 2 UWG 78
1. *Multi-Level-Marketing in Rechtsprechung und Literatur* 78
 a) Die Auffassungen der Rechtsprechung..79
  aa) Die Entscheidung des BayObLG...79
  bb) Die Entscheidung des LG München II vom 20.01.1994 80
  cc) Die Entscheidung des LG München II vom 25.01.1994................81
  dd) Die Entscheidung des LG München I..82
  ee) Die Entscheidung des LG Offenburg..84
  ff) Die Entscheidung des Landgerichts Düsseldorf.............................85
  gg) Die Entscheidung des OLG Hamm 86
 b) Die Auffassung der Literatur 87
 c) Auswertung..88
2. *Subsumtion des Multi-Level-Marketing unter den Tatbestand des § 16
Abs. 2 UWG*.. 90
 a) Mögliche Täter 90
  aa) Der Systembetreiber 90
  bb) Die Vertriebsrepräsentanten 90
 b) Handeln im geschäftlichen Verkehr...91
 c) Das Veranlassen von Verbrauchern zur Abnahme von Waren,
  Dienstleistungen oder Rechten...92
  aa) Das Veranlassen zur Abnahme von Waren, Dienstleistungen
   oder Rechten..92
  bb) Verbraucher 94
   (1)Das reine Verkaufsgespräch...94
   (2)Das kombinierte Verkaufs- und Anwerbegespräch 94
   (3)Der Erwerb einer Beratergrundausstattung....................................95

(4)Zusammenfassung..96
d) Das Versprechen von besonderen Vorteilen.....................................96
 aa) Besondere Vorteile 96
  (1)Einkaufsrabatte als besondere Vorteile.......................................97
  (2)Provisionen als besondere Vorteile...97
 bb) Versprechen der besonderen Vorteile....................................98
  (1)Das reine Verkaufsgespräch..99
  (2)Das kombinierte Verkaufs und Anwerbegespräch......................99
 cc) Zwischenergebnis 99
e) Kausalität des Versprechens für die Warenabnahme......................100
f) Veranlassen anderer zum Abschluss gleichartiger Geschäfte.........102
 aa) Wortlaut der Norm..103
 bb) Wille des Gesetzgebers...104
 cc) Richtlinie 2005/29/EG..104
 dd) § 16 Abs. 2 UWG als Strafnorm...106
 ee) Sinn und Zweck 108
g) Ergebnis 109
III. ERGEBNIS DES ABSCHNITTS D. 111

E. UNTERSUCHUNG DER NOTWENDIGKEIT EINER REFORM DES § 16 ABS. 2 UWG...112

I. EXISTENZBERECHTIGUNG DES § 16 ABS. 2 UWG 112
 1. Die Strafwürdigkeit progressiver Kundenwerbung............................112
 a) Der Begriff der Strafwürdigkeit..113
 b) Kriterien für die Strafwürdigkeit der progressiven Kundenwerbung und Würdigung dieser Kriterien im Einzelnen 114
  aa) Verschleierung von Risiken gegenüber Systemteilnehmern 114
  bb) Glücksspielcharakter durch mangelnde Einblicksmöglichkeit in das Vertriebssystem..117
  cc) Überdimensionale Eingliederung von Laien in das Vertriebssystem 118
  dd) Die Erschließung des Marktes über den Verwandten- und Bekanntenkreis 121
  ee) Geschäftemachen mit anderer Leute Arbeit 122
  ff) Zielverlagerung...124
  gg) Marktsättigung..125
 c) Die Gesamtbetrachtung der Strafwürdigkeitskriterien 126
  aa) Gesamtbetrachtung in Bezug auf Pyramidensysteme...........126
  bb) Gesamtbetrachtung in Bezug auf Schneeballsysteme 128
  cc) Ergebnis 129
 2. Strafbedürftigkeit progressiver Kundenwerbung..............................130
 a) Schutz durch zivilrechtliche Vorschriften.......................................130
  aa) §§ 8, 9 UWG i. V. m. §§ 3, 4, 5 UWG..................................130
  (1)Unlautere geschäftliche Handlung..131

(2) Hinreichender Schutz ... 135
bb) § 826 BGB ... 136
cc) § 812 Abs. 1 Satz 1 Alt. 1 BGB ... 136
b) Schutz durch öffentlich-rechtliche Vorschriften ... 137
c) Ergebnis ... 138
3. *Ausreichender Schutz durch bestehende Strafvorschriften* ... *138*
a) § 263 StGB ... 138
   aa) Täuschung ... 138
   bb) Irrtum ... 140
   cc) Vermögensverfügung ... 140
   dd) Vermögensschaden ... 140
      (1) Der Vermögensschaden im Rahmen der Schneeballsysteme ... 140
      (2) Der Vermögensschaden im Rahmen der Pyramidensysteme ... 141
      (3) Der persönliche Schadenseinschlag ... 141
   ee) Bereicherungsabsicht ... 142
   ff) Ergebnis zu § 263 StGB ... 143
b) §§ 284 ff. StGB ... 143
   aa) Systematik der Tatbestände ... 144
   bb) Zufall ... 144
   cc) Einsatz ... 147
      (1) Die Meinung der älteren Rechtsprechung und eines Teils der Literatur ... 148
      (2) Die Meinung der neueren Rechtsprechung und eines Teils der Literatur ... 149
      (3) Stellungnahme ... 149
   dd) Öffentlichkeit ... 150
   ee) Tathandlung ... 152
   ff) Spielplan ... 153
      (1) Verneinende Auffassung ... 154
      (2) Bejahende Auffassung ... 154
      (3) Stellungnahme ... 154
   gg) Ergebnis zu §§ 284 ff. StGB ... 154
c) § 16 Abs. 1 UWG ... 155
   aa) Angaben ... 155
   bb) Irreführend und unwahr ... 156
   cc) Öffentlichkeitsrahmen ... 158
      (1) Akquisition durch frei zugängliche Werbeveranstaltungen, Postwurfsendungen, Zeitungsannoncen oder Inserate im Internet 159
      (2) Akquisition durch Werbeveranstaltungen, die nur geladenen Gästen offen stehen ... 159
      (3) Akquisition durch gezieltes Ansprechen einzelner Personen ... 161
   dd) Absicht, den Anschein eines besonders günstigen Angebots hervorzurufen ... 163
   ee) Ergebnis zu § 16 Abs. 1 UWG ... 164

4. Ergebnis *164*
II. DIE STRAFWÜRDIGKEIT DES MULTI-LEVEL-MARKETING-SYSTEMS 164
   1. Verschleierung von Risiken gegenüber Systemteilnehmern *165*
   2. Überdimensionale Eingliederung von Laien in das Vertriebssystem *166*
   3. Die Erschließung des Marktes über den Verwandten- und Bekanntenkreis *167*
   4. Geschäftemachen mit anderer Leute Arbeit *168*
   5. Zielverlagerung *169*
   6. Marktverengung *171*
   7. Glücksspielartiger Charakter des Systems *172*
   8. Die Gesamtbetrachtung der Strafwürdigkeitskriterien *173*
III. NEUFORMULIERUNG DES § 16 ABS. 2 UWG 174
   1. Das Tatbestandsmerkmal der Verbraucher *175*
   2. Klarstellung in Bezug auf das Multi-Level-Marketing-System *176*
      a) Subjektive Komponente: Ausrichtung des Systems auf den Produktabsatz an Endverbraucher und nicht auf Warenabsatz in die Systemstruktur 177
      b) Objektive Komponente: Umsatzabhängigkeit der Anwerbeprovisionen anstelle von Kopfprämien 178
      c) Weitere Unterschiede zwischen Multi-Level-Marketing-Systemen und den Systemen progressiver Kundenwerbung 179
   3. Formulierungsvorschlag *180*
IV. ERGEBNIS DES ABSCHNITTS E. 180

F. ZUSAMMENFASSUNG UND ENDERGEBNIS 182

12. LITERATURVERZEICHNIS 186

A. Einleitung und Gang der Untersuchung

Werbung ist in unserem Leben allgegenwärtig. Jeden Tag werden wir in Printmedien, im Fernsehen, auf der Straße oder in öffentlichen Verkehrsmitteln mit Werbung konfrontiert. Unternehmen werben um den Kauf von Waren oder Dienstleistungen, gemeinnützige Einrichtungen um Spenden und politische Parteien um die Stimmen der Bürger. In vielen Fällen setzen die Werbenden klassische Medien wie Zeitung, Fernsehen oder Radio für die Vermarktung ihres Produktes ein. Daneben wird aber auch Werbung durch den Kunden selbst betrieben. Dieser soll durch Empfehlung das Interesse weiterer Kunden am Kauf der beworbenen Produkte wecken. Diese Art der Werbung ist Grundlage diverser Vertriebssysteme.

Eines dieser Vertriebssysteme, das sogar ausschließlich auf Werbung durch den Kunden setzt und daneben auf klassische Werbung verzichtet, ist das aus den USA stammende Multi-Level-Marketing-System. Diese Vertriebssysteme gewähren ihren Kunden und potentiellen Kunden die Möglichkeit, selbst als Vertriebsrepräsentant bei dem jeweiligen Multi-Level-Marketing-Unternehmen tätig zu werden und Gewinne sowohl aus dem Verkauf von Produkten zu erzielen als auch andere Mitarbeiter anzuwerben und an deren Umsätzen zu partizipieren. Diese Art des Vertriebs bringt sowohl für das Unternehmen als auch für den vertreibenden Mitarbeiter beachtliche Vorteile mit sich. Das Unternehmen spart hohe Kosten für sonstige Werbemaßnahmen sowie für die Gewinnung von Personal. Darüber hinaus gelingt es den Multi-Level-Marketing-Unternehmen, durch die mit der Anwerbung verbundene stetige Ausweitung des Systems den Markt auf schnelle Art und Weise zu durchdringen. Für Vertriebsmitarbeiter erscheint das System insbesondere aufgrund der günstigen Startbedingungen attraktiv. Eine Tätigkeit als Vertriebsmitarbeiter ist nicht an bestimmte Vorkenntnisse, Ausbildungen oder Schulabschlüsse geknüpft und kann in jedem Alter aufgenommen werden.[1] Wegen seiner wirtschaftlichen Vorteile und seiner wachsenden Bedeutung auf dem Markt ist das Multi-Level-Marketing-System daher Gegenstand mehrerer betriebswirtschaftlicher Untersuchungen geworden.[2]

In der Rechtswissenschaft hat das Multi-Level-Marketing-System hingegen bislang wenig Berücksichtigung gefunden, wird aber von einigen Stimmen in der Rechtsprechung und einer Stimme in der Literatur mit den Systemen progressiver Kundenwerbung gleichgestellt, die durch § 16 Abs. 2 UWG unter Strafe gestellt wer-

---

[1] Althoff, S. 33.
[2] Vgl. etwa die Untersuchungen von Frehrking/Schöffski; Kühn/Ruetsch Keller; Reineke/Howaldt; Seeger; Schmahl; Tietz; Wehling; Weinberg/Besemer.

den.[3] Die Systeme progressiver Kundenwerbung setzen den Kunden als Werbemittel zur Gewinnung von Kunden ein, indem sie ihm bestimmte Vorteile in Aussicht stellen, wenn er dem System weitere Abnehmer zuführt. Haupterscheinungsformen dieser Vertriebssysteme sind das Schneeball- und das Pyramidensystem; im Rahmen dieser Untersuchung wird der Begriff der progressiven Kundenwerbung als Oberbegriff für Schneeball- und Pyramidensysteme verwendet.

Diese Arbeit untersucht zum einen Schneeball- und Pyramidensysteme als Haupterscheinungsformen progressiver Kundenwerbung und beschäftigt sich zum anderen mit der Frage, wie das Multi-Level-Marketing-System in den Bereich progressiver Kundenwerbung einzuordnen ist. Hierzu werden zunächst die Funktionsweisen von Schneeball- und Pyramidensystemen, auch anhand von Beispielen aus der Rechtsprechung, erläutert. Nachfolgend werden die Merkmale des Multi-Level-Marketing-Systems herausgearbeitet und auf dieser Grundlage eine Definition entwickelt. Im Anschluss werden sowohl die Systeme progressiver Kundenwerbung als auch das Multi-Level-Marketing-System nach dem geltenden § 16 Abs. 2 UWG untersucht. Hierbei wird insbesondere erörtert, wo die Probleme bei der Anwendung des § 16 Abs. 2 UWG auf Schneeball- und Pyramidensysteme liegen und darüber hinaus, ob auch das Multi-Level-Marketing-System von dieser Strafnorm erfasst wird. In einem weiteren Teil wird der Frage nachgegangen, ob die Norm des § 16 Abs. 2 UWG einer Änderung bedarf. Hier ist zu klären, ob ihre Existenz aus kriminalpolitischer Sicht berechtigt ist oder ob sie ersatzlos gestrichen werden kann. Anschließend wird geprüft, ob das Multi-Level-Marketing-System aus kriminalpolitischer Sicht strafbar sein sollte. Die Untersuchungsergebnisse dieser Arbeit werden schließlich in einem Gesetzesvorschlag umgesetzt. Abschließend werden die im Verlauf dieser Arbeit herausgearbeiteten Ergebnisse anhand von Thesen zusammengefasst.

---

[3] S. dazu Abschnitt D.II.1.

B. Darstellung und Funktionsweise der untersuchten Vertriebssysteme

In dieser Arbeit werden sowohl die Systeme progressiver Kundenwerbung als auch das Multi-Level-Marketing-System im Hinblick auf verschiedene Fragestellungen untersucht. Als Ausgangspunkt dieser Untersuchungen werden zunächst der Aufbau und die Funktionsweise der Systeme progressiver Kundenwerbung dargestellt und anhand von Entscheidungen aus der Rechtsprechung erläutert. Anschließend befasst sich dieser Abschnitt mit dem Multi-Level-Marketing-System. Anhand seiner grundlegenden Merkmale wird eine Definition dieses besonderen Vertriebssystems entwickelt

I. Die Systeme der progressiven Kundenwerbung

Vertreibt ein Unternehmen Waren mit Hilfe progressiver Kundenwerbung, so bietet es seinen potentiellen Kunden an, dem Vertriebssystem als aktives Mitglied beizutreten. Den potentiellen Kunden wird in Aussicht gestellt, weitere Kunden anwerben zu können und hierfür bestimmte Vergünstigungen, etwa Preisnachlässe oder Sonderleistungen, zu erhalten. Durch diesen Anreiz wird der Erstkunde dazu bewegt, die Waren des Unternehmens zu erwerben, die in der Regel zu sehr hohen Preisen angeboten werden. Wirbt der Kunde nachfolgend weitere Abnehmer an, kann er diesen wiederum dieselben Vorteile anbieten, unter der Bedingung, dass die Angeworbenen auch weitere Abnehmer finden, denen sie wiederum die Vergünstigungen in Aussicht stellen können.[4] Machen alle Abnehmer von dieser Möglichkeit Gebrauch, so nehmen im Laufe der Zeit immer mehr Menschen am Vertriebssystem teil. Das System weitet sich in progressiv geometrischer Reihe aus.[5]

Progressive Kundenwerbung wird in zwei Grundformen betrieben, dem Schneeball- und dem Pyramidensystem. Im Laufe der Jahre haben die Betreiber dieser Systeme diverse Sonderformen entwickelt. Insbesondere zu nennen sind die so genannten Geldgewinnspiele als Sonderfälle der Pyramidensysteme.[6] Diese haben insbesondere in den 90er Jahren eine hohe Teilnehmerzahl erfahren und dadurch einen erheblichen Vermögensschaden angerichtet. Aufgrund der weiten Verbreitung der Geldgewinnspiele sollen diese neben den Grundformen der progressiven Kundenwerbung, den Schneeball- und den Pyramidensystemen dargestellt werden.

---

[4] Meyer/Möhrenschläger, WiVerw 1982, 28 f.; Otto, Jura 1999, 97, 98.
[5] Rengier, in: Fezer, UWG, § 16 Rn. 124.
[6] So auch BGHSt 43, 270, 273; LG Rostock, wistra 2002, 75, 77.

1. Das Schneeballsystem

Beim so genannten Schneeballsystem schließt der Unternehmer mit den von ihm unmittelbar geworbenen Erstkunden jeweils einen Kaufvertrag über die vom Unternehmer vertriebenen Produkte ab. Der Unternehmer stellt dem Erstkunden besondere Vorteile unter der Bedingung in Aussicht, dass auf seine Vermittlung oder Veranlassung hin weitere Personen gleichartige Verträge mit dem Veranstalter abschließen.[7] Diese Vorteile bestehen meist darin, dass der Käufer nach erfolgreicher Anwerbung weiterer Abnehmer eine anteilige Erstattung des Kaufpreises erhält. Der Erstkäufer schließt also einen Vertrag mit dem Unternehmer ab, um die Ware zu erwerben; zu weiteren Vertragsabschlüssen zwischen dem Erstkäufer und dem Unternehmer kommt es in der Regel nicht. Der Erstkäufer erhält die vom Unternehmer versprochenen Vergünstigungen allein für seine Vermittlungstätigkeit; zum Abschluss eines Kaufvertrags mit dem Neukunden ist der Erstkäufer jedoch nicht berechtigt. Die Motivation des Erstkunden besteht also primär darin, durch das Anwerben weiterer Kunden die ihm versprochenen Vorteile, etwa die anteilige Erstattung des Kaufpreises, zu erhalten. Ein nennenswertes Interesse an Aufbau und Pflege einer dauerhaften Geschäfts- bzw. Werberbeziehung mit dem Unternehmer hat der Erstkäufer in der Regel nicht, es entstehen kaum längerfristige Vertriebsketten.[8]

Die Funktionsweise des Schneeballsystems vermag der folgende Fall zu verdeutlichen, den das Hanseatische Oberlandesgericht Hamburg bereits im Jahr 1951 zu entscheiden hatte.[9] Ein Textilversandgeschäft bietet verschiedene Zusammenstellungen von Textilien (Herren- und Damenwäsche) zu einem einheitlichen Preis von 42,50 DM an. Der Kunde kann die Ware einerseits gegen Bar- oder Ratenzahlung des vollständigen Kaufpreises erwerben. Andererseits ist es ihm möglich, den Kaufpreis ganz oder teilweise durch Werben neuer Kunden abzuverdienen. In diesem Falle zahlt er zunächst 2,50 DM an den Unternehmer und sendet seinen Bestellschein ein. Darauf erhält er nach seinem Wunsch zwei bis fünf Auftragsvordrucke gegen Zahlung weiterer 10 DM, die ihm als erste Rate auf den Kaufpreis gutgeschrieben werden. Der Erstkunde wirbt nun weitere Käufer an und veranlasst sie, die Ware durch das Ausfüllen der Auftragsvordrucke zu erwerben. Von jedem neugeworbenen Kunden lässt sich der erste Kunde für den Auftragsvordruck

---

[7] Bornkamm, in: Köhler/Bornkamm, § 16 Rn. 32; Lehmler, UWG, § 16 Rn. 31; Flohr, in: Wachter, Handbuch des Fachanwalts für Handels- und Gesellschaftsrecht, S. 297.
[8] Brammsen, in: MüKo UWG, § 16 Rn. 58.
[9] HansOLG Hamburg, MDR 1951, 492 ff. = BB 1951, 514 ff.; weitere Beispiele für Schneeballsysteme sind BGHSt 2, 79 ff; BGHZ 15, 357 ff.

2,50 DM zahlen, die ihm von seinem Guthaben beim Unternehmer wieder abgesetzt werden. Sobald der neu geworbene Kunde die erste Rate von mindestens 10 DM an den Geschäftsbetreiber zahlt, werden dem ersten Kunden 8 DM gutgeschrieben. Wenn es ihm also gelingt, fünf Auftragsvordrucke an weitere Interessenten an der Textilienzusammenstellung zu übergeben und diese ihrerseits eine Rate von 10 DM an den Unternehmer zahlen, erwirbt der Erstkunde die Ware letztlich ohne weitere Zahlungen leisten zu müssen, also für die von ihm anfangs gezahlten 2,50 DM. Für die Werbearbeit stehen dem Käufer drei Monate vom Auftragstag an zur Verfügung. Nach Ablauf dieser Frist ist er zur Abnahme der Ware gegen Zahlung der dann noch vorhandenen restlichen Kaufpreisschuld verpflichtet.

Bei diesem System der progressiven Kundenwerbung handelt es sich um das so genannte Admira-System. Dieses ist eine besondere Form des Schneeballsystems, denn der Kunde darf zwischen einer (Teil-)Barzahlung oder dem Abverdienen des Kaufpreises durch das Anwerben neuer Kunden wählen. Beim eigentlichen Schneeballsystem hingegen kann die Reduzierung des Kaufpreises ausschließlich durch Werbung erfolgen.[10] Unabhängig von dieser Besonderheit macht der vorangegangene Fall dennoch die Funktionsweise des Schneeballsystems deutlich. Viele Käufer glauben, sich durch Anwerbung neuer Kunden leicht von der Kaufpreisschuld befreien zu können und sind daher bereit, teure oder nicht zwingend notwendige Produkte abzunehmen. Da jeder Käufer bestrebt ist, mehrere weitere Käufer zu werben, wächst der Abnehmerkreis progressiv an. Da jeder Käufer weitere Abnehmer wirbt, die wiederum Verträge mit dem Unternehmer abschließen, weitet sich das System um den im Zentrum stehenden Unternehmer lawinenartig aus. Das System ähnelt daher in der graphischen Darstellung einem Schneeball, der stetig an Größe zunimmt:

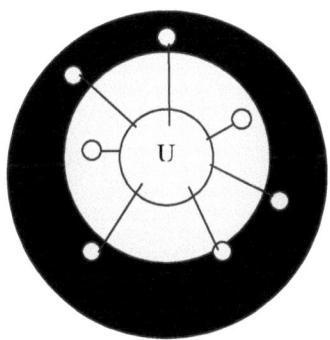

---

[10] HansOLG Hamburg, MDR 1951, 492 ff. = BB 1951, 514 ff.

Je mehr Kunden die Ware aber bereits abgenommen haben, desto schwieriger wird es für den jeweiligen Käufer aufgrund der bereits eingetretenen Marktsättigung, neue Kunden zu finden. Irgendwann gelingt es den zuletzt Angeworbenen schließlich nicht mehr, die in Aussicht gestellten Vorteile zu erhalten und sie müssen die Waren zu meist sehr hohen Preisen abnehmen. Gleiches gilt, wenn es den Käufern aus sonstigen Gründen nicht gelingt, weitere Kunden zu akquirieren.

2. Das Pyramidensystem

Beim Pyramidensystem schließt der Veranstalter/Unternehmer ebenso wie beim Schneeballsystem mit dem Erstkunden einen Vertrag über die von ihm vertriebenen Produkte ab. Im Unterschied zum Schneeballsystem verpflichtet sich der Erstkäufer im Pyramidensystem in der Regel zur Abnahme einer Warenmenge, die seinen Eigenbedarf weit übersteigt. Hierfür muss er oft einen Geldbetrag von mehreren tausend Euro an das Unternehmen zahlen. Der Käufer kann die Ware nun gegen einen höheren Preis an Dritte weiterverkaufen. Ein größerer Gewinn wird ihm jedoch dadurch versprochen, dass ihm die Möglichkeit eingeräumt wird, mit weiteren Kunden selbst gleichartige Verträge abzuschließen.[11] Für jeden dieser Vertragsabschlüsse erhält er vom Unternehmen „Verkaufs- bzw. Anwerbeprovisionen". Der Anreiz zur Teilnahme an diesen Systemen besteht folglich weit überwiegend darin, wirtschaftliche Gewinne durch das Akquirieren weiterer Teilnehmer zu erzielen.[12] Um möglichst hohe Provisionen zu erhalten, ist jeder Teilnehmer bestrebt, möglichst viele weitere Abnehmer anzuwerben. Da jeder Kunde in der Regel mehrere Abnehmer wirbt, stellt sich das Geschäftsmodell bildlich betrachtet als Pyramidenform dar:

---

[11] Rengier, in: Fezer, UWG, § 16 Rn. 125; Otto, in: Großkommentar UWG, § 6c Rn. 3; Dreyer, in: Harte-Bavendamm/Henning-Bodewig, § 16 Rn. 44; Bornkamm, in: Köhler/Bornkamm, § 16 Rn. 32; Lehmler, UWG, § 16 Rn. 31; Alexander, WRP 2004, 407, 409; Többens, WRP 2005, 552, 554.
[12] Otto, in: Großkommentar UWG, § 6c Rn. 5; Richter, WIK 1984, 12 ff.

Für ein Pyramidensystem typisch ist der folgende Sachverhalt, den das OLG Frankfurt zu entscheiden hatte:[13] Um in die Organisation für den Direktvertrieb als Vertragshändler einsteigen zu können, muss der Angeworbene 60 Flaschen Motoröl mit Teflonzusatz zum Preis von insgesamt 3.884,40 DM erwerben und zusätzlich Seminargebühren in Höhe von zunächst 2.000 DM, später von bis zu 5.000 DM zahlen. Der Angeworbene hat sodann die Möglichkeit, selbst Vertragshändler zu werben. Wirbt er als solcher Vertragshändler drei weitere Personen, die er an denjenigen abgibt der ihn geworben hat, so qualifiziert er sich zum Fachhändler. Wirbt er darüber hinaus weitere Vertragshändler, bleiben diese in seiner Vertriebsorganisation, der er nun seinerseits als Fachhändler vorsteht. Auch diese Vertragshändler können wieder drei neue Vertraghändler werben, die sie an ihren Fachhändler abzugeben haben. Sie scheiden damit aus der Organisation ihres Werbers aus, werden selbst Fachhändler und können durch die Werbung eines oder mehrerer weiterer Vertragshändler ihre eigene Vertriebsorganisation aufbauen. Für alle Werbungen erhalten die Werber Prämien, jeweils für die Anwerbung sowie für das von den Neueinsteigern abgenommene Öl, die aus den für die Seminarverträge zu entrichtenden Gebühren bestritten werden.

In Werbeveranstaltungen wird den Interessenten versprochen, sich durch den Beitritt in das System eine Existenzgrundlage aufbauen zu können. Zur Veranschaulichung werden ihnen die Verdienstmöglichkeiten in einem Verdienstplan aufgezeigt. Danach kann jeder Teilnehmer bereits durch die Werbung von vier weiteren Abnehmern eine Prämie in Höhe von 35.320 DM erzielen. Der Teilnehmer soll nach dem Verdienstplan 700 DM für den ersten eigenen und 350 DM für jeden anderen angeworbenen Vertragshändler erhalten. Voraussetzung ist, dass der vierte von ihm geworbene und in seiner Vertriebsorganisation verbleibende Vertragshändler seinerseits drei neue Vertragshändler wirbt, um sich zum Fachhändler qualifizieren und seine eigene Vertriebsorganisation aufbauen zu können. Die drei abgetretenen Vertragshändler sollen, um dem System folgend ebenfalls Fachhändler zu werden, wieder je drei Vertragshändler werben. Diese neun neuen Vertragshändler haben erneut je drei, also 27 Interessenten zu werben und abzugeben. Durch diese Werbung fließen dem Erstgeworbenen also insgesamt 15.400 DM (3 + 3 + 9 + 27 = 42; 423350 DM = 14.700 DM; 14.700 DM + 700 DM = 15.400 DM) zu. An Provision für die von den geworbenen Händlern seiner Vertriebsorganisation abzunehmende Grundausstattung an Öl erzielt er nach dem Verdienstplan weitere 19.920 DM (1 + 3 + 9 + 27 = 40 Geworbene, die je 60 Dosen zum Bruttopreis von 4980 DM abzunehmen haben, wovon der Erstgeworbene 10 %, also

---

[13] OLG Frankfurt, wistra 1986, 31 ff.

498 DM340 = 19.920 DM, erhält). Diese hohen Provisionen kann der erste Teilnehmer jedoch nur verdienen, wenn es nicht nur ihm selbst, sondern auch den von ihm Angeworbenen jeweils tatsächlich gelingt, drei neue Vertragshändler zu akquirieren.

Pyramidensysteme werden von den Systembetreibern oft als „Franchise-Systeme" bezeichnet. Der Systembetreiber bezweckt, durch Verwendung des Begriffs „Franchise" den Anschein einer lukrativen und sicheren Geschäftsgründungsmöglichkeit zu erwecken.[14] Bei diesem System handelt es sich jedoch nicht um ein rechtlich nicht zu beanstandendes Franchise-System, sondern um ein System progressiver Kundenwerbung. Dies soll anhand des nachfolgend dargestellten Falles verdeutlicht werden:[15] Ein Unternehmen vertreibt Kosmetik- und Lederartikel hauptsächlich mittels eines von ihr als „Franchising" bezeichneten Vertriebssystems. Der Franchise-Nehmer verpflichtet sich zur Zahlung einer pauschalen Franchisegebühr in Höhe von 5.000 DM und des Preises für eine Warenerstausstattung in Höhe mindestens 3.700 DM, zur Teilnahme an Seminaren und Geschäftstrainings des Unternehmens, zum Verkauf der Produkte sowie dazu, nach besten Kräften den Vertrieb der Produkte zu betreiben und zu diesem Zweck ein Vertriebsnetz aufzubauen und zu unterhalten. Das Unternehmen verpflichtet sich, den Franchise-Nehmer durch Veranstaltung entsprechender Seminare hierbei zu unterstützen. Der Franchise-Nehmer erwirbt mit seinem Beitritt die Position eines Einzelhändlers und erhält einen Einkaufsrabatt von 30 % sowie eine Prämie für jeden weiteren Franchise-Nehmer, den er anwirbt. Erzielt er einen Warenumsatz von dreimal 17.000 DM oder wirbt er drei weitere Teilnehmer an, erlangt er den Status eines Großhändlers. In dieser Position vergrößert sich seine Handelsspanne auf 40 %; und auch die Prämie für die Anwerbung weiterer Teilnehmer wird angehoben. Darüber hinaus erhält er eine Gewinnbeteiligung von 10 % aus dem Preis für die Warenerstausstattung, die der Neugeworbene abzunehmen hat. Akquiriert dieser wiederum weitere Geschäftspartner, fließen dem Franchise-Nehmer aus der Vermittlung der ersten drei Geschäftspartner zusätzliche Prämien zu. Das Unternehmen räumt dem Franchise-Nehmer ein jederzeitiges Kündigungsrecht ein, jedoch soll er im Falle einer solchen Kündigung weder einen Anspruch auf Rückzahlung der Franchisegebühr noch auf Rückgabe der noch vorhandenen Waren haben.

---

[14] Rengier, in: Fezer, UWG, § 16 Rn. 129; Otto, Die strafrechtliche Bekämpfung unseriöser Geschäftstätigkeit, S. 52; Hansen, S. 114 ff.

[15] OLG München, NJW 1986, 1880 ff. = wistra 1986, 34 ff.; StA München I, wistra 1986, 36 ff.

Bei diesem System wird der Begriff „Franchise" missbraucht, um es nach außen als rechtlich unbedenkliches Vertriebssystem darzustellen. Es handelt sich hier jedoch um ein Pyramidensystem, bei dem wesentliche Gewinne durch das Anwerben weiterer Teilnehmer in Aussicht gestellt werden. Der Teilnehmer lässt sich zum Eintritt in das System und den damit verbundenen hohen Anfangsinvestitionen nur bewegen, weil er sich durch die Anwerbung weiterer Teilnehmer eine lukrative Einnahmequelle verspricht. Die Anwerbung von Geschäftspartnern ist für ihn wesentlich attraktiver als das Bemühen um den Produktabsatz, zumal die zu vertreibenden Produkte in der Regel teuer und daher schwer absetzbar sind. Die Franchise-Nehmer konzentrieren sich daher hauptsächlich auf die Akquisition weiterer Geschäftspartner. Die materiellen Anreize, die das Unternehmen seinen Franchise-Nehmern gibt, verdeutlichen, dass es diesem in erster Linie auf die Anwerbung neuer Teilnehmer ankommt und der Handel mit Waren demgegenüber nur eine untergeordnete Rolle spielt. Auch hier gestaltet sich das Anwerben neuer Kunden umso schwieriger, je mehr Menschen bereits Teil des Systems geworden sind.

3.   Geldgewinnspiele

Geldgewinnspiele sind ein Sonderfall der Pyramidensysteme. Die Umsätze dieser Spiele liegen insgesamt in Milliardenhöhe.[16] Bei den Geldgewinnspielen hat der Mitspieler zu Beginn eine Summe in Höhe eines meist vierstelligen Betrages zu zahlen. Das Geld soll er zurückerhalten, indem der Mitspieler weitere Mitspieler anwirbt und einen bestimmten Teil des von diesen gezahlten „Eintrittsgelds" erhält. Durch die Anwerbung steigt der erste Mitspieler in eine höhere Ebene auf und erwirbt damit das Recht auf einen Anteil an den Erträgen, welche die von ihm angeworbenen Mitspieler durch die Anwerbung von Mitspielern ihrerseits erzielt haben. Der typische Fall eines Geldgewinnspils ist das Unternehmer-Spiel „Life", das von der Rechtsprechung als Pyramidensystem bezeichnet worden ist:[17]

Personen, die an diesem Spiel teilnehmen wollen, müssen zunächst als „Spieleinsatz" einen Betrag von 6.500 DM an den Veranstalter zahlen, wodurch sie die Position eines „Einzelhändlers" erwerben. In dieser Funktion sollen sie ihrerseits neue Interessenten für das Spielsystem werben, die ebenfalls bereit sind, einen Betrag in der genannten Höhe zu leisten und weitere Mitglieder anzuwerben. Für die ersten drei erfolgreichen Anwerbungen erhält der „Einzelhändler" vom Veranstalter eine bereits zuvor zugesagte Provision von 1.500 DM. Mit der vierten erfolgreichen

---

[16]   Otto, wistra 1997, 81.
[17]   BGHSt 43, 270 ff; LG Rostock, wistra 2002, 75 ff.

Werbung steigt der „Einzelhändler" zum „Großhändler" auf, wodurch sich seine Provision für jeden von ihm neu geworbenen Mitspieler auf 2.500 DM erhöht. Ferner steht ihm eine zusätzliche Provision von mindestens 1000 DM für jeden neuen Mitspieler zu, den ein „Einzelhändler" anwirbt, den der „Großhändler" zuvor seinerseits angeworben hat. Dadurch profitieren die höher stehenden Mitglieder durch Folgeprovisionen an der (mittelbaren) Mitgliederwerbung in ihrem „Stamm".

Das Spielsystem führte letztlich zu einer Schädigung anderer Mitspieler. Zumindest die zuletzt geworbenen Mitspieler investierten Gelder in das System, ohne einen bleibenden Gegenwert zu erhalten. Gewinne aus dem System schöpften die höherrangigen Mitglieder ab, da das von neuen Mitspielern eingebrachte Geld an diese ausgeschüttet wurde.

Geldgewinnspiele konzentrieren sich somit regelmäßig auf die Grundfunktion des Pyramidensystems: Mitspieler werden dazu bewegt, hohe Geldsummen an den Initiator zu zahlen, in der Hoffnung, infolge der Anwerbung weiterer Mitspieler eine noch höhere Geldsumme ausbezahlt zu bekommen. Dabei findet ein Warenabsatz, der bei den Pyramidensystemen ohnehin eine untergeordnete Rolle spielt, überhaupt nicht mehr statt. Ein finanzielles Risiko besteht ausschließlich für die Mitspieler, der Initiator hingegen erhält in der Regel hohe Gewinne.

Wie bereits ausgeführt, handelt es sich bei Geldgewinnspielen um einen Sonderfall der Pyramidensysteme, die aufgrund ihrer weiten Verbreitung neben den Pyramidensystemen dargestellt worden sind. Da sich diese Arbeit in ihrem weiteren Verlauf aber auf die Grundformen progressiver Kundenwerbung konzentrieren soll, werden Geldgewinnspiele nicht näher in die nachfolgenden Untersuchungen einbezogen.

4. Zusammenfassung

Ein Vergleich der Systeme progressiver Kundenwerbung zeigt, dass diese Systeme alle auf dem gleichen Grundprinzip basieren, sich darüber hinaus aber in einigen Merkmalen unterscheiden. All diesen Systemen ist gemein, dass sie ihren potentiellen Kunden bestimmte Vorteile in Aussicht stellen, wenn diese wiederum weitere Abnehmer anwerben. Die Angeworbenen selbst haben dann die Aussicht auf die gleichen Vorteile, wenn sie dem System weitere Teilnehmer zuführen. Dieser Umstand führt dazu, dass jeder Abnehmer zugleich als Anwerber aktiv im System tätig wird. Produkte werden daher in diesen Systemen ausschließlich – einen Sonderfall bilden insofern Schneeballsysteme in der Form des Admira-Systems – an die Angeworbenen, das heißt in die Systemstruktur hinein, verkauft.

Schneeball und Pyramidensysteme und als Sonderfall der Pyramidensysteme auch Geldgewinnspiele unterscheiden sich jedoch in der Art der Produkte und der damit verbundenen Anreizwirkung auf den potentiellen Kunden. Im Schneeballsystem bestehen die Vorteile in einem kostenlosen bzw. verbilligten Erwerb von Ware. Um eine möglichst hohe Teilnehmerzahl zu erreichen, werden in diesem System daher Waren angeboten, für die viele Personen grundsätzlich eine Verwendung haben. Im Pyramidensystem hingegen spielt die Ware selbst für den Kunden lediglich eine geringe Rolle. Dem Abnehmer kommt es nämlich primär darauf an, durch das Anwerben weiterer Teilnehmer die in Aussicht gestellte Prämie zu erhalten. Er geht davon aus, einen Gewinn zu erzielen, der den Preis der zuvor abgenommenen Produkte übersteigt. An der Ware selbst hat er in der Regel jedoch kein Interesse. Aus diesem Grund wird bei Geldgewinnspielen ganz auf das Angebot von Waren verzichtet. Hier zahlen die Mitspieler einen Geldbetrag, um durch das Anwerben weiterer Personen noch höhere Geldsummen zu erhalten.

Auch der Eintritt in das System vollzieht sich bei Schneeball- und Pyramidensystemen auf unterschiedliche Art und Weise. Während beim Schneeballsystem der Veranstalter/Unternehmer die Verträge sowohl mit den von ihm angeworbenen Erstkunden als auch mit den von den Erstkunden geworbenen weiteren Abnehmern abschließt, schließt der Veranstalter/Unternehmer beim Pyramidensystem und ebenso bei den Geldgewinnspielen nur Verträge mit den Erstkunden ab. Die nachfolgenden Verträge kommen dann direkt zwischen dem Anwerbenden und den von ihm Angeworbenen zustande.

Die bisherigen Darstellungen haben bereits gezeigt, dass die Probleme aller Systeme der progressiven Kundenwerbung darin bestehen, dass es aufgrund der zunehmenden Abnehmerzahl und der damit verbundenen fortschreitenden Marktverengung für die Abnehmer immer schwerer wird, neue Kunden zu finden. Daher investieren die zuletzt Angeworbenen in das System, ohne die in Aussicht gestellten Vorteile zu erhalten. Diese Systeme sind kurzlebig und mit einer Schädigung derjenigen Teilnehmer verbunden, denen es nicht gelingt, weitere Abnehmer zu finden.[18]

---

[18] Vgl. Solf, in: Wabnitz/Janovsky, Kapitel 14 Rn. 70.

II. Das Multi-Level-Marketing-System

In diesem Abschnitt sollen die Grundlagen des Multi-Level-Marketing-Systems erarbeitet werden. Zunächst ist anhand der Merkmale dieses Vertriebssystems eine Definition zu entwickeln, die dieser Arbeit zugrunde zu legen ist. Nachfolgend soll die historische Entwicklung dieses Vertriebsystems dargestellt werden. Im Anschluss daran werden zur Illustration einige das Vertriebssystem des Multi-Level-Marketing nutzende Unternehmen dargestellt, die sich erfolgreich auf dem Markt etablieren konnten.

1. Entwicklung einer Definition

In der Literatur lassen sich diverse Begriffsbestimmungen für das Multi-Level-Marketing-System finden. Auch wenn diese in einzelnen Merkmalen Ähnlichkeiten aufweisen, existiert eine einheitliche Definition des Begriffs Multi-Level-Marketing bis heute nicht. In diesem Abschnitt werden zunächst die von denjenigen Autoren vorgeschlagenen Definitionen des Multi-Level-Marketings dargestellt, die sich mit diesem Vertriebssystem vertieft auseinandergesetzt haben. Anschließend werden die in diesen Begriffsbestimmungen genannten Merkmale im Einzelnen untersucht und diejenigen Merkmale, die sich als systemprägend herausstellen, in eine eigene Definition aufgenommen.

a) Bisherige Definitionen

aa) Definition von Tietz

Nach der Begriffsbestimmung von Tietz[19] ist das Multi-Level-Marketing eine *„Sonderform des Direktvertriebs, bei der das Warengeschäft mit der Gewinnung von weiteren Verkaufsmitarbeitern durch einen bereits tätigen Verkäufer verbunden wird, wodurch hierarchische Verkäuferketten entstehen. Die Vergütungen der Verkäufer der Vorstufen sind von der Verkaufstätigkeit der Verkäufer der nachgelagerten Stufen abhängig. Diese Verkäufe werden wieder von der Einsatzbereitschaft und der Arbeitsintensität der nachfolgenden Stufen bestimmt. Beim klassischen Multi-Level-Marketing übernehmen die Verkäufer keine Verpflichtungen zur Haltung von Lagerbeständen oder Abnahmeverpflichtungen. Der Hersteller oder Systemträger ist nur auf der ersten Stufe beteiligt, die Verteiler aller nachfolgenden Stufen sind selbständig und arbeiten üblicherweise im Rahmen eines vom Systemträger kontrollierten Franchiseprogramms."*

---

[19] Tietz, Der Direktvertrieb an Konsumenten, S. 16.

bb) Definition von Otto und Brammsen

Otto und Brammsen[20] benutzen synonym für den Begriff „Multi-Level-Marketing" den Begriff „Strukturvertrieb" und definieren dieses Vertriebssystem wie folgt:

„Strukturvertriebe sind mehrstufig gegliederte Organisationen, die Produkte (zumeist nur) eines Erzeugers oder Großanbieters im Wege des Direktvertriebs an private Endverbraucher vertreiben. Ihr besonderes Charakteristikum ist, dass sie ihren Mitarbeitern außer der aus dem Endkundengeschäft erzielten Handelsmarge noch zusätzliche Geldleistungen gewähren, wenn diese sich durch die Anwerbung neuer Vertriebsmittler eine eigene umsatzstarke Vertriebskette aufbauen. Dabei können die Anwerbenden den neu gewonnenen Mitarbeitern bzw. etwaigen Interessenten die Zusicherung geben, dass auch diese gleichfalls derartige Provisionen, Boni etc. erhalten, wenn sie wiederum weitere Mitarbeiter anwerben und betreuen."

cc) Definition von Zacharias

Nach Zacharias[21] ist Multi-Level-Marketing *„der Verkauf/die Vermittlung von Konsumgütern und Dienstleistungen durch Vertriebsrepräsentanten direkt an den Endverbraucher, verbunden mit der Möglichkeit des Aufbaus einer eigenen Vertriebsorganisation, d.h. das Einkommen des einzelnen Vertriebsrepräsentanten ist abhängig von seinem eigenem Verkaufs-/Vermittlungsvolumen und demjenigen der von ihm angeworbenen Vertriebsrepräsentanten."*

dd) Definition von Wehling

Wehling[22] hat das „Multi-Level-Marketing" ausführlich wie folgt beschrieben: *„Multi-Level-Marketing ist eine Organisationsform für den laiengestützten Direktvertrieb von Waren oder Dienstleistungen an private Endverbraucher. Die der Direktvertriebsorganisation angehörenden Vertriebsrepräsentanten betreiben ihr Engagement neben- oder hauptberuflich als selbständige Gewerbetreibende, ohne Lagerbestände führen oder Abnahmeverpflichtungen eingehen zu müssen. Zusätzlich zum Direktvertrieb von Produkten bzw. Dienstleistungen bietet diese Organisationsform jedem Vertriebsrepräsentanten die Möglichkeit, nach Vorgaben des Unternehmens, das die betreffende Organisation unterhält, neue Vertriebsreprä-*

---

[20] Otto/Brammsen, WiB 1996, 281, 283.
[21] Zacharias, Network Marketing in Deutschland, in: Dreyer/Kreß, Die führenden Network Marketing Unternehmen, S. 34.
[22] Wehling, S. 16.

sentanten zu gewinnen, einzuarbeiten, zu schulen und weiterhin laufend zu betreuen. Dadurch entstehen im Zeitablauf vielstufige Vertriebslinien. Zur Kompensation für die im Verkauf von Produkten selbst erzielten Leistungen erhält jeder Vertriebsrepräsentant Verkaufsprovisionen. Als Gegenleistung für die Rekrutierung, Betreuung, Ausbildung und Führung von Vertriebsrepräsentanten werden jedem Vertriebsrepräsentanten der höheren Stufen Leitungsprovisionen gezahlt. Die Provisionshöhen ergeben sich ebenso wie die gegebenenfalls zu erreichenden Beförderungsstufen aus dem jeweils geltenden transparenten Karriereplan, den jeder Vertriebsrepräsentant durchläuft und der als Anreizsystem gleichermaßen für alle Vertriebsrepräsentanten gilt."

b) Auswertung

Nachfolgend werden die einzelnen Merkmale dieser Definitionen untersucht. Aus dieser Untersuchung soll eine eigene Definition entwickelt werden, welche die aus Sicht der Verfasserin relevanten und systemprägenden Merkmale umfasst.

aa) Direktvertrieb

Allen Definitionen ist gemeinsam, dass das Multi-Level-Marketing als eine Form des Direktvertriebs beschrieben wird. So definiert beispielsweise Tietz das Multi-Level-Marketing als „Sonderform des Direktvertriebs"[23] und Wehling spricht von einer „Organisationsform für den laiengestützen Direktvertrieb"[24]. Weil das Merkmal des Direktvertriebs für das Multi-Level-Marketing-System von grundlegender Bedeutung ist, soll es an dieser Stelle genauer untersucht werden.

Im Schema der klassischen Vertriebsformen wird zwischen dem direkten und dem indirekten Vertrieb unterschieden. Der Begriff des Direktvertriebs wird in der Literatur sowohl aus Anbieter- als auch aus Nachfragerperspektive definiert.[25] Aus Anbieterperspektive liegt Direktvertrieb vor, wenn der Hersteller seine Waren bzw. Dienstleistungen direkt mit Hilfe eigener Verkaufsorgane und ohne Einbeziehung des institutionellen Handels an Nachfrager absetzt. Als Verkaufsorgane des Herstellers gelten z. B. ein Fabrikverkaufslager, Herstellerdirektversand sowie der persönliche Verkauf über Reisende oder Handelsvertreter.[26] Als indirekter Vertrieb wird demgegenüber der Vertrieb über den stationären Handel bezeichnet.[27] Beim

---

[23] Tietz, Der Dirketvertrieb an Konsumenten, S.16; Tietz, WiSt 1994, 629.
[24] Wehling, S. 16.
[25] Wehling, S. 53.
[26] Wehling, S. 54.
[27] Seeger, S. 11.

Multi-Level-Marketing-System erfolgt der Verkauf über Eigen-, Vertrags-, Kommissions- oder Handlesvertreterhandel ohne Einschaltung des stationären Handels, denn auf stationäre Ladenlokale wird gänzlich verzichtet.[28]

Aus Nachfragerperspektive werden als Definitionsmerkmale der persönliche Kontakt zwischen Anbieter und Nachfrager, die vom Anbieter ausgehende Kontaktaufnahme sowie der Kauf in der Wohnung oder wohnungsähnlichen Umgebung des Nachfragers erachtet.[29]

Charakteristisch für den Direktvertrieb ist der direkte, persönliche Kontakt zwischen Anbieter und Kunde, der einen beiderseitigen Informationsaustausch ermöglicht.[30] Weiterhin erfolgt der Verkauf von Waren und Dienstleistungen beim direkten Vertrieb an den Konsumenten in der Wohnung oder am Arbeitsplatz, in wohnungsnaher oder wohnungsähnlicher Umgebung, d. h. im gewohnten sozialen Umfeld des Käufers.[31] Die Vertriebsmitarbeiter bieten den Kunden, meist bei diesen zu Hause, Waren im Original oder anhand von Mustern oder Abbildungen an. Der Kunde kann die gewünschte Ware bei dem vorführenden Mitarbeiter bestellen. Er bekommt sie zugestellt oder holt sie an einem Stützpunkt oder Lager selbst ab.[32]

Auf dem Gebiet des Direktvertriebs gibt es verschiedene Sonderformen und Unterarten, wie z. B. den Heimservice, den Party-Verkauf oder das Sammelbesteller-System.[33]

Das Multi-Level-Marketing-System ist durch den Kauf in der Wohnung bzw. wohnungsähnlichen Umgebung gekennzeichnet. Ein Kauf ihm Wege des stationären Handels findet gerade nicht statt. Weiterhin kommt es hierbei stets zu persönlichem Kontakt zwischen Käufer und Verkäufer, wobei zumindest beim Erstkauf der Verkäufer auf den Käufer zugeht und das Geschäft initiiert.[34] Somit ist das Multi-Level-Marketing-System sowohl aus Anbieter- als auch aus Nachfragerperspektive als System des Direktvertriebs einzuordnen.

---

[28] Wehling, S. 54.
[29] Wehling, S. 56; Schmahl, S. 18.
[30] Schmahl, S. 18.
[31] Schmahl, S. 18.
[32] Tietz, Der Direktvertrieb an Konsumenten S. 13 f.; Reineke/Howaldt, in: Tomczak/Belz/Schögel/Birkhofer, Alternative Vertriebswege, S. 270, 271 f.
[33] Zu den unterschiedlichen Arten des Direktmarketing vgl. Thieme, in: Dreyer/Kreß, Die führenden Network Marketing Unternehmen, S. 14, 17 f.
[34] Wehling, S. 57.

Im Multi-Level-Marketing-System haben die jeweiligen Vertriebsrepräsentanten die Möglichkeit, weitere Vertriebsrepräsentanten anzuwerben und durch den Aufbau einer eigenen Vertriebsstruktur Verdienste zu erzielen, ein Umstand, der dem klassischen Direktvertrieb nicht immanent ist. Das Multi-Level-Marketing-System ist daher dem Direktvertrieb zuzuordnen und aufgrund seiner Besonderheiten, auf die nachfolgend näher eingegangen wird, als Sonderform des Direktvertriebs zu bezeichnen.[35]

Die oben aufgeführten Literaturstimmen gehen somit zu Recht davon aus, dass das Multi-Level-Marketing eine Sonderform des Direktvertriebs ist. Da die Vertriebsform die Grundlage eines Vertriebssystems bildet, sollte dieses Merkmal in der Definition des Multi-Level-Marketing-Systems enthalten sein.

Das Multi-Level-Marketing-System ist eine Sonderform des Direktvertriebs.

bb)   Einsatz von nicht kaufmännisch Ausgebildeten im Haupt- oder Nebenberuf

Wehling hat in ihre Definition des Multi-Level-Marketing aufgenommen, dass die Vertriebsrepräsentanten in der Regel keine kaufmännische Ausbildung absolviert haben, denn sie definiert das Multi-Level-Marketing-System als eine Form des laiengestützen Direktvertriebs. Ihre Definition besagt auch, dass eine Tätigkeit im Multi-Level-Marketing-System sowohl neben- als auch hauptberuflich ausgeübt werden kann. In den anderen, für diese Arbeit herangezogenen Definitionen sind diese Merkmale nicht zu finden.

Der Einstieg ins Multi-Level-Marketing-System ist in der Tat von Alter und Ausbildung unabhängig.[36] Das Multi-Level-Marketing-System bietet grundsätzlich jedem, unabhängig von Schulabschluss, Ausbildung oder Berufserfahrung, die Möglichkeit eines Haupt- oder Nebenverdienstes. Die meisten im Multi-Level-Marketing-System tätigen Mitarbeiter besitzen keine kaufmännische Ausbildung.

In einer wissenschaftlichen Studie über „Die Situation des Network Marketing[37] in Deutschland" sind im Jahr 2004 über 2000 Vertriebsrepräsentanten unterschiedlicher Multi-Level-Marketing-Unternehmen befragt worden.[38] Auf Grundlage dieser

---

[35] Zustimmend Wehling, 54/55, 57/58; Schmahl, S. 39.
[36] Althoff, S. 33.
[37] Die Begriffe Network Marketing und Multi-Level-Marketing werden sy-nonym verwendet.
[38] Zacharias, Network Marketing in Deutschland, in: Dreyer/Kreß, Die führenden Network Marketing Unternehmen, S. 32 ff.

Studie wird der typische Vertriebsrepräsentant in Deutschland wie folgt beschrieben:

„Er ist fast ausschließlich für ein Unternehmen tätig, verkauft/vermittelt/empfiehlt schwerpunktmäßig Produkte aus der Wellness- /Gesundheitsbranche, übt seine Tätigkeit vor allem nebenberuflich seit weniger als zwei Jahren aus und möchte dies bald hauptberuflich tun. Er arbeitet durchschnittlich 17 Stunden in der Woche im Network Marketing und investiert die meiste Zeit in Vertriebspartnergewinnung und Produktverkauf. Das Verhältnis männlich/weiblich ist ausgeglichen, die Mehrheit ist verheiratet und lebt in Gemeinden von unter 20.000 Einwohnern. Der Networker/die Networkerin ist über 35 Jahre alt, hat vorher bereits als Selbständiger oder Angestellter gearbeitet, besitzt eine gute Schul- und Berufsausbildung und hat vor allem wegen der Verdienstchancen diesen Beruf gewählt. Während die Masse der Networker nicht mehr als 250 € pro Monat verdient, erzielt bereits ein Fünftel ein monatliches Einkommen von mehr als 2.000 €."

Nach diesen Erhebungen sind etwa 25 % der Vertriebsrepräsentanten hauptberuflich tätig, etwa 75 % üben ihre Tätigkeit im Multi-Level-Marketing-System nebenberuflich aus.

Festzustellen ist somit, dass die Tätigkeit des Vertriebsrepräsentanten sowohl im Haupt- als auch im Nebenberuf ausgeübt werden kann. Dies ist jedoch in vielen Berufen der Fall, so dass es sich hierbei nicht um ein insbesondere für das Multi-Level-Marketing typisches Merkmal handelt, das dieses System von anderen maßgeblich unterscheidet. Daher soll in einer Definition auf dieses Merkmal verzichtet werden.

Charakteristisch für das Multi-Level-Marketing ist hingegen, dass die meisten Vertriebsrepräsentanten keine kaufmännische Ausbildung besitzen. Da sie in diesem Bereich nicht ausgebildet worden sind, können sie als Laien bezeichnet werden. Das Multi-Level-Marketing-System stellt daher eine Form der Laienwerbung dar. Dies ist ein ganz prägendes Merkmal des Multi-Level-Marketings und sollte daher in die Definition dieses Vertriebssystems aufgenommen werden.

> Das Multi-Level-Marketing ist eine Form der Laienwerbung; eine Tätigkeit in diesem Vertriebssystem ist an keinerlei Vorkenntnisse geknüpft.

cc) **Der Vertrieb durch Repräsentanten und deren rechtlicher Status**

Die Vertriebsrepräsentanten werden in den oben dargestellten Definitionen verallgemeinert als Verkäufer, Mitarbeiter, Verkaufsmitarbeiter, Vertriebsmittler oder Vertriebsrepräsentanten bezeichnet. Tietz und Wehling betonen darüber hinaus, dass es sich bei den Vertriebsrepräsentanten um selbständige Gewerbetreibende handelt. Weitergehende Angaben über die rechtliche Stellung der Vertriebsrepräsentanten sind in keiner der für diese Arbeit herangezogenen Definitionen enthalten. Welchen rechtlichen Status diese innerhalb des Vertragsverhältnisses mit dem Multi-Level-Marketing-Unternehmen haben, ist in den Geschäftspartnerverträgen bzw. Beraterverträgen der einzelnen Unternehmen vereinbart. Dabei wird innerhalb eines jeden Unternehmens der rechtliche Status des Vertriebsmitarbeiters meist einheitlich geregelt.[39]

Die Vertriebsrepräsentanten sind als Eigen- oder Vertragshändler, Verkaufskommissionäre oder Handelsvertreter im Multi-Level-Marketing-System tätig. Diese Rechtsstellungen sollen näher untersucht werden.

(1) Der Eigenhändler

Die im Konsumgüterbereich des Multi-Level-Marketing-Systems tätigen Vertriebsrepräsentanten haben in vielen Multi-Level-Marketing-Unternehmen den rechtlichen Status eines Eigenhändlers.

Der Eigenhändler kauft und verkauft die Waren als selbständiger Gewerbetreibender im eigenen Namen, auf eigene Rechnung und auf eigenes Risiko.[40] Er erwirbt die Ware zunächst beim Unternehmen. Nachdem er das Eigentum an der Ware erworben hat, verkauft und übereignet der Eigenhändler sie an seine Kunden. Die Preise, zu denen der Eigenhändler seine Waren weiterverkauft, sind nicht vom Unternehmen vorgeschrieben, vielmehr gibt der Hersteller meist nur eine unverbindliche Preisempfehlung ab.[41]

Der Eigenhändler ist nicht verpflichtet, sich aktiv um den Absatz der Produkte des Lieferanten zu bemühen sowie eine Mindestzahl von Produkten abzunehmen. Es besteht kein Gebiets- oder Kundenschutz.[42]

---

[39] Wehling, S. 19.
[40] Emde, in: Staub, HGB, vor § 84 Rn. 295.
[41] Wehling, S. 20.
[42] Tietz, Der Direktvertrieb an Konsumenten, S .295 ff.

(2) Der Vertragshändler

Die bei einem Multi-Level-Marketing-Unternehmen tätigen Vertriebsrepräsentanten können aber auch den rechtlichen Status eines Vertragshändlers haben. Der Vertragshändler verkauft Waren ebenfalls im eigenen Namen und auf eigene Rechnung. Im Gegensatz zum Eigenhändler ist er dauerhaft in das Vertriebssystem eingegliedert.[43] Ein weiterer Unterschied zum Eigenhändler ist, dass der Vertragshändler gegenüber dem Unternehmer zur Vertriebs- und Absatzförderung verpflichtet ist. Konkurrenzerzeugnisse darf er nur mit ausdrücklicher Gestattung des Vertragspartners vertreiben. Der Vertragshändler bekommt keine feste Vergütung.[44]

(3) Der Verkaufskommissionär

Andere Multi-Level-Level-Marketing-Unternehmen beschäftigen Vertriebsrepräsentanten mit dem rechtlichen Status von Verkaufskommissionären.[45]

Kommissionär ist nach § 383 HGB, wer es gewerbsmäßig unternimmt, Waren oder Wertpapiere für Rechnung eines anderen, des Kommittenten, in eigenem Namen zu kaufen oder zu verkaufen. Auch der Kommissionär ist selbständiger Gewerbetreibender. Er handelt gegenüber dem Käufer in eigenem Namen, er ist alleiniger Vertragspartner des Endkunden. Daher steht ihm auch die Kaufpreisforderung zu. Anders als der Eigenhändler und der Vertragshändler erwirbt der Verkaufskommissionär jedoch kein Eigentum an der Ware.[46] Darüber hinaus ist der Kommissionär gemäß § 384 HGB von den Weisungen des Kommittenten abhängig und diesem gegenüber zur Rechenschaftslegung verpflichtet. Befolgt er die Weisungen des Kommittenten nicht, ist er gemäß § 385 HGB zum Schadensersatz verpflichtet.

Verglichen mit der Rechtsstellung des Eigen- und des Vertragshändlers ist der Kommissionär somit einer größeren Möglichkeit der Einflussnahme durch den Unternehmer ausgesetzt.

---

[43] v. Hoyningen-Huene, MüKo HGB, vor § 84 Rn. 15.
[44] Emde, in: Staub, HGB, vor § 84 Rn. 332; Dau, in: Schultze/Wauschkuhn/Spenner/Dau, Rn. 336 ff.; Schmidt, Handelsrecht, S. 758 ff.; Tietz, Der Direktvertrieb an Konsumenten, S. 295.
[45] Wehling, S. 21.
[46] Lenz, in: Röhricht/Graf von Westphalen, HGB, § 383 Rn. 33; Tietz, Der Direktvertrieb an Konsumenten, S. 301 f.

(4) Der Handelsvertreter

Schließlich beschäftigen einige Multi-Level-Marketing-Unternehmen Vertriebsmitarbeiter mit der rechtlichen Stellung eines Handelsvertreters. Dies ist insbesondere im Bereich von Finanzdienstleistungen der Fall,[47] jedoch auch im Vertrieb von Konsumgütern denkbar.[48]

Ein Handelsvertreter ist gemäß § 84 Abs. 1 HGB als selbständiger Gewerbetreibender ständig damit betraut, für einen anderen Unternehmer Geschäfte zu vermitteln oder in dessen Namen abzuschließen. In Abgrenzung zum Eigenhändler, der im eigenen Namen und auf eigene Rechnung handelt, sowie zum Kommissionär, der auf eigenen Namen und fremde Rechnung handelt, nimmt der Handelsvertreter seine Geschäfte sowohl im fremden Namen als auch auf fremde Rechnung vor.[49] Gemäß § 86 HGB hat der Handelsvertreter sich um die Vermittlung oder den Abschluss von Geschäften zu bemühen; er hat hierbei das Interesse des Unternehmers wahrzunehmen. Der Inhalt der Bemühenspflicht kann durch Weisung konkretisiert werden.[50] Durch diese Möglichkeit der Weisungs- und Kontrollbefugnisse sowie durch das Merkmal der ständigen Betrauung mit Geschäften ist der Vertriebsrepräsentant, der seine Aufgabe als Handelsvertreter wahrnimmt, wesentlich enger an das Unternehmen gebunden als ein Vertriebsrepräsentant, der den rechtlichen Status eines Eigen-, Vertrags- oder Kommissionshändlers hat.[51]

(5) Ergebnis

Festzustellen ist, dass die für ein Multi-Level-Marketing-Unternehmen tätigen Vertriebsrepräsentanten selbständige Gewerbetreibende sind, deren rechtlicher Status von Unternehmen zu Unternehmen unterschiedlich ausgestaltet ist.

Durch den rechtlichen Status der Vertriebsrepräsentanten werden die Rechte und Pflichten zwischen den Multi-Level-Marketing-Unternehmen und den Vertriebspartnern maßgeblich festgelegt, so dass dieser Status ein durchaus wichtiges, das jeweilige Multi-Level-Marketing-System prägendes Element ist. Da die rechtliche Stellung der Mitarbeiter aber von Unternehmen zu Unternehmen unterschiedlich ist

---

[47] Tietz, Der Direktvertrieb an Konsumenten, S. 304; Frehrking/Schöffski, ZfB 1994, 571, 574.
[48] Wehling, S. 22.
[49] v. Hoyningen-Huene, Müko HGB, vor § 84 Rn. 15; Genzow, in: Ensthaler, HGB, vor §§ 84 - 92 Rn. 21.
[50] Baumbach/Hopt, § 86 Rn. 12.
[51] Wehling, S. 25 f.

und die hier zu entwickelnde Definition die einem jeden Multi-Level-Marketing-System gemeinsamen grundlegenden Merkmale enthalten soll, könnte in eine Definition lediglich der Hinweis darauf aufgenommen werden, dass es sich bei den Vertriebsrepräsentanten um selbständige Gewerbetreibende handelt. Diese Beschreibung ist jedoch zu pauschal, um tragendes Merkmal einer Definition sein zu können. Daher wird darauf verzichtet, den rechtlichen Status der Vertriebsrepräsentanten in die Definition aufzunehmen.

dd) Akquisition neuer Mitarbeiter

Sämtliche Definitionen des Multi-Level-Marketing-Systems betonen die Möglichkeit der Vertriebsrepräsentanten, neue Mitarbeiter zu akquirieren. Wehling geht darüber insofern hinaus, als dass sie darstellt, dass die Anwerbenden die Akquirierten einarbeiten, schulen und weiterhin laufend betreuen.

Tatsächlich hat jeder Vertriebsrepräsentant die Möglichkeit, neue Mitarbeiter anzuwerben, die in dem System einen dem Akquirierenden nachgeordneten Platz einnehmen. Die Angeworbenen können ihrerseits wiederum weitere Vertriebsrepräsentanten anwerben. Dieser Prozess durchläuft das gesamte System.

Multi-Level-Marketing-Unternehmen haben meist Bedarf an neuen Mitarbeitern. Dieser ist zum einen auf das Wachstum der Unternehmen zurückzuführen, zum anderen aber auch darauf, dass innerhalb der Unternehmen eine gewisse Fluktuation an Mitarbeitern herrscht, weil immer wieder Mitarbeiter das Unternehmen verlassen. Die Gründe hierfür sind unterschiedlich. Einige Vertriebsrepräsentanten haben Schwierigkeiten, eine nebenberuflich ausgeübte Tätigkeit im Multi-Level-Marketing-System zeitlich mit ihrem Hauptberuf zu vereinbaren oder sie stellen fest, dass ihnen die Verkaufstätigkeit nicht liegt. Andere mögen sich einem gewissen Umsatzdruck ausgesetzt fühlen, dem sie sich nicht gewachsen sehen. Hinzu kommt die allgemeine Kritik, mit der Multi-Level-Marketing-Systeme oftmals konfrontiert sind und die einige Vertriebsrepräsentanten dazu veranlasst, dem System den Rücken zu kehren.[52]

Um den Bedarf an neuen Mitarbeitern zu decken und um darüber hinaus mit der erzielten Systemausweitung auch den Kundenkreis zu erweitern, bieten die Multi-Level-Marketing-Unternehmen ihren Vertriebsrepräsentanten die Möglichkeit an, neue Endverkäufer anzuwerben. Die Vertriebsrepräsentanten haben ein Interesse an

---

[52] Reineke/Howaldt, in: Tomczak/Belz/Schögel/Birkhofer, Alternative Ver-triebswege, S. 270, 273.

der Anwerbung, da sie dadurch, wie oben dargestellt, Provisionen in Abhängigkeit von den Umsätzen ihrer Vertriebslinien erhalten können. Diese Art der Anwerbung neuer Mitarbeiter ist für das Unternehmen äußerst kostengünstig, da sie keinen internen Aufwand erfordert.[53]

Um neue Mitarbeiter akquirieren zu können, wird den Anwerbenden von einschlägigen Ratgebern empfohlen, zunächst eine Namensliste mit allen Personen aufzustellen, die der Akquirierende aus unterschiedlichen Lebensbereichen, kennt, z. B. Verwandte und Bekannte, Sportfreunde, Bekanntschaften durch die Kinder oder durch die Mitgliedschaft in Clubs und Vereinen.[54] Die Namensliste sollte mindestens 100 Namen enthalten. Unter diesen potentiellen Kandidaten sollten dann zunächst diejenigen ausgewählt und kontaktiert werden, die mit der größten Wahrscheinlichkeit an einer Tätigkeit im Bereich des Multi-Level-Marketing interessiert sind. Den Vertriebsrepräsentanten wird dazu geraten, sich von jedem potentiellen Vertriebspartner Empfehlungen weiterer Personen geben zu lassen, die an einer Tätigkeit im Multi-Level-Marketing interessiert sein könnten. Dadurch würden neue Vertriebspartner nicht nur im eigenen Verwandten- und Bekanntenkreis des Anwerbenden gesucht.[55] Dieses Vorgehen hat zur Folge, dass dem Anwerbenden auch dann neue Namen von möglichen Interessenten vorliegen, auch wenn die Kontakte im eigenen sozialen Umfeld ausgeschöpft sind.

Es ist somit festzustellen, dass jedes Multi-Level-Marketing-System seinen Vertriebspartnern die Möglichkeit der Anwerbung weiterer Vertriebsrepräsentanten anbietet. Die Möglichkeit der Akquisition neuer Mitarbeiter durch sämtliche Vertriebsrepräsentanten und der damit verbundene Aufbau einer eigenen Vertriebsstruktur ist als systemprägendes Merkmal des Vertriebssystems in die Definition des Multi-Level-Marketing aufzunehmen. Der Umfang sowie die Art und Weise hingegen, in denen die neuen Vertriebsrepräsentanten eingearbeitet, geschult und betreut werden, wird von jedem Multi-Level-Marketing-Unternehmen individuell festgelegt. Da die Definition jedoch ausschließlich die grundlegenden Merkmale des Multi-Level-Marketing-Systems enthalten soll, wird eine Pflicht der Anwerbenden zur Schulung und Betreuung der Angeworbenen – anders als Wehling dies tut – nicht in die hier zu entwickelnde Begriffsbeschreibung aufgenommen.

---

[53] Seeger, S. 35; Althoff, S. 37.
[54] Althoff, S. 90 ff.; Schmahl, S. 37; Kühn/Ruetsch Keller, in: Tomczak/Belz/Schögel/Birkhofer, Alternative Vertriebswege, S. 236, 241.
[55] Althoff, S. 94.

Das Multi-Level-Marketing bietet jedem Vertriebspartner die Möglichkeit, sich durch Anwerbung weiterer Vertriebsrepräsentanten eine eigene Vertriebsstruktur aufzubauen.

ee) Stufenmäßige Gliederung des Systems

Fast alle Definitionen betonen die stufenmäßige Gliederung des Multi-Level-Marketing-Systems. So wird von „hierarchischen Verkäuferketten"[56], „mehrstufig gegliederter Organisation"[57] sowie von „vielstufigen Vertriebslinien"[58] gesprochen. Auch der Begriff Multi-Level-Marketing-System weist bereits darauf hin, dass dieses Vertriebssystem aus mehreren Stufen besteht.

Charakteristisch für das Multi-Level-Marketing ist die große Anzahl von Mitarbeitern, die für das Unternehmen tätig sind. So sind beispielsweise nach eigenen Angaben des Multi-Level-Marketing-Unternehmens Amway mehr als drei Millionen selbständige Vertriebspartner in das Unternehmen eingebunden.[59] Diese Vertriebspartner werden wie folgt auf verschiedenen Stufen in das Unternehmen eingegliedert:

(1) Der Einstieg in das Multi-Level-Marketing-Unternehmen

Hat jemand den Entschluss gefasst, als Vertriebsrepräsentant bei einem Multi-Level-Marketing-Unternehmen tätig zu werden, wird er in der internen Ebenenstruktur unter derjenigen Person in das Multi-Level-Marketing-Unternehmen eingegliedert, die ihn angeworben hat, theoretisch aber auch direkt unter dem Unternehmen, falls er der erste für das Unternehmen tätige Vertriebsrepräsentant ist. Er steht damit auf der Stufe unterhalb desjenigen, der ihn akquiriert hat.[60]

Der Vertriebsrepräsentant verkauft nun die Produkte des Multi-Level-Marketing-Unternehmens, für das er tätig ist. Wie im vorherigen Abschnitt erörtert, vertreibt er die Ware als selbständiger Gewerbetreibender je nach seinem rechtlichen Status entweder im Namen des Unternehmens oder aber im eigenen Namen, indem er die Produkte seinerseits von dem Unternehmen bezieht.

---

[56] Tietz, Der Direktvertrieb an Kosumenten, S. 16.
[57] Otto/Brammsen, WiB 1996, 281, 283.
[58] Wehling, S. 16.
[59] Online im Internet unter http://www.amway.de/cms/about_amway/amway_history.
[60] Althoff, S. 44 zum Begriff „Level".

Die Verdienstmöglichkeit des Vertriebsrepräsentanten ergibt sich in diesem Stadium allein aus seiner eigenen Verkaufstätigkeit.

(2) Der Aufbau der eigenen Vertriebslinien

Innerhalb des Multi-Level-Marketing-Systems hat jeder Vertriebsrepräsentant die Möglichkeit, sich eigene Vertriebslinien durch das Anwerben neuer Händler aufzubauen, indem er anderen Personen anbietet, ebenfalls bei dem Multi-Level-Marketing-Unternehmen zu arbeiten. Gelingt ihm die Akquisition neuer Händler, baut sich unter dem Vertriebsrepräsentanten eine neue Stufe auf, die aus Sicht des Vertriebsrepräsentanten als sein „Level 1" bezeichnet werden kann.[61]

Zusätzlich zu den Verdienstmöglichkeiten aus der eigenen Verkaufstätigkeit erhält der Vertriebsrepräsentant nun eine weitere Vergütungsoption, denn das Multi-Level-Marketing-Unternehmen zahlt ihm Provisionen in Abhängigkeit von den Verkäufen der auf seinem „Level 1" eingegliederten Angeworbenen.[62] Je nach Festlegung durch das jeweilige Multi-Level-Marketing-Unternehmen muss sich der Vertriebsrepräsentant für diese Verdienstmöglichkeit qualifizieren, indem er selbst einen bestimmten Umsatz erreicht.[63]

(3) Der Ausbau der Vertriebslinien über mehrere Ebenen

Wie der Vertriebsrepräsentant selbst, so haben auch die Angeworbenen die Möglichkeit, weitere Verkäufer zu akquirieren. Diese werden dann wiederum unter den Angeworbenen in das Unternehmen eingegliedert. Aus Sicht des zunächst angeworbenen Vertriebsrepräsentanten befinden sich diese Verkäufer auf seinem „Level 2", aus Sicht der von ihm unmittelbar Angeworbenen auf deren „Level 1".[64]

Dieser Anwerbevorgang kann sich theoretisch ständig wiederholen, so dass eine unendliche Anzahl von Stufen gebildet wird. Die hierdurch gebildete Vertriebslinie des jeweiligen Vertriebsrepräsentanten – das Bild der Stellung der Vertriebsrepräsentanten in über- bzw. untergeordneten Vertriebsebenen aufgreifend – wird auch als „Downline" bezeichnet.[65]

---

[61] Althoff, S. 46 ff.
[62] Althoff, S. 59; Otto/Brammsen, WiB 1996, 281, 283; Hartlage, WRP 1997, 1, 2.
[63] Scharfenorth, S. 36; Brammsen/Leible, BB 1997, Beilage 10 zu Heft 32, 1, 4.
[64] Schmahl, S. X zum Begriff „Ebene".
[65] Althoff, S. 43.

Der Vertriebsrepräsentant hat neben den vorgenannten Verdienstmöglichkeiten nun die zusätzliche Aussicht, Provisionen in Abhängigkeit von den Verkäufen seiner „Downline" zu erhalten. Dabei legt das jeweilige Unternehmen fest, bis zu welcher Stufe seiner „Downline" der Vertriebsrepräsentant Provisionen erhält.

(4) Ergebnis

Diese Untersuchung hat gezeigt, dass das Multi-Level-Marketing-System in verschiedene Stufen gegliedert ist. Dabei wird jeder angeworbene Vertriebsrepräsentant auf dem „Level 1" desjenigen eingegliedert, der ihn angeworben hat. Wirbt dieser dann wiederum weitere Vertriebsrepräsentanten an, werden diese wiederum auf „Level 1" des sie unmittelbar Anwerbenden und auf „Level 2" des vorherigen Vertriebsrepräsentanten eingeordnet. Durch diesen Vorgang erhält das System diverse Ebenen oder Stufen. Von einer Hierarchie kann – wie Tietz dies tut – hingegen nicht ausgegangen werden, denn eine solche erfordert eine Weisungsabhängigkeit der Angeworbenen von den Anwerbenden, welche im Multi-Level-Marketing-System jedoch grundsätzlich nicht besteht. Nach zuvor beschriebenem Muster ist jedes Multi-Level-Marketing-Unternehmen aufgebaut. Die stufenmäßige Gliederung ist damit ein grundlegendes und prägendes Merkmal des Multi-Level-Marketing-Systems und hat diesem auch seinen Namen gegeben. Es ist daher in die Definition des Multi-Level-Marketings aufzunehmen.

Multi-Level-Marketing-Systeme sind mehrstufig gegliedert.

ff) Erfolgsbezogene Vergütung

Lediglich die Definition von Zacharias verweist explizit auf eine erfolgsabhängige Vergütung. Er legt dar, dass das Einkommen des Vertriebsrepräsentanten von dessen eigenen Verkaufs-/Vermittlungsvolumen und demjenigen der von diesem angeworbenen Vertriebsrepräsentanten abhängig ist. In den übrigen in dieser Arbeit dargestellten Definitionen sind lediglich Andeutungen auf eine erfolgsabhängige Vergütung zu finden. So behauptet beispielsweise Tietz, dass die Vergütungen der Verkäufer der Vorstufen von der Verkaufstätigkeit der Verkäufer der nachgelagerten Stufen abhängig seien. Diese Verkäufe würden wieder von der Einsatzbereitschaft und der Arbeitsintensität der nachfolgenden Stufen bestimmt. Er stellt damit auf die Verkaufstätigkeit bzw. den Einsatz im Rahmen dieser Tätigkeit ab, nicht aber auf das Verkaufsvolumen.

Auch Wehling sowie Otto und Brammsen nehmen das Merkmal der erfolgsbezogenen Vergütung nicht explizit in ihre Definitionen auf. Wehling spricht lediglich davon, dass der Vertriebsrepräsentant Verkaufsprovisionen für seine Leistungen erhält sowie dass dem anwerbenden Vertriebsrepräsentanten Leitungsprovisionen für die Rekrutierung, Betreuung, Ausbildung und Führung von Vertriebsrepräsentanten gezahlt werden. Otto und Brammsen weisen auf Einnahmen des Vertriebsrepräsentanten aus der Handelsmarge sowie auf zusätzliche Geldleistungen hin, die aus dem Aufbau einer umsatzstarken Vertriebskette resultieren. Diese Darstellungen deuten eine erfolgsbezogene Vergütung aber lediglich an, deutlich wird dieses Merkmal anhand der von diesen Literaturstimmen gewählten Formulierungen jedoch nicht. Inwiefern das Einkommen der Vertriebsrepräsentanten im Multi-Level-Marketing-System erfolgsabhängig ist, wird nachfolgend untersucht.

Charakteristisch für das Vergütungssystem im Bereich des Multi-Level-Marketings ist, dass die Vertriebsrepräsentanten kein festes Gehalt bekommen, sondern dass ihr Einkommen ausschließlich umsatzabhängig ist. Wie das Einkommen der Vertriebsrepräsentanten im Einzelnen festgelegt ist, ist von Unternehmen zu Unternehmen verschieden. Jedoch sind die Verdienstmöglichkeiten in der überwiegenden Zahl der Multi-Level-Marketing-Unternehmen in ihren Grundstrukturen ähnlich geregelt. Sie bestehen grundsätzlich aus der Handelsspanne, den teamorientierten Provisionen sowie den Bonuszahlungen.[66]

(1) Die Handelsspanne

Kauft der Vertriebsrepräsentant als Einzel- oder Vertragshändler oder aber als Verkaufskommissionär Ware beim Unternehmen und veräußert er diese wiederum an Endverbraucher, erzielt er Gewinn aus der Handelsspanne, der Differenz zwischen dem Einkaufspreis und dem Verkaufspreis. Je höher der Wert der vom Vertriebsrepräsentanten bestellten Produkte ist, desto größer ist in der Regel der Mengenrabatt, den das Unternehmen auf den Einkaufspreis gewährt. Die Größe des für einen bestimmten Rabatt erforderlichen Bestellvolumens sowie die Höhe der Rabatte ist von Unternehmen zu Unternehmen verschieden und in den jeweiligen internen Vorgaben, den so genannten Marketing-Plänen, genau festgelegt. Dort geregelt sind auch die Einzelheiten des Rabattsystems, etwa, bei welcher Höhe der größtmögliche Einkaufsrabatt liegt sowie die Frage, ob der Vertriebsrepräsentant eine einmal erreichte Rabattstufe unabhängig von seinem zukünftigen Umsatz beibehal-

---

[66] Die folgenden Ausführungen zu den Verdienstmöglichkeiten im Multi-Level-Marketing-System sind den Darstellungen von Althoff, S. 57 ff. entnommen; zu den Ausgestaltungen von Marketingplänen sehr ausführlich Schmahl, S. 55 ff.

ten kann oder ob er das für diese Rabattstufe erforderliche Bestellvolumen innerhalb eines bestimmten Zeitraumes immer wieder erreichen muss.[67]

Hat der Vertriebsrepräsentant hingegen den rechtlichen Status eines Handelsvertreters, schließt er Verträge auf den Namen und auf Rechnung des Multi-Level-Marketing-Unternehmens ab. Er kauft die Ware also nicht selbst, so dass in dieser Form eine Handelsspanne nicht existiert. Der Vertriebsrepräsentant erhält an Stelle der Handelsspanne Provisionen in Abhängigkeit vom Wert der veräußerten Produkte.

(2) Teamorientierte Provisionen

Für die Anwerbung weiterer Verkaufsmitarbeiter und den Aufbau einer eigenen Vertriebsstruktur erhält der Vertriebsrepräsentant teamorientierte Provisionen, abhängig vom Umsatz der von ihm Angeworbenen. Die Höhe der teamorientierten Provision kann sich etwa aus der Differenz zwischen der Rabattstufe, auf der sich der jeweilige Vertriebsrepräsentant befindet und derjenigen, auf der sich die von ihm Angeworbenen befinden, ergeben.

Beispiel:

Vertriebsrepräsentant A, der einen Rabatt von 50 % auf die von ihm bestellten Produkte erhält, hat die drei weiteren Vertriebsrepräsentanten B, C und D angeworben. Diese bekommen jeweils 20 % Rabatt. In diesem Fall könnte das Unternehmen vorsehen, dass A die Differenz zwischen seiner Rabattstufe und derjenigen erhält, auf der sich B, C und D befinden. A würde dann eine Provision in Höhe von 30 % des gesamten von B, C und D erzielten Umsatzes erhalten.

(3) Bonuszahlungen

Die Bonuszahlungen setzen dort an, wo der Angeworbene die gleiche Rabattstufe wie der ihn anwerbende Vertriebsrepräsentant erreicht hat. Da sich beide auf der gleichen Rabattstufe befinden, entfällt für den Vertriebsrepräsentanten die teamorientierte Provision. Als Ausgleich hierfür wird ihm nun eine prozentuale Beteiligung am Umsatz seines gesamten Teams gewährt.

Beispiel:

Der Vertriebsrepräsentant A hat den B angeworben. B seinerseits hat die weiteren Mitarbeiter C und D angeworben. Solange sich A in einer höheren Stufe als B be-

---

[67] Näher soll auf den Marketing-Plan in Abschnitt B.II.1.b)jj) eingegangen werden.

findet, bekommt er die oben geschilderte Rabattdifferenz. Wenn A also 50 % Rabatt bekommt, B 40 % und C und D jeweils 20 %, so erhält A 10 % der von B erzielten Verkäufe und 30 % der von C und D erzielten Verkäufe. Sobald B in die gleiche Stufe wie A aufrückt, entfallen diese Rabattdifferenzen vollständig. Stattdessen erhält A nun einen im Marketing-Plan festgelegten Prozentsatz aller von B, C und D erzielten Umsätze.

(4) Ergebnis

Die vorigen Ausführungen haben gezeigt, dass das Einkommen des Vertriebsrepräsentanten grundsätzlich erfolgsabhängig ist, unabhängig davon, ob er Vergütungen aus dem eigenen oder dem Verkauf seiner Vertriebslinie erhält.

Die Abhängigkeit der Vergütung vom eigenen Umsatzvolumen sowie von dem der Angeworbenen ist ein ganz typisches Merkmal für das Multi-Level-Marketing. Lediglich andeutende Beschreibungen werden der Wichtigkeit dieses Merkmals nicht gerecht. Zudem ist – anders als Tietz dies tut – nicht lediglich auf die bloße Verkaufstätigkeit, sondern gerade auf das vom Vertriebsrepräsentanten und den nachgeordneten Vertriebspartnern erzielte Umsatzvolumen abzustellen. Das Merkmal der erfolgsabhängigen Vergütung ist daher explizit in die Definition des Multi-Level-Marketing-Systems aufzunehmen. Da die zu entwickelnde Definition den Inhalt des Multi-Level-Marketing-Systems kurz und prägnant darstellen soll, sind die einzelnen Verdienstmöglichkeiten der Vertriebsrepräsentanten hingegen nicht aufzunehmen.

Das Einkommen des jeweiligen Vertriebsrepräsentanten im Multi-Level-Marketing-System ist abhängig von den Umsätzen, die er selbst, die von ihm Angeworbenen sowie die wiederum vom diesen angeworbenen weiteren Vertriebspartner erzielen.

---

gg) Produktbindung

Otto und Brammsen nehmen in ihre Definition des Multi-Level-Marketings auf, dass diese Systeme (zumeist nur) Produkte eines Erzeugers anbieten. Die übrigen Definitionen, die für diese Arbeit herangezogen wurden, machen keine Angaben über das Produktsortiment.

Im Multi-Level-Marketing-System wird eine individuelle, ausführliche und professionelle Beratung angestrebt, die über die im traditionellen Handel angebotene Verkaufsberatung hinausgehen soll. Da der im Multi-Level-Marketing gebotene Standard der Beratung wesentlich vom Wissen des Vertriebsrepräsentanten abhängt, eignet sich ein breites Produktsortiment nicht für den Verkauf in diesem System. Daher bieten Multi-Level-Marketing-Systeme im Warenvertrieb oftmals nur Produkte eines Erzeugers an. Dadurch soll der Konsument auf die Produkte des Herstellerunternehmens fokussiert werden. Im Multi-Level-Marketing wird in der Regel nicht nur ein bestimmtes Produkt vertrieben, sondern diese Systeme arbeiten oft mit kompletten Produktfamilien für bestimmte Problemstellungen, wie z. B. Nahrungsergänzungsmittel, Kosmetika oder Haushaltsgeräte.[68]

Üblicherweise werden die Produkte nicht im klassischen Einzelhandel angeboten. Die im Bereich des Multi-Level-Marketings tätigen Unternehmen laufen ansonsten Gefahr, dass sich die Käufer von ihnen beraten lassen, die Preise der Produkte jedoch im Einzelhandel vergleichen und, falls die Produkte dort günstiger sind, im Einzelhandel einkaufen.[69]

Multi-Level-Marketing-Systeme im Finanzdienstleistungsbereich zeichnen sich, anders als im Bereich des Warenvertriebs, in der Regel nicht dadurch aus, dass sie nur Dienstleistungen eines Anbieters vertreiben. Häufiger arbeiten sie mit mehreren Produktanbietern zusammen. So ist z. B. der Allgemeine Wirtschaftsdienst (AWD) nicht an bestimmte Produktanbieter gebunden.[70]

Im Ergebnis ist festzustellen, dass es zwar durchaus sinnvoll sein mag, Produkte lediglich eines Erzeugers anzubieten, dieses eingeschränkte Produktangebot jedoch nicht zwingendes Merkmal des Multi-Level-Marketing-Systems ist. Da es dieses Vertriebssystem somit nicht ausschließt, dass Produkte mehrerer Erzeuger oder Großanbieter angeboten werden, soll dieses Merkmal nicht in die Definition des Multi-Level-Marketing-Systems aufgenommen werden.

hh) Keinerlei Lagerbestände oder Abnahmeverpflichtungen

Tietz und Wehling betonen, dass der Angeworbene weder verpflichtet wird, Produkte abzunehmen, noch ein Lager zu halten. Dieser Umstand mag gegebenenfalls

---

[68] Reineke/Howaldt, in: Tomczak/Belz/Schögel/Birkhofer, Alternative Vertriebswege, S. 270, 275.
[69] Reineke/Howaldt, in: Tomczak/Belz/Schögel/Birkhofer, Alternative Vertriebswege, S. 270, 274 f.
[70] Frehrking/Schöffski, ZfB 1994, 571, 572.

auf viele Multi-Level-Marketing-Systeme zutreffen, zwingend ist er aber nicht. Es sind durchaus Multi-Level-Marketing-Systeme denkbar, in denen die Abnahme von Ware Voraussetzung ist, um als Vertriebsrepräsentant in diesem System tätig werden zu können, auch wenn der Vertriebsrepräsentant im Multi-Level-Marketing-System nicht verpflichtet wird, ein Warenlager zu halten, sondern nur einzelne Produkte abnehmen soll.[71]

In der Definition als Ausgangspunkt dieser Arbeit soll nicht davon ausgegangen werden, dass der Vertriebsrepräsentant zu Beginn seiner Tätigkeit keinerlei Abnahmeverpflichtungen eingeht.

ii)   Arbeit im Rahmen eines Franchise-Programms

Nach der Definition von Tietz arbeiten die Vertriebsrepräsentanten im Multi-Level-Marketing-System im Rahmen eines vom Systemträger kontrollierten Franchise-Programms.[72] Tietz ordnet das Multi-Level-Marketing-System damit als Franchise-Programm ein.[73] Richtig hieran ist, dass das Multi-Level-Marketing-System in der Tat einige Charakteristika des Franchise-Systems aufweist.[74] Dennoch sind diese beiden Vertriebssysteme keinesfalls gleichzusetzen. In diesem Abschnitt soll zunächst der Begriff des Franchise dargestellt und erläutert werden. Auf dieser Grundlage wird nachfolgend das Franchise-System vom Multi-Level-Marketing-System abgegrenzt.

Für den Begriff des Franchise finden sich in der Literatur unterschiedliche Definitionen; eine einheitliche Inhaltsbestimmung dieses Begriffes existiert nicht.[75]

Schmahl bietet eine recht kompakte Begriffsbestimmung des Franchise an. Hiernach bezeichnet der Begriff Franchising oder Konzessionsverkauf *„eine Geschäftsmethode, bei der ein Franchise-Geber einem Franchise-Nehmer die regionale Nutzung eines Geschäftskonzeptes gegen Entgelt zur Verfügung stellt".*[76]

---

[71]   S. u. Abschnitt D.II.1.a)cc).
[72]   Tietz, Der Direktvertrieb an Konsumenten, S. 16.
[73]   Wehling, S. 13.
[74]   Vgl. Seeger, S. 19.
[75]   Hannemann, S. 87 f.; zum Überblick über die verschiedenen Definitionen vgl. Martinek, S. 11 ff.
[76]   Schmahl, S. 40.

Die Definition von Kaub[77], die vom deutschen Franchiseverband als offizielle Verbandsdefinition übernommen worden ist[78], ist ausführlicher:

„Franchising ist ein vertikalkooperativ organisiertes Absatzsystem rechtlich selbständiger Unternehmen auf der Basis eines vertraglichen Dauerschuldverhältnisses. Dieses System tritt am Markt einheitlich auf und wird geprägt durch das arbeitsteilige Leistungsprogramm der Systempartner sowie durch ein Weisungs- und Kontrollsystem eines systemkonformen Verhaltens.

Das Leistungsprogramm des Franchise-Gebers ist das Franchise-Paket; es besteht aus einem Beschaffungs-, Absatz- und Organisationskonzept, dem Nutzungsrecht von Schutzrechten, der Ausbildung des Franchise-Nehmers und der Verpflichtung des Franchise-Gebers, den Franchise-Nehmer aktiv und laufend zu unterstützen und das Konzept selbständig weiter zu entwickeln.

Der Franchise-Nehmer ist im eigenen Namen und für eigene Rechnung tätig; er hat das Recht und die Pflicht, das Franchise-Paket gegen Entgelt zu nutzen. Als Leistungsbeitrag liefert er Arbeit, Kapital und Informationen."

Diese Definition ist vom Schrifttum nicht als allgemeingültige Fassung übernommen worden.[79] Da sie jedoch sämtliche Elemente des Franchise beinhaltet, wird sie dieser Arbeit zugrunde gelegt. Die einzelnen Merkmale des Franchise sollen nachfolgend erläutert sowie die Gemeinsamkeiten und Unterschiede von Multi-Level-Marketing und Franchise herausgearbeitet werden.

Multi-Level-Marketing und Franchise sind Vertriebsformen, in denen sich der Teilnehmer eine selbständige Existenz aufbaut und dabei die Vorteile eines bereits bestehenden Unternehmens z.B. in Bezug auf Schutzrechte an Firmenzeichen, Namen und Marken nutzt.[80] Ebenso wie beim Multi-Level-Marketing sind die Teilnehmer des Franchise-Systems rechtlich selbständig tätig. Die Franchise-Nehmer haben die Möglichkeit der freien Rechtsformwahl.[81]

---

[77] Kaub, S. 29.
[78] Nachweis bei Kaub, S. 29 Fn. 48 sowie bei Skaupy, S. 6; Skaupy weist darauf hin, dass die verbale Begriffsbestimmung vom DFV durch einen Merkmalskatalog ergänzt worden ist; zur Definition des Franchise durch den europäischen Verhaltenskodex für Franchising, Skaupy, S. 8 ff. und Ullmann, in: Jahrbuch Franchising 1994, S. 59.
[79] Beyer, S. 13 m. w.N.
[80] Seeger, S. 17; Wehling, zfo 1994, 203, 205.
[81] Wehling, S. 61.

Auch ist beiden Systemen gemein, dass sie auf die Ausweitung des Vertriebssystems angelegt sind. Dies geschieht jedoch auf unterschiedliche Art und Weise. Während im Franchise-System nur der Franchise-Geber ein Netz aus Vertriebspartnern aufbaut, bietet das Multi-Level-Marketing-System jedem Vertriebsrepräsentanten die Möglichkeit, eine eigene Vertriebslinie aufzubauen.[82]

Im Gegensatz zum Multi-Level-Marketing besteht im Franchise-System eine enge und dauerhafte Bindung zwischen Franchise-Geber und Franchise-Nehmer, da Franchise-Verträge die Verhaltensregeln zwischen den Systemträgern genau festlegen.[83] Der Franchise-Geber stellt dem Franchise-Nehmer gegen eine Eintrittsgebühr sowie eine laufende Franchise-Gebühr ein bestimmtes Paket aus Rechten und Dienstleistungen zur Verfügung, in dem er sich dazu verpflichtet, den Franchise-Nehmer durch Werbung, Marktforschung, Schulungen und laufende Informationen zu unterstützen. Das Paket umfasst darüber hinaus regelmäßig die Weitergabe von Produktgeheimnissen und Rezepturen, damit der Franchise-Nehmer die vom Franchise-Geber entwickelten Produkte selbst herstellen kann. Dies ist ein Unterschied zum Multi-Level-Marketing-System, welches allein auf den Vertrieb von Produkten, nicht jedoch auf deren Herstellung gerichtet ist. Der Franchise-Geber hat das Recht, aber auch die Pflicht, das ihm zur Verfügung gestellte Paket zu nutzen; er unterliegt den Weisungs- und Kontrollbefugnissen des Franchise-Gebers.[84] Der Franchise-Geber ist gegenüber dem Franchise-Nehmer zur Kontrolle befugt, um unseriöse Geschäftspraktiken zu verhindern, die sich negativ auf den Ruf dieser Branche auswirken könnten.[85]

Diese rechtliche und tatsächliche Bindung an das Unternehmen ist im Multi-Level-Marketing-System weniger eng. Der Vertriebsrepräsentant ist gegenüber dem Unternehmen in den meisten Fällen nicht weisungsgebunden.[86] Auch ist das dem Vertriebsrepräsentanten zur Verfügung gestellte Paket aus Rechten und Dienstleistungen ist weniger umfassend als beim Franchise. Für den Betriebsaufbau stellt das Unternehmen dem Vertriebsrepräsentanten lediglich Handbücher, Präsentationshefte, Prospekte sowie andere Verkaufshilfen zur Verfügung. Der Systemteilnehmer erhält darüber hinaus laufende Informationen. Dadurch hat er die Möglichkeit, ein bestehendes Absatzkonzept und das Image des Unternehmens für sich fruchtbar

---

[82] Seeger, S. 17; Wehling, S. 71; s.o. Abschnitt B.II.1.b)ee)(2).
[83] Hannemann, S. 90.
[84] Wehling, S. 60 ff.; Seeger, S. 17 ff.
[85] Wehling, zfo 1994, 203, 205.
[86] Seeger, S. 17; Wehling, S. 66; Wehling, zfo 1994, 203, 205; etwas anderes gilt jedoch, wenn der Vertriebsrepräsentant als Verkaufskommissionär in das Unternehmen eingebunden ist, s. hierzu Abschnitt B.II.1.b)cc)(3).

zu machen.[87] Ein wesentlicher Unterschied zum Franchise besteht im Multi-Level-Marketing-System weiterhin darin, dass der Vertriebsrepräsentant immer das Recht, aber nicht die Pflicht zur Nutzung dieses aus Rechten und Dienstleistungen bestehenden Pakets hat;[88] er kann Art, Weise und Umfang seiner Tätigkeit frei bestimmen.[89] Darüber hinaus kann der Systemteilnehmer sein Verkaufsgebiet nach Belieben erschließen. Er ist nicht, wie es beim Franchise-System der Fall ist, auf eine regionale Tätigkeit beschränkt, so dass auch mehrere Vertriebsrepräsentanten in ein und demselben Verkaufsgebiet tätig sein können.[90] Anders als beim Franchise-System gewähren Multi-Level-Marketing-Systeme daher keinen Gebietsschutz.

Ausdruck der geringen Bindung ist im Multi-Level-Marketing-System nicht nur das in der Regel fehlende Weisungs- und Kontrollrecht des Unternehmens, sondern auch die kurze Laufzeit der Vertriebsrepräsentantenverträge von meist lediglich einem Jahr. Diese Verträge werden in der Regel aber automatisch um ein weiteres Jahr verlängert, wenn der Vertriebsrepräsentant dem Unternehmen einen entsprechenden Jahresbeitrag zahlt.[91] Ein Franchise-Vertrag ist demgegenüber regelmäßig auf eine langjährige Zusammenarbeit angelegt.

Ein weiterer maßgeblicher Unterschied zwischen dem Franchise-System und dem Multi-Level-Marketing-System besteht in der Höhe der Eintritts- bzw. der laufenden Verwaltungsgebühren. Während die Aufnahmegebühr im Franchise-System eine große Spannweite aufweist – in der Literatur werden Beträge von bis zu 80.000 € für den Erwerb einer Franchiselizenz genannt[92] – ist der Eintritt in das Multi-Level-Marketing-System mit geringeren finanziellen Investitionen verbunden. Der Systemteilnehmer verpflichtet sich in der Regel lediglich zum Kauf eines so genannten „Starter-Sets". Dies ist ein Paket, das alle für den Geschäftsbeginn erforderlichen Unterlagen z. B. Produktkataloge und Produktbeschreibungen sowie den das Einkommen und die Voraussetzungen für den Aufstieg in höhere Stufen regelnden Marketing-Plan enthält. Es können auch Produkte, Proben oder Warenmuster beigefügt sein, damit sich der neue Vertriebsrepräsentant mit den vom ihm zu vertreibenden Produkten vertraut machen kann.[93] Zum Preis dieser Beratergrundausstattung werden in der Literatur keine einheitlichen Angaben gemacht,

---

[87] Wehling, S. 62 ff.
[88] Wehling, S. 63.
[89] Seeger, S. 17.
[90] Seeger, S. 17; Wehling, S. 40 f.
[91] Seeger, S. 18.
[92] Seeger, S. 18.
[93] Althoff, S. 45; Wehling, S. 47.

teilweise wird ein Betrag zwischen 35 € und 375 € angegeben[94], andere nennen Beträge zwischen 200 € und 300 €[95] bzw. zwischen 40 € und 100 €[96]. Der Preis für diese Beratergrundausstattung ist von Unternehmen zu Unternehmen unterschiedlich und hängt unter anderem vom Wert der zu vertreibenden Produkte ab. Die jährliche Gebühr zur Verlängerung des Vertriebsrepräsentantenvertrages liegt in der Praxis zwischen 0 € und 60 €.[97] Die laufende Franchisegebühr ist in der Regel nicht auf einen bestimmten Betrag festgelegt, sondern umsatzabhängig und liegt meist zwischen fünf und sieben Prozent des Ertrages des Franchise-Nehmers.[98]

Festzuhalten bleibt damit, dass das Multi-Level-Marketing-System zwar Elemente des Franchise-Systems aufweist, da es die Möglichkeit bietet, die Vorteile eines bestehenden Unternehmens für sich zu nutzen. Im Gegensatz zum Franchise-System zeichnet sich das Multi-Level-Marketing-System aber durch eine geringere Bindung der Vertriebsrepräsentanten zum Unternehmen, geringere Gebühren und der Möglichkeit zum Aufbau einer eigenen Vertriebsstruktur aus.

Die Definition von Tietz dahingehend, dass die Vertriebsrepräsentanten im Rahmen eines vom Systemträger kontrollierten Franchise-Programms arbeiten, ist daher unrichtig bzw. zumindest missverständlich. Multi-Level-Marketing ist nämlich gerade keine Art des Franchise, sondern vielmehr davon abzugrenzen.

Die Differenzierung zwischen Multi-Level-Marketing und Franchise soll aber nicht in die hier entwickelte Definition des Multi-Level-Marketing-Systems aufgenommen werden. Diese soll den Begriff, dem sie zugeordnet wird, kurz und präzise beschreiben. Eine explizite Abgrenzung zu anderen Systemen würde über den Sinn und Zweck einer solchen Definition hinausgehen.

jj)   Der Marketing-Plan

Nach der von Wehling entwickelten Definition ergeben sich Provisionshöhen und Beförderungsstufen für jeden Vertriebsrepräsentanten aus dem jeweiligen Karriereplan des Unternehmens.[99] Als Synonyme zum Begriff Karriereplan sind auch die

---

[94]   Wehling nennt Beträge zwischen 65 DM und 750 DM, S. 45.
[95]   Seeger, S. 18.
[96]   Zacharias, Grußwort, in: Dreyer/Kreß, Die führenden Network Marketing Unternehmen, S. 6.
[97]   Wehling, S. 45.
[98]   Averill/Corkin, S. 24; Seeger, S. 18; nach Seeger liegen die Investitionskosten beim Franchise zwischen 50.000 € und 100.000 €.
[99]   Wehling, S. 16.

Begriffe Marketing-Plan oder Vergütungsplan gebräuchlich.[100] In dieser Arbeit soll durchgängig der Begriff Marketing-Plan verwendet werden.

Es ist richtig, dass die Vergütung der Vertriebspartner im Multi-Level-Marketing-System auf der Basis eines so genannten Marketing-Plans erfolgt. Dieser umfasst das vom Unternehmen festgelegte komplette Verdienstsystem, das die Höhe, Verteilung und Zuordnung der Einkommensströme in allen Vertriebsorganisationen regelt, Rabattstufen definiert und Qualifikationserfordernisse für die jeweiligen Provisionen und Rabatte beschreibt.[101]

Mit Abschluss des Vertriebspartnervertrages zwischen dem Vertriebsrepräsentanten und dem Multi-Level-Marketing-Unternehmen gilt der von dem Unternehmen aufgestellte Marketing-Plan als vereinbart. Daher spielt die Attraktivität des Marketing-Plans eine bedeutende Rolle für die Aufnahme der Vertriebstätigkeit, denn eine solche erfolgt umso eher, als ein Marketing-Plan vom zukünftigen Vertriebsrepräsentanten als für ihn vorteilhaft empfunden wird.[102]

Marketing-Pläne sind unterschiedlich ausgestaltet. Während einige übersichtlich und leicht verständlich sind, verwenden andere Unternehmen zum Teil sehr komplexe und komplizierte Vergütungssysteme.[103] Daher könnte in eine Definition lediglich der pauschale Hinweis darauf aufgenommen werden, dass sich die Vergütung der Vertriebsrepräsentanten nach einem bestimmten Marketing-Plan richtet. Dies ist jedoch kein Merkmal, das speziell für das Multi-Level-Marketing-System typisch ist. Festlegungen von Vergütungen kommen auch in anderen Systemen vor, z.B. bei einer Tätigkeit auf Provisionsbasis, bei der der Mitarbeiter für jeden erfolgreichen Abschluss eine bestimmte Provision erhält, ohne dass es sich hierbei um ein Multi-Level-Marketing-System handelt. Der Hinweis auf die Existenz eines Marketing-Planes soll in die in dieser Arbeit entwickelte Definition daher nicht aufgenommen werden.

c) **Eigene Definition**

Festzuhalten ist dass das Multi-Level-Marketing-System im Wesentlichen durch folgende Merkmale geprägt wird:

---

[100] Wehling, S. 44 ff.; Schmahl, S. 55 ff.
[101] Althoff, S. 44 und 56 f.; Scharfenorth, S. 30.
[102] Wehling, S. 46 f.
[103] Zu den unterschiedlichen Ausgestaltungsmöglichkeiten eines Marketing-Plans ausführlich Scharfenorth, S. 30 ff; Schmahl, S. 55 ff; Althoff, S. 56 ff.

- Multi-Level-Marketing ist eine Sonderform des Direktvertriebs.
- Die Vertriebsrepräsentanten sind nicht notwendigerweise kaufmännisch vorgebildet.
- Die Vertriebsrepräsentanten haben die Möglichkeit, sich durch die Anwerbung weiterer Mitarbeiter eine eigene Vertriebsstruktur aufzubauen.
- Das System ist mehrstufig gegliedert.
- Die Vergütung erfolgt erfolgs- bzw. umsatzbezogen.

Auf der Grundlage der vorherigen Ausführungen sollen die das Multi-Level-Marketing-System prägenden Merkmale zu einer Definition zusammengefasst werden, die der gesamten weiteren Untersuchung zugrunde gelegt wird.

Das Multi-Level-Marketing-System ist eine mehrstufig gegliederte Sonderform des Direktvertriebs, in dem nicht notwendigerweise kaufmännisch vorgebildete Vertriebsrepräsentanten zusätzlich zur reinen Verkaufstätigkeit in dem jeweiligen Unternehmen die Möglichkeit haben, sich durch die Anwerbung weiterer Vertriebspartner eine eigene Vertriebsstruktur aufzubauen. Das Einkommen der Vertriebsrepräsentanten ist nicht betragsmäßig festgelegt, sondern abhängig von ihren eigenen Umsätzen, dem Umsatzvolumen der von ihnen Angeworbenen sowie von den Umsätzen ihrer gesamten Vertriebsstruktur.

2. Die Geschichte des Multi-Level-Marketing

Die Geschichte des Direktvertriebs, aus dem sich später das Multi-Level-Marketing-System entwickelte, reicht bis zu den Anfängen des Handels zurück.[104] Zu Beginn des Handels waren die Menschen Selbstversorger. Die Waren, die sie benötigten und nicht selbst herstellten, tauschten sie bei dem jeweiligen Hersteller gegen die von ihnen erzeugten Produkte ein. Die Urform des Handels enthält somit bereits ein wesentliches Element des Direktvertriebs, nämlich den Erwerb der Ware direkt beim Erzeuger.[105]

Erst mit der zunehmenden Industrialisierung zogen viele Menschen in die Städte, um dort zu arbeiten. Die Selbstversorgung gelangte damit immer mehr in den Hintergrund und damit auch der direkte Handel. Waren wurden nicht mehr direkt beim Hersteller, sondern in Einzelhandelsgeschäften oder später in größeren Kaufhäu-

---

[104] Althoff, S. 28.
[105] Seeger, S. 25

sern erworben.[106] Die dort vertriebenen Waren wurden mit dem technischen Fortschritt zunehmend komplizierter.

Um den Käufer von den Vorteilen neu entwickelter Produkte zu überzeugen, bedurfte es meist einer ausführlichen Erklärung ihrer Funktionsweise. Aus diesem Grund begann das schwedische Unternehmen Electrolux, das zunächst auf den Vertrieb von Staubsaugern gerichtet war, im Jahre 1922 damit, seine potentiellen Kunden zu Hause aufzusuchen. Damit entstand die erste Form des heute gebräuchlichen klassischen Direktvertriebs. Auch andere erklärungsbedürftige Geräte, wie zum Beispiel die Waschmaschine sowie die Gefriertruhe, wurden im Wege des Direktvertriebs bekannt gemacht.[107]

Die Vertriebsform des Multi-Level-Marketing hat ihren Ursprung in den USA. Im Jahr 1934 gründete Carl Rehnborg das Unternehmen California Vitamins, einen Direktvertrieb von Nahrungsergänzungsprodukten. Zur Steigerung der Umsätze bot das Unternehmen seinen Mitarbeitern an, weitere Mitarbeiter für den Vertrieb zu gewinnen.[108] Für die Anwerbung zahlte das Unternehmen ab den frühen 40er Jahren jedem Mitarbeiter einen Bonus in Höhe von 2 % der Umsätze aller von ihm angeworbenen neuen Mitarbeiter.[109] California Vitamins war das erste Unternehmen, das Provisionen an seine Vertriebspartner ausschließlich für den Aufbau einer eigenen Vertriebslinie zahlte.[110]

Das Unternehmen „California Vitamins" wurde seit 1945 unter der Firma „Nutrilite" weitergeführt,[111] gab jedoch in den 50er Jahren aufgrund interner Probleme den Betrieb auf.[112]

1959 gründeten zwei ehemalige Mitarbeiter des Unternehmens „Nutrilite", Rich de Vos und Jay van Andel, das amerikanische Unternehmen Amway.[113] Dieses kon-

---

[106] Seeger, S. 25.
[107] Tietz, Der Direktvertrieb an Konsumenten, S. 25 f.
[108] Seeger, S. 25; Althoff, S. 29.
[109] Wehling, S. 1 f.; Althoff, S. 29; Schmahl, S. 28.
[110] Althoff, S. 29.
[111] Über den Namen und seine Schreibweise besteht in der Literatur Uneinigkeit. Sowohl auf der Internetseite des Unternehmens Amway als auch bei der freien Enzyklopädie wikipedia unter dem Begriff Amway ist der Name Nutrilite zu finden, während dieser von Seeger, S. 25, und Schmahl, S. 28, Nutri Lite geschrieben wird. Nach Wehling, S. 1, und Althoff, S. 29, ging aus California Vitamins das Unternehmen Nutra Lite bzw. NutraLite hervor. In diese Arbeit wird der von Amway genannten Firmenname Nutrilite übernommen.
[112] Althoff, S. 29.
[113] Althoff, S. 29; Dreyer/Kreß, S. 52.

zentrierte sich anfänglich auf die Entwicklung und den Verkauf einer eigenen Produktlinie, die sich aus Haushaltspflege-Artikeln zusammensetzte. Der Vertrieb dieser Produkte erfolgte im Wege des Multi-Level-Marketing-Systems, was dazu führte, dass sich Amway in den folgenden Jahren stetig vergrößerte.

Mitte der 70er Jahre geriet Amway in den Verdacht, unrechtmäßige Vertriebspraktiken anzuwenden. Die Federal Trade Commission (FTC), eine für den Verbraucherschutz zuständige unabhängig arbeitende Bundesbehörde der USA, führte aufgrund dieses Verdachts einen Prozess gegen Amway. 1979 befand das Gericht die von Amway angewandten Vertriebspraktiken für rechtmäßig.[114] Mit dieser Entscheidung wurde Multi-Level-Marketing in den USA grundsätzlich als rechtmäßige Unternehmensform anerkannt.[115]

Nach diesem Urteil wurde eine Vielzahl weiterer Multi-Level-Marketing-Unternehmen auf dem amerikanischen Markt gegründet. Die Zahl der Mitarbeiter, die im Multi-Level-Marketing-System in den USA aktiv tätig sind, wurde bereits im Jahr 1997 auf 10-12 Millionen geschätzt.[116]

In Europa wird das Multi-Level-Marketing seit 1969 betrieben; die Firma Kleeneze vertrieb erstmals Produkte in dieser Vertriebsform auf dem europäischen Markt.[117]

In den 80er Jahren entstanden die ersten deutschen Multi-Level-Marketing-Unternehmen.[118] Beispielsweise wurde im Jahr 1985 das Unternehmen LR International gegründet, das sich bis heute auf den Vertrieb von Düften, Kosmetika und Körperpflegeprodukten konzentriert.[119] In den nachfolgenden Jahren haben immer mehr Unternehmen den Markt mit Hilfe des Multi-Level-Marketing-Systems erschlossen. LR International gehört zu den ältesten noch existierenden deutschen Multi-Level-Marketing-Unternehmen.

Der Anteil des Multi-Level-Marketings am Gesamtumsatz des Direktvertriebs in Deutschland lag im Jahr 2003 etwa bei 25 %.[120] Die führenden im System des Multi-Level-Marketings agierenden Unternehmen sind heute in ganz Europa vertreten.

---

[114] Federal Trade Commission, Final Order May 8 1979, Articles 93 F.T.C. 618.
[115] Seeger, S. 26.
[116] Althoff, S. 31.
[117] Seeger, S. 26.
[118] Online im Internet unter http://www.bvnm.de/index.php?id=historie.
[119] Dreyer/Kreß, S. 140.
[120] Seeger, S. 28.

3. Beispiele von im Multi-Level-Marketing-System tätigen Unternehmen

Nachdem der Begriff des Multi-Level-Marketings sowie die prägenden Merkmale und die Geschichte dieser Vertriebsform erläutert worden sind, sollen nun zur Illustration exemplarisch einzelne im Bereich des Multi-Level-Marketings tätige Unternehmen dargestellt werden.

a) Das Unternehmen Amway

Das Unternehmen Amway ist seit über 40 Jahren im Bereich des Multi-Level-Marketings tätig. Die beiden Gründer, Jay van Andel und Rich DeVos, kamen mit dem Multi-Level-Marketing erstmals 1949 in Berührung, als sie eine Tätigkeit als Vertriebsbeauftragte bei dem Unternehmen Nutrilite aufnahmen. 1959 machten sie sich unter der Firma Ja-Ri-Corporation, Inc. selbständig und legten Teile des Nutrilite-Konzepts auch ihrem Unternehmen zugrunde. Im Jahre 1963 erhielt die Gesellschaft den Namen Amway-Corporation, Inc. Anfangs konzentrierte sich das Unternehmen auf den Verkauf einer eigenen Produktlinie, die sich aus Haushaltspflege-Artikeln zusammensetzte.[121] Gerade in diesem Bereich war es von Vorteil, Produkte im Wege des Direktvertriebs anzubieten, denn der Markt für die von Amway vertriebenen Produkte wurde in diesem Zeitpunkt von den drei Gesellschaften Procter & Gamble, Colgate Palmolive und Lever Brothers beherrscht. Aufgrund der bestehenden Marktsättigung und der übermächtigen Konkurrenz hätte die Amway-Corporation keine Chance gehabt, ein neues Produkt durch herkömmliche Vertriebssysteme auf dem Markt zu etablieren. Zumindest wäre dieser Weg mit hohen Kosten verbunden gewesen,[122] etwa für notwendige Werbemaßnahmen.

In den folgenden Jahren konnte Amway eine stetige Umsatzsteigerung verbuchen. Nach eigenen Angaben des Unternehmens waren in den USA und seit 1962 auch in Kanada am Ende der 60er Jahre 100 000 Vertriebspartner für Amway tätig, die einen Umsatz von 85 Millionen US-Dollar erwirtschafteten.[123] Amway hatte bereits am Ende der 60er Jahre seine Produktpalette auf über 200 Produkte erweitert.[124]

---

[121] Online im Internet unter http://www.amway.de/cms/sbout_amway/amway_history; Dreyer/Kreß, S. 52.
[122] Ebbing, GRUR Int. 1998, 15, 17.
[123] Online im Internet unter http://www.amway.de/cms/about_amway/amway_history.
[124] Online im Internet unter http://www.amway.de/cms/about_amway/amway_history.

In den 70er Jahren erschloss sich Amway Märkte in Europa, Australien und Asien. 1975 wurde die Amway GmbH als Tochtergesellschaft der Amway-Corporation, Inc. in Gräfelfing bei München gegründet. Heute befindet sich die Verwaltungszentrale in Puchheim bei München. Nach eigenen Angaben betrug der Umsatz in Deutschland im Jahr 2005 109 Millionen Euro.[125]

Im Jahr 2000 wurde Amway umstrukturiert: Es wurde die Muttergesellschaft Alticor Inc. gegründet, die die drei Tochtergesellschaften, die Access Business Group LLC, die Amway Corporation und die Quixtar Inc. leiten und unterstützen soll.[126]

Nach eigener Darstellung Amways im Rahmen seines Internet-Auftritts sind mittlerweile weltweit über 3 Millionen selbständige Vertriebsrepräsentanten und mehr als 13.000 Mitarbeiter in über 80 Ländern und Territorien für Amway tätig. Das Unternehmen hat Niederlassungen in 57 Ländern und mehr als 160 Distributionszentren. Mehr als 500 Wissenschaftler arbeiten an der Entwicklung der Produkte. Amway wurden mehr als 600 Patente erteilt, weitere 400 Patente sind anhängig.[127]

Das Sortiment von Amway umfasst derzeit über 450 von Amway selbst hergestellte Produkte, überwiegend Haushaltsartikel, Körperpflegeprodukte sowie Kosmetika und Nahrungsergänzungsmittel.[128] Der Gesamtumsatz des Alticor-Konzerns lag nach eigenen Angaben im Jahr 2006 bei 6,3 Milliarden US-Dollar.[129]

Die bei Amway beschäftigten Vertriebsrepräsentanten haben den rechtlichen Status eines Eigenhändlers.[130] Jeder neue Vertriebsrepräsentant erwirbt zu Beginn seiner Tätigkeit das „Amway Informations- und Geschäftspartnerset". Dieses enthält verschiedene Informationen, z. B. das Geschäftspartnerhandbuch, Produktinformationen, eine Produktbroschüre sowie diverse Formulare. Der Vertriebsrepräsentant kann das Geschäftspartnerset innerhalb von 90 Tagen nach Vertragsschluss ohne

---

[125] Online im Internet unter http://www.amway.de/cms/about_amway/about_amway_germany.
[126] Online im Internet unter http://www.amway.de/cms/about_amway/amway_history.
[127] Online im Internet unter http://www.amway.de/cms/about_amway/amway_history.
[128] Dreyer/Kreß, S. 52.
[129] Online im Internet unter http://www.amway.de/cms/about_amway/amway_history.
[130] Tietz, Struktur und Dynamik des Direktvertriebs, S. 113; Wehling, S. 21.

Angabe von Gründen an Amway zurücksenden und bekommt den vollen Kaufpreis erstattet.[131]

Nach dem „Amway Sales- und Marketing-Plan" erzielen die Vertriebsrepräsentanten zum einen ihr Einkommen aus der Handelsspanne. Die Differenz zwischen dem Einkaufspreis und der unverbindlichen Preisempfehlung von Amway beträgt in der Regel 30 %. Zudem erhält der Vertriebsrepräsentant einen Verkaufsbonus, welcher aus allen von ihm getätigten Umsätzen errechnet wird. Zum anderen hat er die Möglichkeit, durch das Gewinnen neuer Geschäftspartner Leistungsprovisionen zu erhalten. Die Leistungsprovision errechnet sich aus den Umsätzen, die der Vertriebsrepräsentant und die Angeworbenen seiner Gruppe erwirtschaftet haben.[132]

b)   Das Unternehmen Herbalife

Im Februar 1980 gründete Mark Reynolds Hughes in den USA das Unternehmen Herbalife.[133] Dieses ist auf den Vertrieb von Produkten zur Gewichtskontrolle sowie von Nahrungsergänzungs- und Körperpflegemitteln gerichtet. Als Herbalife bereits zwei Jahre später Produkte im Wert von zwei Millionen US-Dollar umsetzte, expandierte das Unternehmen nach Kanada.[134] Seit Mitte des Jahres 2006 ist Herbalife weltweit in 65 Ländern vertreten,[135] in Deutschland nach dem von Herbalife erstellten jährlichen Geschäftsbericht vom 27.02.2007 seit 1990.[136]

Nach diesem Geschäftsbericht erwirtschaftete Herbalife im Jahr 2006 einen Gesamtumsatz in Höhe von 1,885 Milliarden US-Dollar, ein Betrag in Höhe von 1,627 Milliarden US-Dollar stammt dabei aus dem Produktverkauf.[137]

---

[131]   Online im Internet unter http://www.amway.de/cms/oppotunity/own_business/how_to_join.
[132]   Online im Internet unter http://www.amway.de/cms/opportunity/own_business/sales_plan.
[133]   The Summit Group, Multi-Level-Marketing, S. 70.
[134]   Online im Internet unter http://www.herbalifeww.com/de/company_history.shtml
[135]   Online im Internet unter http://www.herbalifeww.com/de/company_history.shtml
[136]   Der Geschäftsbericht ist online im Internet unter http://ccbn.10kwizard.com/cgi/convert/pdf/HERBALIFELTD10K.pdf?pdf=1&repo=ten&ipage=4703173&num=2&pdf=1&xml=1&odef=8&dn=2&dn=3 abrufbar, auf S. 14 sind die Länder, in denen Herbalife vertreten ist und die jeweiligen Gründungsjahre abgedruckt; nach http://www.herbalife.at/ueberuns_geschichte.html ist Herbalife in Deutschland seit 1991 tätig.
[137]   Geschäftsbericht, S. 44 f.

Nach eigenen Angaben des Unternehmens Herbalife sind weltweit etwa 1.800.000 selbständige Berater für Herbalife tätig.[138] Diese haben den rechtlichen Status von Kommissionären.[139]

c) **Das Unternehmen Nu Skin Enterprises**

Das Unternehmen Nu Skin Enterprises wurde 1984 von Blake M. Roney in Utah (USA) gegründet[140]. Nach eigenen Angaben ist Nu Skin Enterprises mit Niederlassungen in Europa, Nord-, Mittel- und Südamerika sowie im Asien-Pazifik-Raum in über 30 Ländern vertreten und erwirtschaftet weltweit ein Umsatzvolumen in Höhe von rund 900 Millionen US-Dollar. Seit 1997 wird das Unternehmen an der New Yorker Börse unter dem Symbol „NUS" notiert.[141]

Nu Skin Enterprises war zunächst auf die Produktion und Lieferung von Hautpflegeprodukten gerichtet.[142] 1998 kaufte Nu Skin Enterprises die Firmen Phermanex und Big Planet auf und erweiterte damit seinen Geschäftsbereich.[143] Während Nu Skin weiterhin den Verkauf von Kosmetika zum Ziel hat, bezweckt Phermanex den Verkauf von Nahrungsergänzungsprodukten. Big Planet beschäftigt sich hingegen mit dem Verkauf von Software für Internet-Anwendungen.[144]

Die bei Nu Skin Enterprises tätigen Vertriebspartner können die Produkte des Unternehmens zu einem Mindestpreis kaufen, der rund 30 % unter dem empfohlenen Verkaufspreis liegt.[145] Durch den Weiterverkauf der Produkte zum Verkaufspreis erwirtschaften die Vertriebsrepräsentanten Gewinn. Daneben ist auch ein Verdienst in Form von Provisionen durch das Anwerben weiterer Vertriebspartner möglich. Auch in diesem Unternehmen ist der Verdienst des jeweiligen Vertriebsrepräsen-

---

[138] Online im Internet unter http://www.herbalifeww.com/de/company_overview.shtml.
[139] Wehling, S. 21.
[140] Online im Internet unter http://www.nuskinenterprises.com/enabout-nuskin/management/directors.
[141] Online im Internet unter http://www.nuskinenterprises.com/en/about-nuskin/corporate-overview.
[142] Dreyer/Kreß, Die führenden Network Marketing Unternehmen, S. 172.
[143] Online im Internet unter http://www.nuskin.com/corp/company/index.shtml.
[144] Dreyer/Kreß, Die führenden Network Marketing Unternehmen, S. 172.
[145] Online im Internet unter http://www.nuskin.com/intercom/editorial.de?contentId=eu.ns.financial.rewards.

tanten sowohl von seinem persönlichen Verkaufsvolumen als auch von demjenigen seiner eigenen Vertriebslinie abhängig.[146]

d) Zusammenfassung

Betrachtet man das Konzept sowie die Entwicklung der im Rahmen dieser Untersuchung herangezogenen Unternehmen Amway, Herbalife und Nu Skin Enterprises, wird deutlich, dass alle drei Unternehmen ihre Umsätze in kurzer Zeit enorm steigern und ihr Angebot weltweit ausweiten konnten. Den Unternehmen ist gemein, dass sie sich auf den Verkauf beratungsintensiver Produkte konzentrieren, an der eine breite Masse von Käufern ein Interesse hat. Allgemein lässt sich daher sagen, dass sich für den Verkauf im Multi-Level-Marketing insbesondere Kosmetika, Körperpflegemittel, Nahrungsergänzungsprodukte, Wasch- und Putzmittel sowie Haushaltswaren anbieten.

III. Ergebnis des Abschnitts B.

Nach der hier entwickelten Definition ist das Multi-Level-Marketing-System eine Sonderform des Direktvertriebs. Die Vertriebsrepräsentanten, die nicht notwendigerweise kaufmännisch vorgebildet sein müssen, können weiteren Personen anbieten, ebenfalls eine Tätigkeit als Vertriebsmitarbeiter bei dem jeweiligen Unternehmen aufzunehmen. Den Anwerbenden bietet sich dann neben dem Gewinn aus dem Produktverkauf eine weitere Verdienstmöglichkeit, denn sie werden an den Umsätzen der von ihnen Angeworbenen und den von diesen wiederum weiteren Angeworbenen, der so genannten „Downline" beteiligt. So entsteht durch die Anwerbung weiterer Mitarbeiter die für das System typische mehrstufige Gliederung.

Auch die Systeme der progressiven Kundenwerbung nutzen den Weg des Direktvertriebs für den Absatz von Produkten. Eine weitere Gemeinsamkeit mit dem Multi-Level-Marketing-System besteht darin, dass der meist nicht kaufmännisch vorgebildete Kunde in diesen Systemen ebenfalls die Möglichkeit erhält, durch das Anwerben weiterer Personen einen Gewinn zu erzielen. Dadurch, dass der Teilnehmer eines Pyramidensystems jeweils einen Vertrag mit jeder weiteren Person schließt, die er anwirbt, weist die Struktur der Pyramidensysteme große Ähnlichkeiten mit derjenigen des Multi-Level-Marketing-Systems auf. Im Unterschied zum

---

[146] Online im Internet unter http://www.nuskin.com/intercom/editorial.de?contentId=eu.ns.financial.rewards.

Multi-Level-Marketing-System partizipiert der an einem Schneeball- oder Pyramidensystem Teilnehmende aber nicht erst an den Umsätzen der von ihm Angeworbenen, sondern er erhält bereits für das Anwerben selbst eine Vergütung. Ein weiterer Unterschied zwischen den Systemen der progressiven Kundenwerbung und dem Multi-Level-Marketing-System ist, dass bei den erstgenannten Systemen jeder Käufer selbst zum Verkäufer wird, die Produkte also ausschließlich in die Struktur hinein verkauft werden. Dies ist beim Multi-Level-Marketing-System nicht der Fall, denn hier nehmen lediglich einzelne Kunden eine Tätigkeit als Vertriebsrepräsentant auf.

C. Rechtsgrundlagen

Die zuvor dargestellten Vertriebssysteme werden im weiteren Verlauf dieser Arbeit im Hinblick auf den Tatbestand des § 16 Abs. 2 UWG untersucht. Dabei wird in einem Teil dieser Arbeit geprüft, ob die Vertriebssysteme jeweils strafbar nach § 16 Abs. 2 UWG in seiner geltenden Fassung sind. In einem weiteren Teil wird dann der Frage nachgegangen, ob und inwiefern dieser Tatbestand in Bezug auf die untersuchten Vertriebssysteme geändert werden sollte. Da der Tatbestand des § 16 Abs. 2 UWG somit zentrales Kernstück dieser Arbeit ist, sind zunächst die Grundlagen dieser Norm, nämlich ihre historische Entwicklung, ihre Rechtsnatur sowie die durch sie geschützten Rechtsgüter zu erörtern.

I. Die historische Entwicklung des § 16 Abs. 2 UWG

Die progressive Kundenwerbung ist bereits seit dem frühen 20. Jahrhundert Gegenstand von Gerichtsentscheidungen. Eine spezielle Strafvorschrift existiert jedoch erst seit 1986. Zuvor wurde die progressive Kundenwerbung zwar grundsätzlich für strafbar gehalten, ein eigener Tatbestand wurde jedoch nicht für nötig erachtet, da die progressive Kundenwerbung unter die bis dahin bestehenden Strafvorschriften subsumiert wurde.

Im Jahr 1901 beschäftigte sich der I. Strafsenat des Reichsgerichts erstmals mit der strafrechtlichen Bewertung progressiver Kundenwerbung. In dem dort zu entscheidenden Fall betrieb der Angeklagte ein Handelsgeschäft, dem die folgende Geschäftsidee zugrunde lag:

Er warb damit, dass man bei ihm Ware im Wert von vier Mark zum Preis von 35 Pfennig erwerben konnte. Hierzu musste der Käufer einen so genannten „Originalcoupon" für 25 Pfennig kaufen und per Postanweisung, die weitere zehn Pfennig kostete, eine Mark an den Angeklagten zahlen. Daraufhin erhielt er vier weitere „Originalcoupons", die er für jeweils 25 Pfennig an andere Personen verkaufen konnte. Die nachfolgenden Käufer konnten ebenfalls eine Mark an den Angeklagten zahlen, um ihrerseits vier „Originalcoupons" zu erhalten. Durch den Verkauf der vier Coupons erhielt der Erstkäufer die von ihm investierte eine Mark zurück. Nachdem diejenigen, die die „Originalcoupons" vom Erstkäufer erworben hatten, diese nebst Zahlung von je einer Mark an den Angeklagten zurückgesandt hatten, übersandte der Angeklagte die Ware an den Erstkäufer. Somit musste dieser nur 25 Pfennig für den Kauf eines Coupons sowie weitere zehn Pfennig für die Einsendung der Postanweisung entrichten.

Das Reichsgericht wertete die Verhaltensweise des Angeklagten als verbotene Ausspielung gemäß § 286 StGB a. F.[147] und führte dazu aus: Der strafrechtliche Begriff der Ausspielung umfasse „jede Veranstaltung, durch die dem Publikum gegen Entrichtung eines Einsatzes die Hoffnung in Aussicht gestellt wird, je nach dem Ergebnis einer durch den Zufall bedingten Ziehung oder eines ähnlichen zur Herbeiführung des Ergebnisses benutzten Mittels einen mehr oder weniger bestimmt bezeichneten Gegenstand zu gewinnen." Diese Voraussetzungen habe der Angeklagte erfüllt, insbesondere habe er sein Geschäft mit Hilfe des Zufalls betrieben. Das Wesen des Zufalls liege in dem Mangel der Erkennbarkeit der einem Ereignis zugrunde liegenden Kausalität. An einer solchen Erkennbarkeit mangele es, wenn, wie in dem zu beurteilenden Fall, der Käufer im Zeitpunkt des Vertragsschlusses mit dem Angeklagten nicht wissen konnte, ob er die vier Coupons, die er erworben hatte, würde absetzen können und, falls dies gelinge, ob die Erwerber der Coupons an den Angeklagten abermals eine Mark zahlen würden.[148]

Der II. und IV. Strafsenat des Reichsgerichts schlossen sich in ihren nachfolgenden Entscheidungen, die jeweils Vertriebssysteme nach der vorbenannten Art zum Gegenstand hatten, der Auffassung des I. Strafsenats an und beschäftigten sich eingehender mit dem Begriff des Zufalls:

Das Schwergewicht des Zufalls liege in dem Umstand, dass der Erstkäufer die angebotenen Gegenstände erst erlangen konnte, wenn die Abnehmer des Erstkunden die Geldbeträge für den Kauf weiterer Coupons tatsächlich auf das Konto des Angeklagten eingezahlt hatten. Diese Entscheidungen dritter Personen würden überwiegend durch Umstände und Verhältnisse bestimmt, die sich dem Einfluss des Erstkäufers entzögen. Zu beachten sei auch, dass die Wahrscheinlichkeit der tatsächlichen Leistung der fraglichen Einzahlungen immer geringer werde, je weiter sich der Kreis, in dem die Coupons verbreitet würden, ausdehne.[149]

Die Rechtsprechung des Reichsgerichts, der sich die meisten Gerichte anschlossen,[150] ist später vom Hanseatischen Oberlandesgericht Hamburg kritisiert worden.[151] Das Reichsgericht habe, so das Hanseatische Oberlandesgericht Hamburg, alle Merkmale des gesetzlichen Tatbestandes der Ausspielung bis zur Unkenntlichkeit ausgeweitet, um die ihm aus irgendwelchen Gründen volkswirtschaftlich un-

---

[147] Durch das 6. StRG wurde § 286 StGB a. F. zu § 287 StGB.
[148] RGSt 34, 140 ff.
[149] RGSt 34, 321 ff. und RGSt 34, 390 ff.
[150] So etwa OLG Oldenburg, NdsRpfl 1950, 125 f.; OLG Hessen, MDR 1950, 566.
[151] HansOLG Hamburg, MDR 1951, 492 ff.= BB 1951, 514 ff.

erwünscht erscheinende Werbemethode mit den Mitteln des Strafrechts unterbinden zu können. Insbesondere die Tatbestandsmerkmale des Einsatzes und der Zufälligkeit lägen nicht vor. Der Erwerber leiste keinen Einsatz, denn er habe nicht mehr zu zahlen als jeder andere Käufer der Ware auch. Auch hänge es nicht vom Zufall ab, ob er den versprochenen Preisnachlass erhalte, sondern von seinem eigenen Verkaufsgeschick und seiner Zielstrebigkeit.[152]

In den Jahren 1951/1952 hatte der BGH ebenfalls ein Vertriebssystem zu beurteilen, in dem sich der Käufer den Kaufpreis durch das Anwerben neuer Kunden ganz oder teilweise abverdienen konnte. Der BGH führte die Rechtsprechung des Reichsgerichts zunächst fort und verurteilte den Angeklagten ebenfalls gemäß § 286 StGB a. F.[153] Das Tatbestandsmerkmal des Zufalls begründete der BGH mit der dem System innewohnenden Progression. Das System beruhe auf Umständen, die dem Einfluss des Kunden entzogen seien. Da jeder Kunde weitere Kunden anwerbe, komme es zu einer fortschreitenden Marktverengung. Der neu Geworbene könne aber nicht einschätzen, wie weit die Marktsättigung fortgeschritten sei. Darüber hinaus wisse er auch nicht, wann der Unternehmer die Ausgabe neuer Bestellscheine einstelle und dem Kunden damit die Möglichkeit der Akquisition weiterer Abnehmer nähme. In beiden Umständen lägen so wesentliche unbeeinflussbare Unsicherheitstatsachen begründet, dass daneben die Möglichkeit des einzelnen Kunden, durch persönliche Geschicklichkeit, Rührigkeit und Entschlusskraft erfolgreich zu sein, nicht entscheidend sei. Für den Durchschnitt der Kunden sei jedenfalls die überwiegende Abhängigkeit von Zufallstatsachen zu bejahen.[154]

Zusätzlich verurteilte der BGH den Angeklagten wegen irreführender Werbung gemäß § 4 UWG a. F.[155] Das Werbeverfahren des Schneeballsystems ziele darauf ab, durch in ihrer Gesamtheit unwahre oder zu Irreführung geeignete Angaben über die Preisbemessung der Ware oder über die Art des Bezuges den Anschein eines besonders günstigen Angebotes hervorzurufen. Die Werbung enthalte die zur Irreführung geeignete Behauptung, dass die Kundenwerbung mit einiger Sicherheit Erfolg haben werde, was in Wirklichkeit nicht der Fall sei. Der Unternehmer baue auf die trügerische Hoffnung des Käufers, die verhältnismäßig wertvolle Ware zu einem besonders günstigen Preis zu erhalten.

---

[152] Ausführlicher zu den Tatbestandsmerkmalen des § 287 StGB s. Abschnitt E.I.3.b).
[153] BGHSt 2, 139 ff. zum Merkmal des Zufalls; vgl. zum selben Fall BGHSt 2, 79 ff.; vgl. zur zivilrechtlichen Beurteilung eines Schneeballsystems BGHZ 15, 357 ff., der BGH hat die Beurteilung nach § 286 Abs. 2 UWG a. F. in diesem Fall ausdrücklich offen gelassen.
[154] BGHSt 2, 139 ff.
[155] BGHSt 2, 139, 145 f.; § 4 UWG a.F. wurde durch die UWG-Novelle 2004 zu § 16 Abs. 1 UWG.

Erstmalig mit Urteil vom 09.03.1976[156] verneinte der BGH eine generelle Anwendung des § 286 StGB a. F. auf die Systeme der progressiven Kundenwerbung. In dem betreffenden Fall hatte der BGH über das Vertriebssystem der „Mut zum Erfolg GmbH" zu entscheiden. Diese bot Kurse zur Aus- und Weiterbildung gegen Gebühren von 1.500 DM bis 11.000 DM an. Das Unternehmen händigte den Teilnehmern Kursmaterialien aus und wies diese darauf hin, durch das Anwerben weiterer Interessenten erhebliche Provisionen verdienen zu können. So wurde ihnen zum einen eine Provision für das Akquirieren eigener Kursteilnehmer, zum anderen eine „Superprovision" für die anschließenden Anwerbetätigkeiten der von ihnen Geworbenen in Aussicht gestellt. Der BGH lehnte die vorangegangene Rechtsprechung zu den Systemen progressiver Kundenwerbung nicht prinzipiell ab, betonte aber, dass es auf die besondere Gestaltung des jeweiligen Einzelfalls ankomme. Eine Strafbarkeit nach § 286 StGB a. F. könne demnach in dem konkreten Fall nicht festgestellt werden. Selbst wenn der Zufall mit zunehmender Ausweitung des Systems Einfluss auf die Erfolgsaussichten des einzelnen Teilnehmers habe, habe das Absatzsystem in dem zu entscheidenden Fall der persönlichen Tüchtigkeit und Eignung des Werbers Vorrang eingeräumt und damit die beherrschende Wirkung des Zufalls zumindest zurückgedrängt.

In den folgenden Jahren führten die Gerichte diese höchstrichterliche Rechtsprechung fort und verneinten eine Strafbarkeit progressiver Vertriebssysteme gemäß § 286 StGB a. F.[157] Insbesondere zweifelten sie an den Tatbestandsmerkmalen des Zufalls, des Einsatzes und der Öffentlichkeit. Versuchten die Systembetreiber, die Angeworbenen zum eigenen Engagement zu animieren, sei dies gerade ein Indiz dafür, dass das Prinzip des Zufalls in diesem Fall nicht vorherrschend sei, sondern dass die Angeworbenen durch ihre Eigenleistung wesentlich zu ihrem Erfolg beitragen konnten. Je nach Ausgestaltung des Falles wurde eine Strafbarkeit durch das Betreiben progressiver Kundenwerbung wegen Betruges gemäß § 263 StGB sowie wegen strafbarer Werbung gemäß § 4 UWG a. F. angenommen.[158]

In einigen Fällen progressiver Kundenwerbung wurden jedoch auch die übrigen bestehenden, in Betracht kommenden Strafvorschriften in Bezug auf die progressive Kundenwerbung, § 263 StGB sowie § 4 UWG a. F., für nicht anwendbar erklärt.[159] Insbesondere konnte dem angeklagten Systembetreiber eine Strafbarkeit

---

[156] BGH, GA 1978, 332 ff.
[157] OLG Frankfurt, wistra 1986, 31, 34; LG Fulda, wistra 1984, 188, 190.
[158] OLG Frankfurt, wistra 1986, 31 ff.
[159] LG Fulda, wistra 1984, 188, 189 ff; StA München I, wistra 1986, 36 ff, vgl. zur Sittenwidrigkeit dieses Systems auch OLG München, NJW 1986, 1880 ff. = wistra 1986, 34 ff.

wegen Betrugs oft nicht nachgewiesen werden. Zum einen wurde ein Vermögensschaden dann abgelehnt, wenn den von den Teilnehmern entrichteten Geldern Gegenleistungen gegenüberstanden, die diesen unmittelbar zu Gute kamen. So erhielten die Teilnehmer beispielsweise im Gegenzug zu den entrichteten Seminargebühren Unterkunft, Essen, Vorträge sowie Geschäftsunterlagen. Teilweise lehnte das Gericht darüber hinaus eine dem Veranstalter zurechenbare Täuschungshandlung ab. Die Angeschuldigten hätten auf die Funktionsweise des Systems hingewiesen. Sie hätten nicht etwa ahnungslose Kunden getäuscht, sondern es ihnen durch Art und Weise der Darstellung allenfalls leichter gemacht, auf der Hand liegende Bedenken gegenüber den eigenen Fähigkeiten und Verdienstmöglichkeiten zurückzustellen.[160]

Aus denselben Erwägungen lehnte die Rechtsprechung eine Strafbarkeit gemäß § 4 UWG a. F. ab. Eine Werbung mit unwahren Angaben habe nicht stattgefunden, soweit die aufgestellten Verdienstpläne der Wahrheit entsprochen hätten.[161]

Das Betreiben eines Systems der progressiven Kundenwerbung war somit nach der damaligen Rechtsprechung in vielen Fällen progressiver Kundenwerbung straflos. Um diese Strafbarkeitslücke zu schließen, wurde § 6c UWG a. F. durch das 2. Gesetz zur Bekämpfung der Wirtschaftskriminalität vom 15.05.1986[162] mit dem folgenden Wortlaut in das UWG eingefügt:

"Wer es im geschäftlichen Verkehr selbst oder durch andere unternimmt, Nichtkaufleute zur Abnahme von Waren, gewerblichen Leistungen oder Rechten durch das Versprechen zu veranlassen, ihnen besondere Vorteile für den Fall zu gewähren, dass sie andere zum Abschluss gleichartiger Geschäfte veranlassen, denen ihrerseits nach der Art dieser Werbung derartige Vorteile für eine entsprechende Werbung weiterer Abnehmer gewährt werden sollen, wird mit Freiheitsstrafe bis zu zwei Jahren oder mit Geldstrafe bestraft. Nichtkaufleuten im Sinne des Satzes 1 stehen Personen gleich, deren Gewerbebetrieb nach Art oder Umfang einen in kaufmännischer Weise eingerichteten Geschäftsbetrieb nicht erfordert."

§ 6c Satz 2 UWG a. F., der den Nichtkaufleuten die Minderkaufleute im Sinne des § 4 HGB a. F. gleichstellte, wurde durch das Handelsrechtsreformgesetz vom 22.06.1998 aufgehoben, da im Zuge dieser Reform § 4 HGB a. F. selbst aufgeho-

---

[160] LG Fulda, wistra 1984, 188, 189 f.
[161] LG Fulda, wistra 1984, 188, 190.
[162] BGBl. 1986 I S. 721 ff.

ben und der Begriff des Minderkaufmanns ersatzlos gestrichen wurde.[163] Durch das Gesetz zur vergleichenden Werbung und zur Änderung wettbewerbsrechtlicher Vorschriften vom 01.09.2000 wurde der Wortlaut des § 6c UWG a. F. geändert. Durch Einfügung der Worte „oder von einem Dritten" stellt die Vorschrift nun klar, dass entgegen der damaligen Rechtsprechung die „besonderen Vorteile" nicht notwendig vom Veranstalter selbst gewährt werden müssen, sondern es genügt, wenn diese von einem weiteren Glied in der Vertriebskette stammen.[164] Seit der UWG-Reform von 2004 ist die Strafnorm in § 16 Abs. 2 UWG enthalten. Die Norm entspricht im Wesentlichen der Vorgängernorm des § 6c UWG a. F.; sie wurde lediglich vom Wortlaut leicht geändert. Darüber hinaus nennt sie jedoch nicht mehr alle Nichtkaufleute, sondern lediglich den Verbraucher, denn der Gesetzgeber ging davon aus, dass nur insoweit ein erhebliches Gefährdungspotential gegeben sei.[165] § 16 Abs. 2 UWG stellt daher in seiner geltenden Fassung die progressive Kundenwerbung mit folgendem Wortlaut unter Strafe:

„Wer es im geschäftlichen Verkehr unternimmt, Verbraucher zur Abnahme von Waren, Dienstleistungen oder Rechten durch das Versprechen zu veranlassen, sie würden entweder vom Veranstalter selbst oder von einem Dritten besondere Vorteile erlangen, wenn sie andere zum Abschluss gleichartiger Geschäfte veranlassen, die ihrerseits nach Art dieser Werbung derartige Vorteile für eine entsprechende Werbung weiterer Abnehmer erlangen sollen, wird mit Freiheitsstrafe bis zu zwei Jahren oder mit Geldstrafe bestraft."

II.   Die Rechtsnatur des § 16 Abs. 2 UWG

1.   Der Tatbestand der progressiven Kundenwerbung als abstraktes Gefährdungsdelikt

Der Gesetzgeber hat den Tatbestand der progressiven Kundenwerbung als abstraktes Gefährdungsdelikt ausgestaltet.[166] Abstrakte Gefährdungsdelikte stellen ein typischerweise gefährliches Verhalten unter Strafe, unabhängig davon, ob im je-

---

[163] BGBl. 1998 I S. 1474 ff.
[164] so auch OLG Celle, NJW 1996, 2660, 2661; BayObLG, GRUR 1991, 245, 246.
[165] BT-Drucks. 15/1487, S. 26; die Konsequenzen dieser Wortlautänderung werden im Abschnitt D.I.2. näher untersucht.
[166] Piper, in: Piper/Ohly/Sosnitza, § 16 Rn. 34.

weiligen Fall tatsächlich eine konkrete Gefahr eingetreten ist oder nicht.[167] Weil § 16 Abs. 2 UWG unabhängig davon eingreift, ob die Betroffenen tatsächlich getäuscht oder durch die systembedingte Marktverengung geschädigt werden, ist dieser Straftatbestand ein abstraktes Gefährdungsdelikt.[168] Der Gesetzgeber ging offenbar davon aus, dass die Werbung im Rahmen eines progressiven Systems typischerweise gefährlich ist und daher bereits als solche verboten werden muss.

2. Der Tatbestand der progressiven Kundewerbung als Unternehmensdelikt

Der Gesetzgeber hat die Norm des § 16 Abs. 2 UWG im Hinblick auf ihren Charakter als Gefährdungstatbestand als Unternehmensdelikt ausgestaltet.[169] Täter der progressiven Kundenwerbung ist, „wer es im geschäftlichen Verkehr unternimmt, Verbraucher zur Abnahme von Waren, Dienstleistungen oder Rechten ... zu veranlassen, ...". Nach der Legaldefinition in § 11 Nr.6 StGB bedeutet das Unternehmen einer Tat deren Versuch und deren Vollendung. Diese Gleichstellung von Versuch und Vollendung hat zur Folge, dass bereits der Versuch der Veranlassung zur Warenabnahme den Tatbestand des vollendeten Delikts der progressiven Kundenwerbung erfüllt[170] und es damit zu einer Vorverlagerung der Strafbarkeit wegen des vollendeten Delikts kommt. Ein strafbefreiender Rücktritt vom Versuch gemäß § 24 StGB ist damit nicht möglich. Auch wird die fakultative Strafmilderung nach § 23 Abs. 2 StGB für den Versuchsbereich ausgeschlossen.[171] Es gilt damit stets der für das vollendete Delikt vorgesehene abstrakte Strafrahmen.[172] Innerhalb dessen kann bei der Strafzumessung nach § 46 Abs. 2 StGB jedoch berücksichtigt werden, dass der Täter nicht zur Vollendung des Delikts gelangt ist.[173]

---

[167] Roxin, Strafrecht AT, § 10 Rn. 124; Jakobs, Strafrecht AT, 6. Abschnitt Rn. 86; Wessels/Beulke, Strafrecht AT, Rn. 29.
[168] Bornkamm, in: Köhler/Bornkamm, § 16 Rn. 4.
[169] BT-Drucks. 10/5058, S. 39; Brammsen, in: MüKo UWG, § 16 Rn. 104 weist darauf hin, dass der Gesetzgeber offenbar die mit den Systemen der progressiven Kundenwerbung kaum steuerbare Eigendynamik für besonders gefährlich hielt.
[170] Brammsen, in: MüKo UWG, § 16 Rn. 78; Otto, in: Großkommentar UWG, § 6c Rn. 47; Ernst, in: juris Praxiskommentar UWG, §16 Rn. 19; Raube, S. 135 f.
[171] Eser, in: Schönke/Schröder, § 11 Rn. 46.
[172] Radtke, in: MüKo StGB, § 11 Rn. 88.
[173] Eser, in Schöke/Schröder, § 11 Rn. 50; Fischer, § 11 Rn. 28b; Berz, S. 131; Weber, ZStW-Beiheft 1987, 1, 8 f.

III. Das geschützte Rechtsgut

Dem durch einen Straftatbestand geschützten Rechtsgut kommt in der Strafrechtslehre eine bedeutende Rolle zu. Zum einen ist bei der Auslegung eines Straftatbestandes nach seinem Sinn und Zweck das durch diesen geschützte Rechtsgut zu betrachten.[174] Zum anderen ist es für die Legitimation eines Straftatbestandes von zentraler Bedeutung, da der Gesetzgeber nur zum Schutz von Rechtsgütern berechtigt ist. Liegt einem Straftatbestand kein hinreichend präzisiertes Rechtsgut zugrunde, ist die Pönalisierung des Verhaltens, das dieser Tatbestand beinhaltet, rechtswidrig.[175] Welches Rechtsgut § 16 Abs. 2 UWG schützt, wird unterschiedlich beurteilt und soll daher nachfolgend genauer untersucht werden.

1. Individualschutz oder Kollektivschutz

Um das durch § 16 Abs. 2 UWG geschützte Rechtsgut zu ermitteln, ist zunächst die Gesetzesbegründung zu dieser Norm heranzuziehen. Der Gesetzgeber begründet die Einführung des damaligen § 6c UWG, heute § 16 Abs. 2 UWG, wie folgt:

„Vertriebsmethoden, die nach dem Schneeballsystem angelegt sind, sind seit den Anfängen der Bekämpfung unlauteren Wettbewerbs in Deutschland und auch im Ausland in den verschiedensten Formen in Erscheinung getreten. Sie verbindet die Vertriebsorganisation des werbenden Unternehmens mit der Werbung insbesondere von und durch Laien, denen für den Fall der Anwerbung weiterer Kunden besondere Vorteile in Aussicht gestellt werden. Machen alle Abnehmer von dieser Möglichkeit Gebrauch, so weitet sich das System in progressiv geometrischer Reihe aus. Es kommt zu einer fortschreitenden Marktverengung. Da die neu Angeworbenen keinen ausreichenden Überblick über den Entwicklungsstand des Systems haben, sind ihre Chancen, die bei den modernen Systemen oft sehr teuren Produkte abzusetzen und neue Werbeträger zu finden, mit einem gefährlich schadensträchtigen Risiko behaftet. In psychologisch geschickter Weise sind bis in die Gegenwart eine Vielzahl von geschäftlich unerfahrenen Personen dazu gebracht worden, sich unter hohen Aufwendungen in Überschätzung ihrer eigenen Werbemöglichkeiten in eine Vertriebsorganisation als „Multiplikator" einspannen zu lassen... Weil es entscheidend auf die Beurteilung des gesamten Systems ankommt, handelt es sich bei der Vorschrift, aus der Sicht der Werbenden und der geworbenen Abnehmer, um

---

[174] Baumann/Weber/Mitsch, Strafrecht AT, § 9 Rn. 68 ff; Rudolphi, Festschrift für Richard M. Honig, 151; Suhr, JA 1990, 303.

[175] Suhr, JA 1990, 303; vgl. auch Baumann/Weber/Mitsch, Strafrecht AT, § 3 Rn. 10; Jescheck/Weigend, Strafrecht AT, S. 7; Maurach/Zipf, Strafrecht AT, § 7 Rn. 4.

einen Gefährdungstatbestand, um einen generalisierenden Schutz gegen Täuschung, glücksspielartige Willensbeeinflussung und Vermögensgefährdung."[176]

Aus den Ausführungen des Gesetzgebers lässt sich schließen, dass § 16 Abs. 2 UWG zumindest den einzelnen Kunden eines progressiven Vertriebssystems vor einer Gefährdung seines Vermögens infolge von Täuschung bzw. irreführender Willensbeeinflussung schützen sollte.[177] Schutzobjekt ist somit zunächst der einzelne Kunde, geschütztes Rechtsgut das Vermögen.

Fraglich ist, ob § 16 Abs. 2 UWG tatsächlich ausschließlich reinen Individualschutz gewährt oder ob sich der Schutzbereich dieses Tatbestandes auf kollektive Schutzobjekte und Schutzgüter, wie etwa den Erhalt eines leistungsfähigen Wettbewerbs, erstreckt.

a) Eine Ansicht: Schutz ausschließlich des Individualvermögens

Zum Teil wird ein Schutz kollektiver Rechtsgüter und Schutzobjekte durch § 16 Abs. 2 UWG abgelehnt.[178] Geschütztes Rechtsgut des § 16 Abs. 2 UWG sei allein das Vermögen des Einzelnen. Der Straftatbestand der progressiven Kundenwerbung sei ein abstraktes und seiner Tendenz nach gemeingefährliches Vermögensgefährdungsdelikt und erfolgsunabhängig auf irreführungsgeeignete Veranlassungen „selbstschädigender" Vermögensaufwendungen einer unbestimmten Opfervielheit zentriert. Der Wettbewerb als „Begehungsort" einer progressiven Kundenwerbung sei kein eigenständiges geschütztes Rechtsgut des § 16 Abs. 2 UWG, sondern könne dieses allenfalls funktionell ergänzen bzw. unterstützen.[179]

b) Andere Ansicht: Schutz auch kollektiver Rechtsgüter und Schutzobjekte

Die herrschende Auffassung geht demgegenüber davon aus, dass auch Allgemeininteressen vom Tatbestand der progressiven Kundenwerbung geschützt werden.

Nach überwiegender Meinung innerhalb dieser Auffassung dient der Straftatbestand des § 16 Abs. 2 UWG sowohl dem Verbraucherschutz als auch dem Schutz der Mitbewerber sowie dem Interesse der Allgemeinheit am Erhalt eines leistungs-

---

[176] BT-Drucks. 10/5058, S. 38 f.
[177] So auch Schlüchter, S. 125.
[178] Brammsen, in: MüKo UWG, § 16 Rn. 11; Schlüchter, S. 125, die jedoch bezweifelt, dass ein reiner Individualschutz das abstrakte Gefährdungsdelikt des § 16 Abs. 2 UWG legitimieren kann.
[179] Brammsen, in: MüKo UWG, § 16 Rn. 11.

fähigen Wettbewerbs.[180] Damit erstreckt sich nach dieser Sichtweise der Schutz des § 16 Abs. 2 UWG auf die Schutzobjekte der Verbraucher und Mitbewerber in ihrer Gesamtheit sowie auf das Kollektivrechtsgut des Wettbewerbs.

Andere Stimmen stellen auf Einzelaspekte der vorgenannten Rechtsgüter und Schutzobjekte ab. So schützt der Tatbestand der progressiven Kundenwerbung nach einer Meinung die Wirtschaftsordnung als Institution,[181] während nach anderer Auffassung die Systeme der progressiven Kundenwerbung zum Schutz der Verbraucher- und der Wettbewerbergesamtheit verboten werden.[182]

c) **Stellungnahme**

Gegen die erstgenannte Auffassung spricht bereits der Standort des Straftatbestandes der progressiven Kundenwerbung im UWG. Im Rahmen der UWG-Novelle 2004 hat der Gesetzgeber den Schutzzweck des UWG in § 1 bestimmt. Diese Norm stellt klar, dass das UWG dem Schutz der Mitbewerber, der Verbraucherinnen und Verbraucher sowie der sonstigen Marktteilnehmer vor unlauterem Wettbewerb dient und zugleich das Interesse der Allgemeinheit an einem unverfälschten Wettbewerb schützt. Der Gesetzgeber begründet die Einführung der Schutzzweckbestimmung wie folgt:

„Der eigentliche Zweck des UWG liegt darin, das Marktverhalten der Unternehmen im Interesse der Marktteilnehmer, insbesondere der Mitbewerber und der Verbraucher und damit zugleich das Interesse der Allgemeinheit an einem unverfälschten Wettbewerb zu regeln. Das Recht geht insoweit von einem integrierten Modell eines gleichberechtigten Schutzes der Mitbewerber, der Verbraucher und der Allgemeinheit aus. Der Schutz sonstiger Allgemeininteressen ist weiterhin nicht Aufgabe des Wettbewerbsrechts."[183]

Durch das Erste Gesetz zur Änderung des Gesetzes gegen den unlauteren Wettbewerb vom 22.12.2008 hat der deutsche Gesetzgeber die Richtlinie 2005/29/EG des Europäischen Parlaments und des Rates vom 11.05.2005 (Richtlinie über unlautere Geschäftspraktiken) in nationales Recht umgesetzt. Im Rahmen dieser Umsetzung

---

[180] OLG Rostock, NStZ 1998, 467, 468; Ernst, in: juris Praxiskommentar UWG, § 16 Rn. 1; Otto, in: Großkommentar UWG, § 6c Rn. 17; Diemer, in: Erbs/Kohlhaas, § 16 UWG Rn. 104; Rengier, in: Fezer, UWG, § 16 Rn. 121; Nestoruk, S. 111.
[181] Bläse, S. 10.
[182] Bornkamm, in: Köhler/Bornkamm, § 16 Rn. 3; Tiedemann, Festschrift für Walter Stree und Johannes Wessels, 541 f.: Das UWG bezweckt sowohl Konkurrenten- als auch Verbraucherschutz.
[183] BT-Drucks. 15/1487, S. 15 f.

hat der Gesetzgeber hinsichtlich der Schutzzweckbestimmung keinen Umsetzungsbedarf gesehen und § 1 UWG bis auf eine terminologische Anpassung (Ersetzung des Begriffs Wettbewerbshandlung durch geschäftliche Handlung) unverändert beibehalten.[184]

Dieser Schutzzweck sollte nach dem Willen des Gesetzgebers auch für § 16 Abs. 2 UWG gelten, denn er hat die Stellung des Straftatbestandes im Bewusstsein der in § 1 UWG festgelegten Schutzzweckbestimmung für das gesamte UWG im Gesetz gegen den unlauteren Wettbewerb beibehalten. Hätte er dem Tatbestand der progressiven Kundenwerbung einen anderen Schutzzweck beigemessen, hätte der Gesetzgeber die Norm aus dem UWG ausnehmen und die progressive Kundenwerbung im StGB regeln können. Daher ist die Schutzzweckbestimmung des § 1 UWG auf § 16 Abs. 2 UWG zu übertragen. Damit ist der letztgenannten herrschenden Auffassung zu folgen. § 16 Abs. 2 UWG dient folglich dem Schutz von Verbrauchern, Mitbewerbern und der Allgemeinheit.

2. Die geschützten Rechtsgüter und Schutzobjekte im Einzelnen

Nachfolgend sollen die Schutzobjekte des § 16 Abs. 2 UWG, nämlich die Schutzobjekte der Allgemeinheit, der Mitbewerber, der Verbraucher und der sonstigen Marktteilnehmer im Einzelnen betrachtet werden.

a) Schutz der Allgemeinheit

Das UWG schützt das Interesse der Allgemeinheit an einem unverfälschten Wettbewerb. Hierbei geht es um den Schutz des Wettbewerbs als Institution. Unverfälscht ist der Wettbewerb in Bezug auf das Lauterkeitsrecht, wenn er nicht durch unlautere Wettbewerbshandlungen verzerrt wird und sich somit frei entfalten kann. Der Schutz des unverfälschten Wettbewerbs ist daher im Ergebnis nichts anderes als der Schutz des freien Wettbewerbs.[185] Durch die Gewährleistung eines freien und funktionsfähigen Wettbewerbs wird die Allgemeinheit geschützt. Diesem Schutz dient auch die Strafvorschrift des § 16 Abs. 2 UWG.

---

[184] BT-Drucks. 16/10145, S. 11.
[185] BGH, GRUR 2002, 825, 826; Köhler, in: Köhler/Bornkamm, § 1 Rn. 43; Schünemann, in: Großkommentar UWG, Einl. Rn. C 21-30; v. Ungern-Sternberg, Festschrift für Willi Erdmann, 741, 763.

b) Schutz der Mitbewerber

Der Tatbestand des § 16 Abs. 2 UWG dient unter anderem dem Schutz der Mitbewerber. Dies ist gemäß § 2 Abs. 1 Nr. 3 UWG jeder Unternehmer, der mit einem oder mehreren Unternehmern als Anbieter oder Nachfrager von Waren oder Dienstleistungen in einem konkreten Wettbewerbsverhältnis steht. Das Interesse der Mitbewerber ist auf den Schutz ihrer wettbewerblichen Entfaltungsfreiheit gerichtet. Diese Freiheit beschränkt sich nicht darauf, das eigene Angebot ungehindert am Markt zur Geltung bringen zu können, sondern erstreckt sich auf alle wettbewerblichen Aktionsparameter, insbesondere Forschung und Entwicklung, Einkauf, Herstellung, Personal, Finanzierung, Außendarstellung, Produktwerbung, Vertrieb usw. Dies schließt den Schutz der geschäftlichen Ehre des Mitbewerbers und den Schutz des Unternehmens als Vermögensgegenstand vor Beeinträchtigungen ein.[186]

Dadurch, dass viele Menschen an einem System der progressiven Kundenwerbung teilnehmen, vereinnahmen diese Systeme einen großen Teil der Kaufkraft, was wiederum zu einer geringeren Nachfrage bei den Mitbewerbern führt. Daher verlieren die Mitbewerber aufgrund der aufgezeigten unredlichen Geschäftspraktiken Marktchancen, die sie in einer wettbewerbsrechtlich rechtmäßigen Wettbewerbssituation gehabt hätten.[187] Durch das Verbot der progressiven Kundenwerbung werden die Mitbewerber somit vor wirtschaftlichen Einbußen durch unlauteres Konkurrenzverhalten geschützt.

c) Schutz der Verbraucher

Der Tatbestand des § 16 Abs. 2 UWG gewährt Verbrauchern Schutz vor Nachteilen durch die Systeme progressiver Kundenwerbung.

Nach dem Wortlaut des § 16 Abs. 2 UWG werden Verbraucher als Abnehmer von Waren durch die Norm geschützt. § 16 Abs. 2 UWG schützt die Verbraucher in ihrer Entscheidungsfreiheit. Die Entscheidungsfreiheit der Verbraucher ist für einen funktionierenden Wettbewerb unerlässlich, denn als Abnehmer der angebotenen Waren entscheiden sie gleichsam als „Schiedsrichter" über wirtschaftlichen Erfolg oder Misserfolg im Wettbewerb dadurch, dass sie bestimmen, ob und welches Angebot sie annehmen. Voraussetzung hierfür ist, dass die Verbraucher ihre

---

[186] Köhler, in: Köhler/Bornkamm, § 1 Rn. 10.
[187] Alexander, WRP 2004, 407, 411; ebenso wohl auch Raube, S. 20, der von einer Verzerrung zugunsten des redlichen Mitbewerbers spricht.

Entscheidung frei treffen können und nicht etwa durch Täuschung in ihrem Willen beeinflusst werden. Sie müssen sich somit auf eine richtige Entscheidungsgrundlage stützen können, um ihre Mittel für sich optimal einsetzen zu können.[188]

Darüber hinaus gewährt der Tatbestand der progressiven Kundenwerbung Schutz gegen vermögensschädigende und zweckverfehlte Mitteleinsätze.[189] Progressive Vertriebssysteme wenden sich vorrangig an geschäftlich unerfahrene Personen, die oftmals über ein geringes finanzielles Budget verfügen und sich daher erhoffen, durch die Anwerbung von weiteren Systemteilnehmern einen Gewinn zu erzielen. Diese Personen werden über die finanziellen Risiken, die dem System der progressiven Kundenwerbung immanent sind, getäuscht und durch das Vorspiegeln großer Gewinnspannen oder durch die Aussicht, ein teures Produkt günstig zu erwerben, zu vermögensschädigenden Maßnahmen veranlasst, obwohl das System, wie oben gezeigt, auf eine schnelle Marktsättigung und damit bereits rein mathematisch auf einen Zusammenbruch angelegt ist.

IV. Ergebnis des Abschnitts C.

Im Ergebnis ist festzuhalten, dass der Gesetzgeber den damaligen § 6c UWG a. F., heute § 16 Abs. 2 UWG, bewusst eingeführt hat, um die in Bezug auf die Systeme der progressiven Kundenwerbung bestehende Strafbarkeitslücke zu schließen. Diese Vorschrift ist in ihrem Kerngehalt bis heute unverändert geblieben. Durch die Ausgestaltung als Unternehmensdelikt führt bereits der Versuch progressiver Kundenwerbung zur Vollendung des Delikts, so dass die Strafbarkeit wegen Vollendung der Tat bereits in das Versuchsstadium vorverlagert worden ist. Darüber hinaus ist der Tatbestand des § 16 Abs. 2 UWG ein abstraktes Gefährdungsdelikt zum Schutz von Verbrauchern und Mitbewerbern. Die Vorschrift schützt zugleich das Interesse der Allgemeinheit an einem unverfälschten Wettbewerb.

---

[188] Alexander, WRP 2004, 407, 411, der auf die Entscheidungsfreiheit des Verbrauchers abstellt.
[189] Otto, in: Großkommentar UWG, § 6c Rn. 17.

D. Untersuchung der Vertriebssysteme nach dem geltenden § 16 Abs. 2 UWG

In diesem Abschnitt sollen Schneeball- und Pyramidensysteme sowie das Multi-Level-Marketing-System nach § 16 Abs. 2 UWG in seiner geltenden Fassung untersucht werden (Untersuchung de lege lata). Hierbei wird insbesondere erörtert, ob die genannten Vertriebssysteme dem § 16 Abs. 2 UWG in seiner derzeitigen Fassung unterfallen und inwieweit gegebenenfalls Probleme bei der Anwendung dieser Vorschrift bestehen könnten.

I. Strafbarkeit von Schneeball- und Pyramidensystemen nach § 16 Abs. 2 UWG

1. Beurteilung von Schneeball- und Pyramidensystemen in Rechtsprechung und Literatur

Der Tatbestand des § 16 Abs. 2 UWG ist erfüllt, wenn es jemand unternimmt, Verbraucher – vor der UWG-Reform aus dem Jahr 2004 nannte der Tatbestand einen Nicht- oder Minderkaufmann – im geschäftlichen Verkehr zur Abnahme von Waren, Dienstleistungen oder Rechten unter dem Versprechen zu veranlassen, besondere Vorteile dafür zu erhalten, dass der Angeworbene andere zum Abschluss gleichartiger Geschäfte veranlasst, denen er wiederum die besonderen Vorteile in Aussicht stellt. Wie bereits erläutert, hat der Gesetzgeber § 16 Abs. 2 UWG, zunächst als § 6c UWG a. F., eingeführt, um einen eigenen Straftatbestand für Schneeball- und Pyramidensysteme zu schaffen, da eine Bestrafung nach den zuvor bestehenden Strafvorschriften in vielen Fällen dieser progressiver Kundenwerbung nicht in Betracht kam.[190] Er hat daher einen Tatbestand geschaffen, dessen Tatbestandsmerkmale – zumindest bis zur UWG-Reform im Jahr 2004 – vollständig durch das Betreiben eines Schneeball- sowie eines Pyramidensystems oder das Anwerben im Rahmen eines solchen Systems erfüllt worden sind. Der Umworbene wird im Rahmen dieser Systeme nämlich dadurch zur Abnahme von Waren veranlasst, dass ihm besondere Vorteile in der Form von Preisnachlässen oder Provisionen allein dafür versprochen werden, dass er andere ebenfalls unter dem Versprechen gleichartiger Vorteile zum Kauf dieser Ware bewegt. In Rechtsprechung und Literatur herrscht insofern grundsätzlich Einigkeit darüber, dass Schneeball- und

---

[190] S.o. Abschnitt C.I.

Pyramidensysteme Haupterscheinungsformen der progressiven Kundenwerbung und als solche strafbar nach § 16 Abs. 2 UWG sind.[191]

2. Der Verbraucher als Tatbestandsmerkmal des § 16 Abs. 2 UWG

Die Änderung des § 16 Abs. 2 UWG im Jahr 2004 wirft eine Rechtsfrage auf, die bislang nur vereinzelt diskutiert worden ist. Im Gegensatz zum früheren § 6c UWG a. F., dessen Wortlaut das Anwerben aller „Nichtkaufleute" umfasste, nennt § 16 Abs. 2 UWG nunmehr nur noch den „Verbraucher". Der Gesetzgeber ging davon aus, dass nur insoweit ein erhebliches Gefährdungspotential gegeben sei.[192] Fraglich ist, ob mit der Änderung des Wortlauts auch eine inhaltliche Änderung verbunden ist.

Eine Stimme in der Literatur hält die derzeitige Formulierung des § 16 Abs. 2 UWG im Hinblick auf das Tatbestandsmerkmal des Verbrauchers für problematisch.[193] Der für ein System der progressiven Kundenwerbung Angeworbene handele nicht als Verbraucher, sondern im Rahmen einer gewerblichen Tätigkeit und somit als Unternehmer. § 16 Abs. 2 UWG sei damit jeglicher Anwendungsbereich entzogen, so dass die Systeme progressiver Kundenwerbung allenfalls gemäß § 284 StGB strafbar seien. Es handle sich bei dem Tatbestand des § 16 Abs. 2 UWG sozusagen um ein „Schiff ohne Wasser". Andere Stimmen in der Literatur behandeln dieses Problem nicht.

Nachfolgend soll untersucht werden, ob diejenigen, die für ein Schneeball- oder ein Pyramidensystem angeworben werden sollen, die Verbrauchereigenschaft erfüllen oder ob § 16 Abs. 2 UWG entsprechend der zuvor dargestellten Behauptung ins Leere läuft. Hierfür sind zunächst der Begriff des Verbrauchers sowie seine Entwicklung zu klären. Anschließend ist die Verbrauchereigenschaft der im Rahmen der Schneeball- und Pyramidensysteme Umworbenen zu untersuchen.

---

[191] BGHSt 43, 270 ff.; LG Rostock, wistra 2002, 75 ff. jeweils zum Pyramidensystem; LG Berlin, wistra 2004, 317 ff. spricht von einem pyramidenförmigen Aufbau des Systems; Rengier, in: Fezer, UWG, § 16 Rn. 125 ff.; Bornkamm, in: Köhler/Bornkamm, § 16 Rn. 32; Brammsen, in: MüKo UWG, § 16 Rn. 56 ff.; Dreyer, in: Harte-Bavendamm/Henning-Bodewig, § 16 Rn. 43; Otto, in: Großkommentar UWG, § 6c Rn. 1 ff.; Piper, in: Piper/Ohly/Sosnitza, § 16 Rn. 34; Bläse, S. 126 ff.; Alexander, WRP 2004, 407, 409.
[192] BT-Drucks. 15/1487, S. 26.
[193] Olesch, WRP 2007, 908 ff.

a) Der Begriff des Verbrauchers und seine Entwicklung

aa) Der Verbraucherbegriff nach europäischem Recht

Grundlage des Verbraucherbegriffs ist das Gemeinschaftsrecht. Die Haustürwiderrufsrichtlinie[194] definierte in Art. 2 erstmals den Begriff des Verbrauchers:[195]

„Verbraucher ist jede natürliche Person, die bei den von dieser Richtlinie erfassten Geschäften zu einem Zweck handelt, der nicht ihrer beruflichen oder gewerblichen Tätigkeit zugerechnet werden kann."

Ähnliche Begriffsbestimmungen des Verbrauchers sind in den Verbraucherschutzrichtlinien auf dem Gebiet des Vertragsrechts niedergelegt. So ist in Art. 2 Nr. 2 der Fernabsatzrichtlinie[196] der Verbraucher definiert als *„jede natürliche Person, die beim Abschluss von Verträgen im Sinne dieser Richtlinie zu Zwecken handelt, die nicht ihrer gewerblichen oder beruflichen Tätigkeit zugerechnet werden können."* Eine wortgleiche Definition des Verbraucherbegriffs enthalten Art. 2a) der Verbraucherkreditrichtlinie[197] und Art. 2b) der Richtlinie über missbräuchliche Klauseln in Verbraucherverträgen[198].

Auch Verbraucherschutzrichtlinien auf dem Gebiet des Wettbewerbsrechts definieren den Begriff des Verbrauchers. So ist gemäß Art. 2e der Richtlinie über den elektronischen Geschäftsverkehr[199] Verbraucher *„jede natürliche Person, die zu Zwecken handelt, die nicht zu ihren gewerblichen, geschäftlichen oder beruflichen Tätigkeiten gehören."*

Gemäß Art. 2a der Richtlinie über unlautere Geschäftspraktiken[200] ist Verbraucher „jede natürliche Person, die im Geschäftsverkehr im Sinne dieser Richtlinie zu

---

[194] Richtlinie 85/577/EWG des Rates vom 20.12.1985 betreffend den Verbraucherschutz im Falle von außerhalb von Geschäftsräumen geschlossenen Verträgen.
[195] Veil/Müller, in: MüKo UWG, § 2 Rn. 171.
[196] Richtlinie 97/7/EG des Europäischen Parlaments und des Rates vom 20.05.1997 über den Verbraucherschutz bei Vertragsabschlüssen im Fernabsatz.
[197] Richtlinie 87/102/EWG des Rates vom 22.12.1986 zur Angleichung der Rechts- und Verwaltungsvorschriften der Mitgliedstaaten über den Verbraucherkredit.
[198] Richtlinie 93/13/EWG des Rates vom 5.4.1993 über missbräuchliche Klauseln in Verbraucherverträgen.
[199] Richtlinie 2000/31/EG des Europäischen Parlaments und des Rates vom 08.06.2000 über bestimmte rechtliche Aspekte der Dienste der Informationsgesellschaft, insbesondere des elektronischen Geschäftsverkehrs, im Binnenmarkt.
[200] Richtlinie 2005/29/EG des Europäischen Parlaments und des Rates vom 11.05.2005 über unlautere Geschäftspraktiken im binnenmarktinternen Geschäftsverkehr zwischen Unternehmen und Verbrauchern und zur Änderung der Richtlinie 84/450/EWG des Rates, der

Zwecken handelt, die nicht ihrer gewerblichen, handwerklichen oder beruflichen Tätigkeit zugerechnet werden können."

Vergleicht man die hier aufgeführten gemeinschaftsrechtlichen Definitionen des Verbrauchers, lässt sich feststellen, dass diese einen gemeinsamen Kern aufweisen. Umfasst sind natürliche Personen, sofern sie nicht zu beruflichen oder gewerblichen Zwecken handeln.[201] Positiv formuliert ist danach Verbraucher im Sinne der genannten Richtlinien, wer zu privaten Zwecken handelt. Soweit einzelne Richtlinien in den Definitionen des Verbraucherbegriffs die Worte „geschäftlich" oder „handwerklich" enthalten, sind damit materiell-rechtlich insoweit keine Unterschiede verbunden, denn auch geschäftliche oder handwerkliche Zwecke dienen nicht der privaten, sondern der gewerblichen oder beruflichen Tätigkeit.

bb) Der Verbraucherbegriff nach dem BGB

Die Umsetzung gemeinschaftsrechtlicher Richtlinien in das deutsche Recht erfolgte zunächst jeweils durch einzelne Sondergesetze. Diese Umsetzung durch Sondergesetze hatte zur Folge, dass die jeweiligen Begriffsbestimmungen des Verbrauchers zwar durchaus Ähnlichkeiten aufwiesen, ein einheitlicher Verbraucherbegriff jedoch zunächst nicht existierte. Da es für diese unterschiedlichen Begriffsbestimmungen kein Bedürfnis gab, entschied sich der Gesetzgeber mit der Umsetzung der Fernabsatzrichtlinie 97/7/EG für eine Vereinheitlichung der Grundbegriffe der Verbraucherschutzgesetze, nämlich des Unternehmer- und des Verbraucherbegriffs.[202] So fügte er mit dem Gesetz über Fernabsatzverträge und andere Fragen des Verbraucherrechts sowie zur Umstellung von Vorschriften auf Euro vom 27.06.2000 die §§ 13 und 14 in das BGB ein. Danach ist gemäß § 13 BGB Verbraucher *„jede natürliche Person, die ein Rechtsgeschäft zu einem Zweck abschließt, das weder ihrer gewerblichen noch ihrer selbständigen beruflichen Tätigkeit zugerechnet werden kann."* Unternehmer gemäß § 14 BGB ist hingegen *„eine natürliche oder juristische Person oder eine rechtsfähige Personengesellschaft, die bei Abschluss eines Rechtsgeschäfts in Ausübung ihrer gewerblichen oder selbständigen beruflichen Tätigkeit handelt."*

---

[201] Richtlinien 97/7/EG, 98/27/EG und 2002/65/EG des Europäischen Parlaments und es Rates sowie der Verordnung (EG) Nr.2006/2004 des Europäischen Parlaments und des Rates. Veil/Müller, in: MüKo UWG, § 2 Rn. 171; Dreher, JZ 1997, 167, 168.
[202] BT-Drucks. 14/2658, S. 29.

cc) Der Verbraucherbegriff nach dem UWG

Gemäß § 2 Abs. 2 UWG gilt für den lauterkeitsrechtlichen Verbraucherbegriff § 13 BGB entsprechend. Damit ist der Verbraucherbegriff des UWG scheinbar weiter als derjenige der Richtlinie über unlautere Geschäftspraktiken,[203] die der Gesetzgeber durch das erste Gesetz zur Änderung des Gesetzes gegen den unlauteren Wettbewerb im UWG umgesetzt hat. Während nach dieser die Verbrauchereigenschaft nämlich nur bei der gänzlichen Verneinung eines beruflichen Handelns anzunehmen ist, ist nach dem Wortlaut des § 13 BGB bereits Verbraucher, wer ein Rechtsgeschäft nicht zu einem Zweck abschließt, der seiner selbständigen beruflichen Tätigkeit zuzurechnen ist. Somit handelt es sich also bei Rechtsgeschäften zu Zwecken einer unselbständigen beruflichen Tätigkeit nach § 13 BGB um Geschäfte eines Verbrauchers, nach dem Wortlaut der Richtlinie hingegen nicht. Dies ist jedoch mit dem Gemeinschaftsrecht vereinbar. Der durch die Richtlinie bestimmte Verbraucherschutz gilt nämlich nur für den von der Richtlinie genannten Personenkreis, also den scheinbar engeren Kreis von Verbrauchern. Außerhalb dieses Anwendungsbereichs sind die Mitgliedstaaten in der Ausgestaltung des nationalen Rechts frei, soweit sie etwaige sonstige Vorschriften des Gemeinschaftsrechts einhalten. Deshalb konnte der deutsche Gesetzgeber auch verbraucherschützende Vorschriften für Personen, die nicht unter den Verbraucherbegriff der Richtlinie fallen, beibehalten.[204]

Der Begriff des Unternehmers wird im UWG abweichend von § 14 BGB eigenständig geregelt. Dies ist gemäß § 2 Abs. 1 Nr. 6 *„jede natürliche oder juristische Person, die geschäftliche Handlungen im Rahmen ihrer gewerblichen, handwerklichen oder beruflichen Tätigkeit vornimmt, und jede Person, die im Namen oder Auftrag einer solchen Person handelt."* Damit weicht der deutsche Gesetzgeber das Prinzip der Einheitlichkeit der Begriffe des Verbrauchers und des Unternehmers im deutschen Recht wieder auf.

---

[203] Richtlinie 2005/29/EG des Europäischen Parlaments und des Rates vom 11.05.2005 über unlautere Geschäftspraktiken im binnenmarktinternen Geschäftsverkehr zwischen Unternehmen und Verbrauchern und zur Änderung der Richtlinie 84/450/EWG des Rates, der Richtlinien 97/7/EG, 98/27/EG und 2002/65/EG des Europäischen Parlaments und es Rates sowie der Verordnung (EG) Nr.2006/2004 des Europäischen Parlaments und des Rates.
[204] BT-Drucks. 16/10145, S. 11 f.

b) Die Verbrauchereigenschaft der Umworbenen im Rahmen der Schneeball- und Pyramidensysteme

In diesem Abschnitt soll untersucht werden, ob diejenigen, die für ein Schneeballbzw. für ein Pyramidensystem angeworben werden sollen, die Verbrauchereigenschaft erfüllen. Dann müsste es sich bei den Werbeadressaten um natürliche Personen handeln, die ein Rechtsgeschäft zu einem Zwecke abschließen, der weder ihrer gewerblichen noch ihrer selbständigen beruflichen Tätigkeit zugerechnet werden kann.

aa) Natürliche Person

Bei denen, die im Rahmen von Schneeball- und Pyramidensystemen angeworben werden sollen, müsste es sich um natürliche Personen handeln. Fälle, in denen eine juristische Person, etwa eine AG oder GmbH Werbeadressat eines Schneeball- oder Pyramidensystems ist, sind bereits deshalb kaum denkbar, da sich Systeme progressiver Kundenwerbung nahezu ausschließlich an Einzelpersonen wenden, die im privaten Bereich angesprochen werden. Diese Personen sind regelmäßig geschäftlich unerfahren und daher leichter von den angeblichen Vorteilen des Systems zu überzeugen. Somit sind diejenigen, die im Rahmen eines Schneeball- bzw. eines Pyramidensystems angeworben werden sollen, natürliche Personen.

bb) Abschluss eines Rechtsgeschäfts

Der Wortlaut des § 13 BGB setzt ein Rechtsgeschäft voraus. Der Abschluss eines Rechtsgeschäfts ist jedoch nicht zwingend erforderlich, um den Tatbestand des § 16 Abs. 2 UWG zu erfüllen, denn der Gesetzgeber hat diesen als Unternehmensdelikt ausgestaltet. Das bedeutet, dass der Tatbestand der progressiven Kundenwerbung bereits erfüllt ist, wenn der Täter den Umworbenen zur Abnahme von Waren zu veranlassen versucht.[205] Fraglich ist, ob und inwiefern dieser Umstand bei der Auslegung des Verbraucherbergriffes zu berücksichtigen ist.

Gemäß § 2 Abs. 2 UWG gilt für den Verbraucherbegriff § 13 BGB entsprechend. Dieser Wortlaut macht deutlich, dass § 13 BGB nicht gänzlich unverändert auf die Normen des UWG übertragen werden kann, sondern die Besonderheiten dieses Gesetzes bei der Anwendung des Verbraucherbegriffs zu berücksichtigen sind.[206]

---

[205] S.o. Abschnitt C.II.2.
[206] Keller, in: Harte-Bavendamm/Henning-Bodewig, § 2 Rn. 168; Piper, in: Piper/Ohly/Sosnitza, § 2 Rn. 84.

Das UWG schützt den Mitbewerber, die Allgemeinheit, den Verbraucher und die sonstigen Marktteilnehmer vor Nachteilen infolge unlauteren Wettbewerbs.[207] Der Wettbewerb beginnt aber nicht erst dort, wo es zum Abschluss von Rechtsgeschäften kommt, sondern bereits im Vorfeld von Vertragsanbahnungen. Demnach setzt auch der Schutz des UWG nicht erst mit dem Abschluss eines Rechtsgeschäfts ein. Der Referentenentwurf zum UWG 2004 schlug eine eigene Definition des Verbraucherbegriffs im UWG vor mit dem Wortlaut, dass als Verbraucher jede natürliche Person anzusehen ist, die „als Partner eines Rechtsgeschäfts in Betracht kommt, das weder ihrer gewerblichen noch ihrer selbständigen beruflichen Tätigkeit zuzurechnen ist.[208] Dieser Vorschlag ist vom Gesetzgeber nicht in das UWG aufgenommen worden. Dennoch besteht Einigkeit, dass der Umworbene dann Verbraucher ist, wenn er aus Sicht des Werbenden ein Rechtsgeschäft abschließen soll oder als Partner eines Rechtsgeschäfts in Betracht kommt, das weder seiner gewerblichen noch seiner selbständigen beruflichen Tätigkeit zuzurechnen ist.[209]

cc)   Keine gewerbliche oder selbständige berufliche Tätigkeit

Für die Anwendbarkeit des § 16 Abs. 2 UWG ist erforderlich, dass der Umworbene das potentielle Rechtsgeschäft zu einem Zweck abschließen soll bzw. als Partner eines Rechtsgeschäfts zu einem Zweck in Betracht kommt, der weder seiner gewerblichen noch seiner selbständigen beruflichen Tätigkeit zugerechnet werden kann. Die Werbemaßnahmen zielen darauf ab, den Umworbenen zur Abnahme von Waren zu bewegen. Fraglich ist, ob dieses potentielle Rechtsgeschäft des späteren Warenerwerbs der gewerblichen oder selbständigen beruflichen Tätigkeit des Umworbenen zuzurechnen ist. Bei der Beurteilung, ob der Umworbene als Partner eines Rechtsgeschäfts in Betracht kommt, das er zu einem Zweck abschließt, der weder seiner gewerblichen noch seiner selbständigen beruflichen Tätigkeit zugerechnet werden kann, ist auf den zukünftigen Zeitpunkt abzustellen, in dem sich der Umworbene (fiktiv oder tatsächlich) zur Abnahme des angebotenen Produkts entscheidet. In diesem Zeitpunkt wird er vom Umworbenen zum Angeworbenen.

---

[207] S.o. Abschnitt C.III.
[208] Referentenentwurf zum UWG, GRUR 2003, 298.
[209] Keller, in: Harte-Bavendamm/Henning-Bodewig, § 2 Rn. 179; Veil/Müller, in: MüKo UWG, § 2 Rn. 180; Fezer, in: Fezer, UWG, § 2 I Rn. 29f.; Köhler, in: Köhler/Bornkamm, § 2 Rn. 134; Piper, in: Piper/Ohly/Sosnitza, § 2 Rn. 85; Köhler/Bornkamm/Henning-Bodewig, WRP 2002, 1317, 1318; Lettl, GRUR 2004, 449, 451.

(1) Die Tätigkeit im Rahmen der Schneeballsysteme

(a) Keine gewerbliche Tätigkeit

Die im Rahmen eines Schneeballsystems Angeworbenen könnten Waren zu Zwecken ihrer gewerblichen Tätigkeit abnehmen. Fraglich ist, was unter einer gewerblichen Tätigkeit zu verstehen ist.

(aa) Die unterschiedlichen Gewerbebegriffe

Das deutsche Recht kennt unterschiedliche Gewerbegriffe. Der Gewerbebegriff der Gewerbeordnung soll alle Tätigkeiten erfassen, deren Zulässigkeit gewerbe- bzw. handwerksrechtlichen Vorschriften unterliegt. Er umfasst die selbständige, erlaubte, auf Dauer ausgeübte und auf Gewinnerzielung gerichtete Tätigkeit unter Ausschluss der freien Berufe.[210] Nach der Rechtsprechung zum handelsrechtlichen Gewerbebegriff ist Gewerbe jede selbständige und berufsmäßige wirtschaftliche, nicht künstlerische, wissenschaftliche oder freiberufliche Tätigkeit, die auf Gewinnerzielung durch einen auf Dauer gerichteten Geschäftsbetrieb zielt.[211] Dieser Begriff dient dazu, die Normadressaten des HGB abzugrenzen.[212] Der Gewerbebegriff nach dem BGB und dem UWG ist weiter zu verstehen. Die gewerbliche Tätigkeit im Sinne des BGB und des UWG umfasst jedes planmäßige und auf Dauer angelegte Angebot von Waren oder Dienstleistungen gegen Entgelt.[213] Da Gegenstand dieser Untersuchung eine Norm des UWG ist, ist dieser Arbeit der Gewerbebegriff nach dem UWG zugrunde zu legen.

(bb) Subsumtion

Zu untersuchen ist, ob die im Rahmen eines Schneeballsystems Angeworbenen Waren zu gewerblichen Zwecken abnehmen. Das setzt voraus, dass sie zum einen Gewerbetreibende sind, also Waren oder Dienstleistungen planmäßig und auf Dauer gegen Entgelt anbieten, und zum anderen das Rechtsgeschäft des Warenerwerbs diesem Gewerbe zuzuordnen ist. Beim Schneeballsystem wird der Kunde dadurch zur Abnahme von Waren bewegt, dass Vergünstigungen auf den Kaufpreis eingeräumt werden, wenn er andere Kunden zur Abnahme der gleichen Waren bewegen kann. Er wird nicht zur Abnahme einer bestimmten Menge von Waren veranlasst,

---

[210] BVerwGE 3, 178, 180; 14, 125; Tettinger, in: Tettinger/Wank, § 1 Rn.7 ff.
[211] BGHZ 74, 273, 277 f.; Roth, in: Koller/Roth/Morck, § 1 Rn. 3 ff.
[212] Schmidt, in MüKo HGB, § 1 Rn. 26.
[213] Ellenberger, in: Palandt § 14 Rn. 2; Schmidt-Räntsch, in: Bamberger/Roth, BGB, §13 Rn. 10; Veil/Müller, in: MüKo UWG, § 2 Rn. 188.

sondern kann selbst entscheiden, in welchem Umfang er Ware für seinen Eigenbedarf erwerben möchte. Dem Angeworbenen geht es damit um den Erhalt von Ware, die er selbst gebrauchen möchte. Weitere Käufer versucht er allein aus dem Grund anzuwerben, um den Kaufpreis zu reduzieren. Er wirbt nur eine bestimmte Anzahl weiterer Kunden an, die dafür erforderlich ist, die in Aussicht gestellten Vergünstigungen zu erhalten. Am Aufbau einer Existenzgrundlage durch eine dauerhafte Geschäftsbeziehung ist der Angeworbene dagegen in der Regel nicht interessiert. Das Anwerben dient nämlich nur der einmaligen Abgeltung des Kaufpreises, ohne dass sich der Werber eine Existenzsicherung schafft. Der im Rahmen eines Schneeballsystems Angeworbene ist daher kein Gewerbetreibender, so dass der Warenerwerb bei diesem System nicht zu gewerblichen Zwecken erfolgt. Der Angeworbene erwirbt die Ware damit nicht zu Zwecken seiner späteren gewerblichen Existenzgründung, so dass es auf die Frage, ob der Existenzgründer Unternehmer oder Verbraucher ist, an dieser Stelle nicht ankommt.

(b) Keine selbständige berufliche Tätigkeit

Die im Rahmen eines Schneeballsystems Angeworbenen könnten Waren zu Zwecken abnehmen, die ihrer selbständigen beruflichen Tätigkeit zuzurechnen sind. Unter einer selbständigen beruflichen Tätigkeit versteht man in Abgrenzung zu einer Tätigkeit als Arbeitnehmer ein Handeln in eigener Verantwortung, auf eigene Rechnung und auf eigene Gefahr.[214] Der Selbständige kann sowohl über den Inhalt seiner Tätigkeit als auch über Arbeitszeit, Arbeitsort und Arbeitspensum frei entscheiden.[215] Unter selbständige berufliche Tätigkeiten fallen insbesondere diejenigen der freien Berufe, wie Rechtsanwälte, Notare und Ärzte.[216] Beruf ist eine auf Dauer angelegte, der Schaffung und Erhaltung einer Lebensgrundlage dienende Tätigkeit.[217] Die Angeworbenen wollen Ware durch das Akquirieren weiterer Kunden zu einem vergünstigten Preis erwerben. Ihre Tätigkeit erfolgt nur kurzzeitig. Darüber hinaus erwerben sie die Ware grundsätzlich zum Eigengebrauch. Die Mitglieder eines Schneeballsystems erwerben die Ware damit auch nicht zum Zweck ihrer selbständigen beruflichen Tätigkeit.

---

[214] Micklitz, in: MüKo BGB, § 14 Rn. 31.
[215] Faber, ZEuP 1998, 854, 871.
[216] Veil/Müller, in: MüKo UWG, § 2 Rn. 189.
[217] BVerfGE 54, 301, 313; BVerwGE 22, 286, 287; Manssen, in: von Mangoldt/Klein/Starck, GG, Art. 12 Rn. 36.

(c) Zwischenergebnis

Der Angeworbene im Rahmen eines Schneeballsystems erwirbt die Ware weder im Hinblick auf eine gewerbliche noch auf eine selbständige berufliche Tätigkeit. Er ist somit nicht Unternehmer, sondern Verbraucher. Damit ist der Umworbene, der im Schneeballsystem als Partner eines Rechtsgeschäftes in Betracht kommt, auch Verbraucher im Sinne der § 2 Abs. 2 UWG i. V. m. § 13 BGB. Die Werbeadressaten dieses Vertriebssystems können damit durchaus die Verbrauchereigenschaft erfüllen, so dass § 16 Abs. 2 UWG in Bezug auf das Schneeballsystem durch die UWG-Reform aus dem Jahr 2004 nicht der Anwendungsbereich entzogen ist. Der zuvor genannten Literaturmeinung, die den Umworbenen als Unternehmer einstuft und meint, § 16 Abs. 2 UWG sei jeglicher Anwendungsbereich entzogen,[218] ist daher – zumindest im Bezug auf Schneeballsysteme – zu widersprechen.

(2) Die Tätigkeit im Rahmen der Pyramidensysteme

Fraglich ist, ob diejenigen, die im Rahmen eines Pyramidensystems zum Kauf von Waren bewegt werden sollen, dieses potentielle Rechtsgeschäft zu einem Zweck abschließen, der weder ihrer gewerblichen noch ihrer selbständigen beruflichen Tätigkeit zugerechnet werden kann. Zumindest in dem Zeitpunkt, in dem der Umworbene einen Vertrag über die Abnahme von der im Pyramidensystem angebotenen Ware schließt, übt er eine diesbezügliche gewerbliche oder selbständige berufliche Tätigkeit noch nicht aus. Es könnte sich hierbei jedoch um ein Existenzgründungsgeschäft handeln. Das ist der Fall, wenn der Umworbene ein Rechtsgeschäft schließen soll, dass seiner späteren gewerblichen oder selbständigen beruflichen Tätigkeit zuzurechnen ist.[219] Der Angeworbene schließt im Rahmen der Pyramidensysteme ein Rechtsgeschäft über die Abnahme von Waren, damit er selbst andere anwerben und hierfür finanzielle Vorteile erlangen kann. Damit dient das Rechtsgeschäft der Ermöglichung einer zukünftigen Tätigkeit im Pyramidensystem. Der Umworbene könnte aber nur dann Unternehmer sein, wenn diese zukünftige Tätigkeit eine unternehmerische ist. Ist dies der Fall und er damit ein so genannter Existenzgründer, ist zu klären, ob dieser als Unternehmer oder als Verbraucher einzustufen ist.

---

[218] Olesch, WRP 2007, 908 ff.
[219] BGH, NJW 2005, 1273; Micklitz, in: MüKo BGB, § 13 Rn. 50; Saenger, in: Erman, § 13 Rn. 16.

(a)   Das Anwerben als gewerbliche oder selbständige berufliche Tätigkeit

Zu prüfen ist also zunächst, ob die Angeworbenen als Teilnehmer eines Pyramidensystems eine gewerbliche oder selbständige berufliche Tätigkeit ausüben. Wie bereits ausgeführt, umfasst der gewerbliche Zweck das Angebot von Waren gegen Entgelt. Die Angeworbenen nehmen vom Veranstalter oder von anderen Teilnehmern eine Warenmenge ab, für die sie in der Regel selbst keine Verwendung haben. Ziel der Angeworbenen ist es, dadurch finanzielle Vorteile zu erlangen, dass sie selbst andere Menschen zu einem Systembeitritt verbunden mit vorheriger Warenabnahme veranlassen. Somit ist festzustellen, dass die Teilnehmer eines Pyramidensystems Ware abnehmen, um dann selbst Ware gegen Entgelt anzubieten.

Die Tätigkeit müsste planmäßig auf eine gewisse Dauer angelegt sein. Erforderlich ist, dass ein organisatorischer Mindestaufwand betrieben wird.[220] Hierfür kann jedoch schon ein Bauchladen genügen.[221] Es ist davon auszugehen, dass der Angeworbene seine Tätigkeit im Pyramidensystem mit einem gewissen Aufwand betreibt und diese auf eine gewisse Dauer angelegt ist. In der Anwerbephase wird den Angeworbenen anhand von Verdienstplänen in Aussicht gestellt, sich durch das Akquirieren weiterer Abnehmer eine Existenzgrundlage, also eine dauerhafte Verdienstmöglichkeit verschaffen zu können. Dadurch angelockt, lassen sie sich für das Pyramidensystem anwerben und verpflichten sich zur Abnahme einer in der Regel großen Menge von Ware.

Die Teilnehmer eines Pyramidensystems verpflichten sich oftmals zu so genannten „Fortbildungsseminaren". Hierbei werden ihnen Strategien aufgezeigt, wie sie andere zur Warenabnahme bewegen können. Daraus folgt, dass die Tätigkeit im Rahmen der Pyramidensysteme einen gewissen Aufwand erfordert und sie planmäßig auf eine gewisse Dauer angelegt ist. Damit ist festzuhalten, dass der im Rahmen eines Pyramidensystems Angeworbene sich zur Abnahme von Ware verpflichtet, um daraufhin eine gewerbliche Tätigkeit auszuüben.

Der im Rahmen eines Pyramidensystems Angeworbene könnte die Ware darüber hinaus auch zu Zwecken seiner selbständigen beruflichen Tätigkeit abnehmen. Der Teilnehmer eines Pyramidensystems wirbt weitere Personen an, indem er selbst mit diesen Verträge über die Abnahme von Ware abschließt. Er wird vom Systembetreiber nicht verpflichtet, weitere Teilnehmer zu akquirieren, vielmehr kann er allein über den Umfang seiner Werbebemühungen entscheiden. Der Angeworbene

---

[220]   Saenger, in: Erman, § 14 Rn. 11; Micklitz, in: MüKo BGB, § 13 Rn. 13.
[221]   Horn, in: Wolf/Horn/Lindacher, AGBG, § 24 Rn. 6a.

bezweckt in der Regel, mit dem stetigen Anwerben von Teilnehmern ein so großes Einkommen zu erzielen, dass dieses seine Lebensgrundlage bilden kann. Der im Rahmen eines Pyramidensystems Angeworbene nimmt somit Ware zu Zwecken seiner späteren selbständigen beruflichen Tätigkeit ab.

Aus alldem folgt, dass der Angeworbene als Unternehmer handelt, wenn er selbst andere im Rahmen des Systems anwirbt.

(b)   Das Problem der Existenzgründung

Wie soeben festgestellt, handelt der Angeworbene im Rahmen eines Pyramidensystems in Ausübung seiner unternehmerischen Tätigkeit, wenn er selbst Dritte anwirbt. Da er die Ware abnimmt, um diese Tätigkeit ausüben zu können, ist er im Zeitpunkt des Abschlusses des ersten Rechtsgeschäfts mit dem ihn anwerbenden Systemteilnehmer über die Abnahme von Waren als Existenzgründer anzusehen. Zu beachten ist, dass der Tatbestand des § 16 Abs. 2 UWG als Unternehmensdelikt kein tatsächlich abgeschlossenes Rechtsgeschäft voraussetzt, sondern auf das hypothetische Rechtsgeschäft abzustellen ist, das der Umworbene in dem Zeitpunkt, in dem er erstmalig Adressat von Werbemaßnahmen wird, abschließen soll. Dieses hypothetische Rechtsgeschäft ist die Warenabnahme als Existenzgründungsgeschäft. Ob derjenige, der ein solches Existenzgründungsgeschäft abschließt, als Unternehmer oder als Verbraucher handelt, ist in Rechtsprechung und Literatur umstritten.

(aa)   Eine Ansicht: der Existenzgründer als Verbraucher

Für eine Einstufung des Existenzgründers als Verbraucher haben sich, insbesondere nach Aufnahme der Legaldefinitionen des Verbrauchers und des Unternehmers in das BGB im Zuge des Gesetzes über Fernabsatzverträge und andere Fragen des Verbraucherrechts sowie zur Umstellung von Vorschriften auf Euro, zahlreiche Stimmen in der Literatur sowie in der Rechtsprechung ausgesprochen.[222] Diese Auffassung stellt auf das Schutzbedürfnis des Existenzgründers ab. Ein rechtsunkundiger und unerfahrener Vertragspartner müsse geschützt werden, bis er erste kaufmännische Erfahrung mit der Existenzgründung erwerbe.

---

[222]   OLG Koblenz, NJW 1987, 74; OLG Nürnberg, Urteil v. 04.04.2003, 6 U 625/02; OLG München, NJW-RR 2004, 913 f.; OLG Düsseldorf, MDR 1996, 465; Micklitz, in: MüKo BGB, § 13 Rn. 50 ff.; Ellenberger, in: Palandt, 67. Auflage, § 13 Rn. 3; Larenz/Wolf, BGB Allgemeiner Teil, § 42 Rn. 47 f.; Prasse, ZGS 2002, 354 ff.; Prasse, MDR 2005, 961 ff; Kulke, EWiR 2005, 781, 782.

Weiterhin stützt sich diese Ansicht auf den Wortlaut des § 13 BGB. Nach diesem sei eindeutig auf den Zweck, der mit dem Rechtsgeschäft verfolgt werde, abzustellen. Unternehmerisches Handeln liege danach bei denjenigen Rechtsgeschäften vor, die der gewerblichen oder der selbständigen beruflichen Tätigkeit zugerechnet werden könnten. Eine solche übe der Existenzgründer aber gerade noch nicht aus, sondern er bereite den Eintritt in diese Tätigkeit erst vor.[223]

Darüber hinaus wird angeführt, der Existenzgründer agiere aus seiner Rolle als Verbraucher heraus.[224] Er handele gerade nicht zu Zwecken, die seiner selbständigen beruflichen Tätigkeit zuzurechnen seien, denn eine solche gäbe es zu diesem Zeitpunkt eben noch nicht. Dies zeige sich besonders daran, dass bei Vornahme des Rechtsgeschäfts noch nicht feststehe, dass die gewerbliche Tätigkeit auch tatsächlich aufgenommen werde. Schließlich ergebe sich die Verbrauchereigenschaft des Existenzgründers auch aus § 507 BGB, welcher die Schutzvorschriften bei Verbraucherdarlehensverträgen ausdrücklich auch auf Existenzgründer anwende. Dieser Vorschrift sei ein allgemeiner Rechtsgedanke zu entnehmen, der auf § 13 BGB zu übertragen sei.[225]

(bb)   Andere Ansicht: der Existenzgründer als Unternehmer

Nach der Gegenauffassung, der sich unter Berufung auf ein Urteil des EuGH[226] nunmehr auch der BGH[227] angeschlossen hat, sind Existenzgründer im Zeitpunkt des Abschlusses eines Vertrages, der im Zuge der Aufnahme einer zukünftigen gewerblichen oder selbständigen beruflichen Tätigkeit erfolgt, nicht Verbraucher, sondern Unternehmer.[228] Unternehmerhandeln liege nämlich schon dann vor, wenn das Geschäft im Zuge der Aufnahme einer gewerblichen oder selbständigen beruflichen Tätigkeit geschlossen werde. Entscheidend sei nicht, ob eine unternehmerische Tätigkeit bereits ausgeübt werde, sondern die objektiv zu bestimmende Zweckrichtung des abgeschlossenen Geschäfts. Mit der Entscheidung zur Existenzgründung unterwerfe sich der Vertragsschließende bewusst den strengeren, für

---

[223]   Kulke, EWiR 2005, 781, 782.
[224]   Micklitz, in: MüKo BGB, § 13 Rn. 41.
[225]   Larenz/Wolf, BGB Allgemeiner Teil, § 42 Rn. 47 f.
[226]   EuGH, Urteil vom 03.07.1997 – C-269/95 Benincasa/Dentalkit Srl.
[227]   BGH, NJW 2005, 1273 ff; BGH NJW 2008, 435, 436.
[228]   OLG Düsseldorf, NJW 2004, 3192 ff.; OLG Rostock, ZVI 2003, 332; OLG Oldenburg, NJW-RR 2002, 641 f.; Weick, in: Staudinger, § 13 Rn. 55 ff; Saenger, in: Erman, § 13 Rn. 16 und § 14 Rn. 14; Pfeiffer, in: Soergel, § 13 Rn. 35, der seine Auffassung auf den Willen des Gesetzgebers stützt, nach dessen Meinung jedoch einiges dafür spricht, den Existenzgründer in die Verbraucherschutzvorschriften einzubeziehen; Mülbert, Festschrift für Walther Hadding, 575, 591; Kellermann, JA 2005, 546, 549; Schmidt, JuS 2006, 1, 5.

Unternehmer geltenden Regeln. Darüber hinaus spreche auch der Umkehrschluss aus § 507 BGB dafür, den Existenzgründer nicht als Verbraucher, sondern bereits als Unternehmer anzusehen. Auch der Existenzgründer im Rahmen der §§ 491 ff. BGB sei kein Verbraucher, auf ihn fänden aufgrund der Entscheidung des Gesetzgebers lediglich die Vorschriften des Verbraucherkreditrechts Anwendung. Hierbei handele es sich jedoch um eine Ausnahmevorschrift, der gerade kein allgemeiner Rechtsgedanke zu entnehmen sei.[229]

(cc) Stellungnahme

Um eine eigene Stellungnahme zu dieser Rechtsfrage abgeben zu können, ist eine Auslegung der §§ 13, 14 BGB nach Wortlaut, Systematik sowie Sinn und Zweck erforderlich. Darüber hinaus soll untersucht werden, ob diese Ausführungen auch in der Anwendung des UWG zutreffend sind. Hierbei soll insbesondere berücksichtigt werden, dass das UWG in § 2 Abs. 2 Nr. 6 eine eigenständige, von § 14 BGB abweichende Definition des Unternehmerbegriffs enthält.

(α) Wortlaut

Die Auslegung einer Rechtsvorschrift beginnt mit der Betrachtung ihres Wortlauts. Darunter ist die Bedeutung eines Ausdrucks im Allgemeinen oder besonderen Sprachgebrauch zu verstehen. Der aus dem allgemeinen Sprachgebrauch abzuleitende Wortsinn spielt bei der Auslegung eine Doppelrolle, denn er stellt sowohl den Ausgangspunkt der Auslegung dar als auch bildet er deren Grenze.[230]

Gemäß § 13 BGB ist Verbraucher jede natürliche Person, die ein Rechtsgeschäft zu einem Zwecke abschließt, der weder ihrer gewerblichen noch ihrer selbständigen beruflichen Tätigkeit zugerechnet werden kann. Die Zuordnung eines Handelnden als Verbraucher oder Unternehmer richtet sich somit nach dem Zweck, zu dem das Rechtsgeschäft abgeschlossen wird. Der potentielle Teilnehmer an einem Pyramidensystem erwirbt die Ware nicht für seinen Eigenbedarf, sondern damit ihm die Anwerbung weiterer Teilnehmer ermöglicht wird. Er möchte einen wirtschaftlichen Gewinn erzielen und sich eine Existenzgrundlage aufbauen. Er handelt damit zu Zwecken seiner erst zukünftigen gewerblichen bzw. selbständigen beruflichen Tätigkeit. Kulke behauptet, der Existenzgründer handele gerade nicht zu gewerblichen Zwecken, da er mit seinem Rechtsgeschäft den Eintritt in diese Tätigkeit vor-

---

[229] Pfeifer, in Soergel, § 13 Rn. 35.
[230] Larenz/Canaris, Methodenlehre, S. 145.

bereiten wolle.[231] Nach seiner Ansicht kann eine Handlung erst zu einem unternehmerischen Zweck vorgenommen werden, wenn diese Tätigkeit auch aktiv ausgeübt wird. Fraglich ist daher, ob man bereits zu Zwecken einer gewerblichen oder selbständigen beruflichen Tätigkeit handeln kann, die erst in der Zukunft aufgenommen werden soll oder ob das Handeln zu Zwecken einer unternehmerischen Tätigkeit das Bestehen einer solchen voraussetzt. Über diese Frage gibt der Wortlaut des § 13 BGB keinen eindeutigen Aufschluss.

Aus dem Wortlaut des § 14 BGB könnten Schlüsse für die Einstufung des Existenzgründers gezogen werden. Gemäß § 14 BGB ist Unternehmer eine natürliche oder juristische Person oder eine rechtsfähige Personengesellschaft, die bei Abschluss eines Rechtsgeschäfts in Ausübung ihrer gewerblichen oder selbständigen beruflichen Tätigkeit handelt. Problematisch ist, wie das Merkmal „in Ausübung" zu verstehen ist. Möglich wäre es, diese Worte rein zeitlich auszulegen. Dann ist jeder, der ein Rechtsgeschäft für eine spätere gewerbliche oder selbständige berufliche Tätigkeit abschließt, Verbraucher, so lange er diese Tätigkeit noch nicht aktiv betreibt. Der Existenzgründer hat die unternehmerische Tätigkeit noch nicht aufgenommen und wäre daher nach dieser Auslegung des § 14 BGB bis zur Aufnahme der unternehmerischen Tätigkeit als Verbraucher zu behandeln. Man könnte das Merkmal „in Ausübung" aber nicht nur rein zeitlich, sondern auch sachlich auslegen. „In Ausübung" bedeutet dann, dass der Vertragsabschluss mit der gewerblichen oder selbständigen beruflichen Tätigkeit in einem sachlichen Zusammenhang stehen muss.[232] Der im Rahmen eines Pyramidensystems Angeworbene erwirbt die Ware im Hinblick darauf, an dem System teilnehmen zu können und durch die Anwerbung Dritter wirtschaftliche Vorteile zu erhalten. Damit steht das Rechtsgeschäft in sachlichem Zusammenhang mit der unternehmerischen Tätigkeit. Nach dieser Auffassung der Worte „in Ausübung" spricht der Wortlaut des § 14 BGB dafür, den Existenzgründer als Unternehmer zu betrachten. Auch eine Auslegung des § 14 BGB gibt somit keine Antwort auf die gestellte Rechtsfrage.

Etwas anderes ergibt sich auch nicht aus einer Auslegung des § 2 Abs. 1 Nr. 6 UWG, der eine eigenständige Definition des Unternehmerbegriffs enthält. Diese Norm verwendet anstelle der Worte „in Ausübung" die Worte „im Rahmen". Diese können ebenso wie die Worte „in Ausübung" sowohl rein zeitlich als auch sachlich ausgelegt werden.

---

[231] Kulke, EWiR 2005, 781, 782.
[232] So auch Saenger, in: Erman, § 14 Rn. 14.

Damit ist festzuhalten, dass der Wortlaut der §§ 13, 14 BGB sowie derjenige des § 2 Abs. 1 Nr. 6 UWG keinen eindeutigen Aufschluss darüber gibt, ob der im Rahmen eines Pyramidensystems Angeworbene im Zeitpunkt der Warenabnahme als Unternehmer oder als Verbraucher zu betrachten ist und damit durch den Versuch der Veranlassung zur Warenabnahme im Rahmen eines Pyramidensystems § 16 Abs. 2 UWG erfüllt werden kann.

(β) Systematische Auslegung

Aus ihrer systematischen Stellung und ihrem Zusammenhang mit anderen gesetzlichen Vorschriften könnten Schlüsse zur Auslegung der §§ 13, 14 BGB gezogen werden. Der Bedeutungszusammenhang ist insofern in die Gesetzesauslegung einzubeziehen, als zwischen den einzelnen Gesetzesbestimmungen eine sachliche Übereinstimmung angenommen werden kann. Unter mehreren, dem Wortsinn nach möglichen Auslegungen ist daher diejenige vorzuziehen, die die Wahrung der sachlichen Übereinstimmung mit einer anderen Bestimmung ermöglicht.[233] Schlüsse für die Auslegung der §§ 13, 14 BGB könnten aus der Vorschrift des § 343 HGB sowie des § 507 BGB gezogen werden.

Gemäß § 343 HGB sind Handelsgeschäfte alle Geschäfte eines Kaufmanns, die zum Betrieb seines Handelsgewerbes gehören. Hierzu gehören auch vorbereitende Geschäfte, wie zum Beispiel das Anmieten von Räumlichkeiten.[234] Fraglich ist, ob daraus, dass Vorbereitungsgeschäfte zur Unternehmensgründung als Handelsgeschäfte angesehen werden, geschlossen werden kann, dass Existenzgründungsgeschäfte generell als Rechtsgeschäfte eines Unternehmers im Sinne des § 14 BGB zu beurteilen sind. Handelsrecht ist das Sonderrecht für Kaufleute und wirtschaftlich tätige Unternehmen und enthält somit spezielle, nicht verallgemeinerungsfähige Wertungen. Diese lassen sich grundsätzlich nicht auf das BGB übertragen. Die Vorschrift des § 343 HGB kann somit nicht für die Auslegung des Verbraucherbegriffs herangezogen werden.[235]

Sowohl diejenigen, die den Existenzgründer als Verbraucher, als auch diejenigen, die ihn als Unternehmer ansehen, stützen ihre Auffassung auf das systematische Argument, dass die §§ 13, 14 BGB im Zusammenhang mit § 507 BGB zu betrachten sind. Lediglich eine Mindermeinung in der Literatur vertritt den Standpunkt, dass aus § 507 BGB weder Schlüsse für die eine Rechtsauffassung noch für die

---

[233] Larenz/Canaris, Methodenlehre, S.146.
[234] Roth, in: Koller/Roth/Morck, § 343 Rn. 5; Horn, in: Heymann, HGB, § 343 Rn. 11.
[235] So auch Weick, in: Staudinger, § 13 Rn. 58.

andere gezogen werden könnten, denn der Gesetzgeber habe mit der Spezialnorm des § 507 BGB dem schon früher geschaffenen § 13 BGB keinen bestimmten Inhalt geben wollen.[236]

Gemäß § 507 BGB gelten die Vorschriften über Verbraucherdarlehensverträge auch für Existenzgründer bis zu einem Nettodarlehensbetrag von 50.000 €. Fraglich ist, ob dieser Vorschrift entweder eine allgemeine Wertung entnommen werden kann, so dass Existenzgründer grundsätzlich als Verbraucher zu behandeln sind, oder ob im Umkehrschluss zu § 507 BGB gerade deutlich wird, dass der Gesetzgeber den Existenzgründer nur in den Fällen des § 507 BGB dem Verbraucher gleich stellen wollte. Dass durch die Einführung des § 507 BGB die Definition des Verbraucherbegriffs an Klarheit verliert, war dem Gesetzgeber zumindest aufgrund des vom Bundesrat ergangenen Hinweises bewusst.[237] Zur Vermeidung dieses Problems hat der Bundesrat vorgeschlagen, die Vorschriften der §§ 491 ff. BGB für Existenzgründer für anwendbar zu erklären, ohne diese als Verbraucher einzustufen.[238] Diesem Vorschlag ist der Bundestag gefolgt. Damit sind die Existenzgründer bewusst nicht in den Verbraucherbegriff einbezogen worden. Trotz Kenntnis des Problems hat sich der Gesetzgeber dafür entschieden, den Begriff des Verbrauchers nicht neu zu definieren, sondern den Existenzgründer nur im Fall des Verbraucherkreditrechts dem Verbraucher gleichzustellen und das auch nur bis zu einer bestimmten Höchstgrenze. Ein allgemeiner Gedanke, den Existenzgründer grundsätzlich dem Verbraucher gleich zu stellen, kann daraus nicht hergeleitet werden, denn sonst hätte sich der Gesetzgeber dafür entschieden, den Verbraucherbegriff neu zu definieren. Auch die Tatsache, dass die Vorschrift selbst hinsichtlich eines bestimmten Höchstbetrages eingegrenzt wurde, legt nahe, dass sie keinen allgemeinen Rechtsgedanken tragen sollte. Vielmehr lässt sich hieraus der Schluss ziehen, dass die Vorschriften zum Verbraucherschutz nur in den Fällen des § 507 BGB auf Existenzgründer anwendbar sein sollen. Im Umkehrschluss lässt sich feststellen, dass der Gesetzgeber die Existenzgründer vom Verbraucherschutz ausnehmen wollte, wenn er trotz Kenntnis des Problems die Vorschriften zum Schutz des Verbrauchers nur in den Fällen des § 507 BGB auf Existenzgründer anwendbar erklärt. Damit spricht die systematische Auslegung unter Berücksichtigung des gesetzgeberischen Willens bezüglich der §§ 13, 14 BGB dafür, den Existenzgründer nicht als Verbraucher, sondern als Unternehmer einzustufen.

---

[236] Weick, in: Staudinger, § 13 Rn. 55 ff.
[237] BT-Drucks. 14/6857, S. 32 f. und S. 64 f.
[238] BT-Drucks. 14/6857, S. 32 f.

(χ) Teleologische Auslegung

Weiterhin ist der Sinn und Zweck der §§ 13, 14 BGB zu betrachten. Diese Vorschriften bestimmen den Anwendungsbereich des Verbraucherschutzes, indem sie den Verbraucher und den Unternehmer definieren. Sinn und Zweck des Verbraucherschutzes ist es, den unerfahrenen Teilnehmer am Rechtsverkehr vor Gefahren zu schützen. Zweifelsfrei ist derjenige, der weder gewerblich noch selbständig beruflich tätig ist, mangels geschäftlicher Erfahrung schützenswert. Diese Erfahrung fehlt gleichsam dem Existenzgründer, auch wenn er sich bewusst „in den schärferen Wind" der unternehmerischen Tätigkeit begibt,[239] denn sie wird erst durch die geschäftliche Tätigkeit erworben. Nicht überzeugend ist daher das Argument, der Existenzgründer informiere sich vorher über das von ihm getätigte Rechtsgeschäft,[240] denn auch eine solche theoretische Information würde nichts an der praktischen Unerfahrenheit des Existenzgründers ändern.

Obwohl auch der Existenzgründer ein gewisses Schutzinteresse genießt, ist seine Einbeziehung in die Verbraucherschutzvorschriften keine sachgerechte Lösung. Unstreitig wird spätestens mit der Geschäftsaufnahme die Unternehmereigenschaft begründet. Bei der Geschäftsaufnahme hat der Unternehmer aber genauso wenig geschäftliche Erfahrung wie der Existenzgründer und ist daher ebenso schützenswert. Dies spricht zunächst dafür, den Existenzgründer sowie den Unternehmer während seines ersten Geschäftsjahres als Verbraucher einzustufen. Dadurch würde der Verbraucherbegriff jedoch zu sehr ausgeweitet, was sich auch mit dem Wortlaut, der die Grenze der Auslegung bildet, nicht mehr vereinbaren ließe. Vielmehr ist eine klare Grenzziehung zwischen dem Unternehmer- und dem Verbraucherbegriff notwendig, um Rechtssicherheit zu gewährleisten. Zwar ermöglicht die Ansicht, den Unternehmer erst mit der Geschäftsaufnahme vom Verbraucherschutz auszunehmen, eine klare Grenzziehung zwischen der unternehmerischen und der nicht-unternehmerischen Tätigkeit. Probleme entstehen jedoch, wenn sich der Geschäftstätige für eine weitere Existenzgründung entscheidet und diese von einer bloßen Erweiterung des bestehenden Geschäftsbereichs abzugrenzen ist. Dieses Problem kann vermieden werden, wenn der Existenzgründer von vornherein als Unternehmer betrachtet wird.

Etwas anderes ergibt sich auch nicht vor dem Hintergrund, dass, ein wesentlicher Zweck der teleologischen Auslegung darin besteht, Wertungswidersprüche zu ver-

---

[239] Weick, in: Staudinger, § 13 Rn. 60.
[240] So aber Kellermann, JA 2005, 546, 549.

meiden. Ein solcher Wertungswiderspruch könnte sich zwar dann ergeben, wenn Existenzgründer grundsätzlich als Unternehmer angesehen werden und lediglich im Falle des § 507 BGB den Verbrauchern gleichgestellt werden; dies ist bei genauer Betrachtung jedoch nicht der Fall. Der Existenzgründer erscheint im Falle einer Kreditaufnahme besonders schützenswert. Die Aufnahme eines Kredits kann den unerfahrenen Geschäftsgründer in große finanzielle Schwierigkeiten bringen. Überschätzt er seine Zahlungsfähigkeit, muss er sein Geschäftsvorhaben unter Umständen sogar aufgeben. Daher erscheint es im Fall einer Kreditaufnahme zur Existenzgründung sachgerecht, die Verbraucherschutzvorschriften anzuwenden. Im Kreditrecht besteht somit ein besonderes Schutzbedürfnis, dass eine Ungleichbehandlung mit anderen Rechtsgeschäften eines Existenzgründers rechtfertigt. Wertungswidersprüche bestehen daher nicht.

Eine teleologische Auslegung der §§ 13, 14 BGB kommt daher ebenfalls wie die systematische zu dem Ergebnis, dass der Begriff des Verbrauchers den Existenzgründer grundsätzlich nicht umfasst.

Zu berücksichtigen ist jedoch, dass bei der Anwendung des § 13 BGB auf Pyramidensysteme nach § 16 Abs. 2 UWG der Sinn und Zweck dieser UWG-Vorschrift zu berücksichtigen ist. Darüber hinaus übernimmt das UWG nicht den Unternehmerbegriff des § 14 BGB, sondern regelt diesen in § 2 Abs. 1 Nr. 6 UWG eigenständig. Damit stellt sich die Frage, ob das zum BGB gefundene Ergebnis auf das UWG übertragen werden kann. Das UWG soll Verbraucher, Mitbewerber und die Allgemeinheit vor wettbewerbsverfälschenden Werbemethoden sowie insbesondere die Abnehmer vor zweckverfehlten Mitteleinsätzen schützen.[241] In der Gesetzesbegründung zu § 6c UWG a. F. nimmt der Gesetzgeber hauptsächlich Bezug auf Verfahren, die Pyramidensysteme zum Gegenstand hatten und begründet die Notwendigkeit des § 6c UWG a. F. damit, dass das strafwürdige Betreiben dieser Systeme bis auf wenige Einzelfälle von den derzeitigen Strafvorschriften nicht erfasst werde.[242] Daher sei die Einführung eines Spezialtatbestandes notwendig. Folglich hat der Gesetzgeber mit der Einführung des § 6c UWG a. F. maßgeblich den Schutz vor den Gefahren angestrebt, die von dem Betrieb eines Pyramidensystems ausgehen. Der Gesetzgeber hat den Tatbestand der progressiven Kundenwerbung damit insbesondere zur Bekämpfung von Pyramidensystemen in das UWG eingeführt. Damit dieser Schutz nach dem derzeitig geltenden Wortlaut des § 16

---

[241] S. o. Abschnitt C.III.
[242] BT-Drucks. 10/5058, S. 38, in der der Gesetzgeber Bezug auf die Entscheidungen BGH, GA 1978, 332; OLG Frankfurt, wistra 1986, 31; OLG München, wistra 1986, 34 sowie StA München I, wistra 1986, 36 nimmt.

Abs. 2 UWG gewährleistet bleibt, ist es erforderlich, den Existenzgründer in den Fällen des § 16 Abs. 2 UWG als Verbraucher anzusehen. Diese Auslegung führt zwar dazu, dass die Eigenschaft des Existenzgründers zumindest innerhalb des § 16 Abs. 2 UWG anders zu bewerten ist als im BGB, dies ist aber vor dem Hintergrund rechtspolitisch unbedenklich, dass das UWG ohnehin einen eigenständigen Unternehmerbegriff enthält und damit eine von den §§ 13, 14 BGB abweichende Auslegung zumindest denkbar ist.

Dieses Ergebnis wird durch ein weiteres Argument gestützt. Den Tatbestand der § 16 Abs. 2 UWG erfüllt bereits, „wer es im geschäftlichen Verkehr unternimmt, einen Verbraucher...zu veranlassen...". Da dieser Tatbestand als Unternehmensdelikt den Abschluss eines Rechtsgeschäfts nicht voraussetzt, ist auf das hypothetische Rechtsgeschäft abzustellen, das der Umworbene abschließen soll. Ordnet man den Existenzgründer in die Gruppe der Unternehmer ein, so wird der Zeitpunkt, in dem die Unternehmereigenschaft begründet wird, nach vorn verlagert, denn eine solche Tätigkeit wird in diesem Moment noch nicht aktiv ausgeübt. § 16 Abs. 2 UWG setzt den tatsächlichen Abschluss eines Existenzgründungsgeschäftes jedoch noch nicht einmal voraus. Der Tatbestand ist als Unternehmensdelikt ausgestaltet und daher bereits dann verwirklicht, wenn der Täter versucht, einen anderen für das Pyramidensystem anzuwerben. Der Begriff des Existenzgründungsgeschäfts wird im Rahmen des § 16 Abs. 2 UWG daher nicht auf den Abschluss eines Rechtsgeschäfts beschränkt, sondern umfasst auch das Stadium der Werbung, in dem der Umworbene zunächst nicht aktiv ist, sondern lediglich den Werbevortrag des Anwerbenden anhört. Würde man den Umworbenen in diesem Zeitpunkt bereits als Unternehmer ansehen, würde die Unternehmereigenschaft bereits dadurch begründet, dass er vom Anwerbenden angesprochen wird. Es käme damit zu einer „doppelten Vorverlagerung" der Unternehmereigenschaft. Dies hätte zur Folge, dass sich der Umworbene nicht mehr durch seine freie Entscheidung in die Rolle des Unternehmers begeben könnte, sondern allein dadurch zum Unternehmer würde, dass andere ihm die Funktionsweise des Pyramidensystems und deren vermeintliche Vorzüge vorstellen. Damit wären die Umworbenen bereits durch das passive Angesprochen-Werden dem Schutzbereich des § 16 Abs. 2 UWG entzogen und die Strafbarkeit des Werbenden unbillig eingeschränkt. Dies kann vermieden werden, indem man den Umworbenen im Rahmen des § 16 Abs. 2 UWG nicht als Unternehmer ansieht.

Im Ergebnis ist festzustellen, dass der Existenzgründer zwar, wie dies ein Teil der Literatur sowie auch der BGH annimmt, grundsätzlich als Unternehmer einzustufen ist. Der Umworbene ist jedoch nach Sinn und Zweck des § 16 Abs. 2 UWG in dem Zeitpunkt, in dem er angesprochen und der Tatbestand des § 16 Abs. 2 UWG damit erstmals verwirklicht wird, nicht als Unternehmer, sondern als Verbraucher anzusehen.

dd) Ergebnis

Während sich die Anwerbenden im Rahmen von Schneeballsystemen stets an Verbraucher wenden, ist dieses Tatbestandsmerkmal im Rahmen von Pyramidensystemen problematisch. Diese Systeme wenden sich an potentielle Existenzgründer. Existenzgründer sind aufgrund einer systematischen und teleologischen Auslegung der §§ 13, 14 BGB grundsätzlich als Unternehmer einzustufen. Die Anwendung von § 13 BGB im Rahmen des § 16 Abs. 2 UWG gebietet es nach Ansicht der Verfasserin im Hinblick auf den gesetzgeberischen Willen zu § 16 Abs. 2 UWG und auf die Ausgestaltung dieses Straftatbestandes als Unternehmensdelikt jedoch, den Existenzgründer in dem Zeitpunkt, in dem er lediglich umworben wird, ohne bereits ein Rechtsgeschäft abzuschließen, als Verbraucher anzusehen. § 16 Abs. 2 UWG wird damit sowohl im Hinblick auf Schneeballsysteme als auch auf Pyramidensysteme erfüllt. Der zuvor genannten Literaturmeinung, die den Umworbenen als Unternehmer einstuft und daher meint, § 16 Abs. 2 UWG liefe leer,[243] ist daher auch im Bezug auf Pyramidensysteme zu widersprechen.

II. Strafbarkeit von Multi-Level-Marketing nach § 16 Abs. 2 UWG

Fraglich ist, ob das Multi-Level-Marketing, ebenso wie die Schneeball- und die Pyramidensysteme, eine Erscheinungsform strafbarer progressiver Kundenwerbung bildet. Hierzu sind zunächst die von der Rechtsprechung und in der Literatur zum Multi-Level-Marketing-System vertretenen Meinungen herauszuarbeiten. In einem weiteren Schritt soll das Vertriebssystem des Multi-Level-Marketings unter die einzelnen Tatbestandsmerkmale des § 16 Abs. 2 UWG subsumiert werden.

1. Multi-Level-Marketing in Rechtsprechung und Literatur

Zunächst sollen die zu diesem Vertriebssystem vorhandene Rechtsprechung sowie die sich zur Strafbarkeit des Multi-Level-Marketing äußernden Literaturstimmen

---

[243] Olesch, WRP 2007, 908 ff.

dargestellt werden. In einem sich daran anschließenden separaten Teil sollen die zum Multi-Level-Marketing vertretenen Auffassungen kritisch gewürdigt werden.

a)   Die Auffassungen der Rechtsprechung

Eine einheitliche Rechtsprechung zur Strafbarkeit von Multi-Level-Marketing besteht nicht. Ohnehin gibt es kaum strafgerichtliche Urteile, die sich mit diesem Vertriebssystem befassen. Mit Ausnahme eines Urteils des BayObLG wurde der Straftatbestand der progressiven Kundenwerbung jeweils innerhalb der Voraussetzungen eines zivilrechtlichen Unterlassungsanspruchs geprüft. Während einige Gerichte der Auffassung sind, Multi-Level-Marketing-Systeme fielen unter den Tatbestand des § 16 Abs. 2 UWG bzw. des § 6c UWG a. F., halten andere dieses Vertriebssystem nicht für strafbare progressive Kundenwerbung. Der BGH hatte noch keine Gelegenheit, sich zu dieser Frage zu äußern.

aa)   Die Entscheidung des BayObLG[244]

Im Jahr 1993 urteilte das BayObLG über ein Unternehmen, das Produkte im Wege des Multi-Level-Marketing-Systems vertrieb. Das Gericht der ersten Instanz hatte die Angeklagten zuvor nach § 6c UWG verurteilt. Das BayObLG hielt den Vertrieb von Produkten im Wege des Multi-Level-Marketing in diesem Fall aber nicht für strafbar gemäß § 6c UWG a. F. Das Gericht stellte zunächst abstrakt fest, dass die besondere Strafbedürftigkeit der von § 6c UWG a. F. umfassten Systeme der progressiven Kundenwerbung darin bestehe, dass sie zu einer schnellen Marktsättigung führten. Hierdurch sei der Händler nicht mehr in der Lage, die großen Warenvorräte, die er zunächst habe einkaufen müssen, abzusetzen. Diese Erwägung treffe jedoch für das zu beurteilende Multi-Level-Marketing-System nicht zu. Das BayObLG stellte in seiner Entscheidung maßgeblich darauf ab, dass der zu beurteilende Vertrieb dem Händler ein Rückgaberecht hinsichtlich der Ware, die er nicht verkaufen konnte, gab, so dass die für die progressive Kundenwerbung typische Gefahr nach Auffassung des Gerichts nicht bestand.

---

[244]   BayObLG, Urt. v. 25.01.1993, 4 St RR 203/92, bei der Darstellung dieses Urteils handelt es sich um ein Sekundärzitat aus Micklitz/Monazzahian/Rößler, Door to door selling – Pyramid selling – Multilevel Marketing, Contract No. A0/7050/98/000156, A study commissioned by the European Commission, Final report, da das Originalurteil nach Auflösung des BayObLG nicht mehr verfügbar war. Die Studie von Micklitz/Monazzahian/Rößler wurde 1999 in Auftrag gegeben und vom VIEW durchgeführt. Sie ist im Internet veröffentlicht unter http://europa-eu.int/comm/dgs/health_consumer/library/surveys/sur10_en.html.

bb) Die Entscheidung des LG München II vom 20.01.1994[245]

Im Jahr 1994 befasste sich das Landgericht München II mit einem weiteren Fall des Multi-Level-Marketing, in dem die Beklagte zu 1) als juristisch selbständige Tochter eines amerikanischen Konzerns diätetische Lebensmittel vertrieb; die weiteren Beklagten waren mit dem Verkauf der Produkte der Beklagten zu 1) beschäftigt und warben weitere Vertriebsrepräsentanten für ihre eigene Vertriebsorganisation an. Die Berater auf der untersten Stufe verkauften die Produkte im Wege des Direktvertriebs an Endverbraucher. Durch den Verkauf erzielte der Vertriebsrepräsentant eine Gewinnspanne in Höhe von 25 %. Je nach dem monatlichen Einkaufsvolumen stieg die „Einzelhandelsspanne" des Beraters von 25 % auf maximal 42 %. Damit erzielte der Berater bei dem Verkauf an einen Einzelhandelskunden umso höhere Gewinne, je mehr Produkte der Berater verkaufte. Wer in zwei aufeinander folgenden Monaten einen Mindestumsatz von etwa 6.000 DM erreichte, konnte sich zum Supervisor qualifizieren. Der Supervisor erhielt einen Einkaufsvorteil von 50 %, zusätzlich konnte er eine Provision für den Aufbau einer Vertriebsorganisation erhalten. Diese Provision war abhängig von den Umsätzen der Berater aus der eigenen Vertriebsorganisation, die sich selbst zum Supervisor qualifiziert hatten. Die Provision wurde jedoch nicht für jeden Supervisor innerhalb einer Vertriebsorganisation gezahlt, sondern lediglich für die ersten drei Ebenen. Betrug der Gruppenumsatz eines Supervisors in drei aufeinander folgenden Monaten mindestens 60.000 DM, wurde er Mitglied des „National Expansions Teams (NET)" und erhielt einen „Organisationsbonus" von 2 % auf die gesamten in seiner Vertriebsorganisation erzielten Umsätze. Darüber hinaus erhielt ein „NET-Mitglied" die Gewinne aus den von ihm selbst verkauften Produkten sowie die Provision auf die Umsätze der Vertriebsleiter in seinen ersten drei Linien. Nachfolgend konnte der Vertriebsrepräsentant Mitglied des „Millionaire-Teams" sowie des „President's-Teams" werden, verbunden mit einem höheren Bonus auf die Gesamtumsätze der eigenen Vertriebsorganisation.

Das Landgericht München II entschied, die Beklagten verstießen mit ihrem System des Direktvertriebs gegen § 6c UWG a. F. Zwar sei das Vertriebssystem insoweit nicht zu beanstanden, als dass dem Berater je nach der Höhe seines Umsatzes ein Einkaufsrabatt gewährt wird, jedoch erfülle das System durch die ab der Stufe des Supervisors zusätzlich gewährten Provisionen für den Aufbau einer eigenen Vertriebsstruktur den Tatbestand der strafbaren progressiven Kundenwerbung. Bei

---

[245] LG München II, Urt. v. 20.01.1994, 3 HK O 5639/93.

diesen Provisionen handele es sich um besondere Vorteile im Sinne des § 6c UWG a. F.

cc) **Die Entscheidung des LG München II vom 25.01.1994** [246]

Nur fünf Tage später urteilte das Landgericht München II erneut über einen Fall des Multi-Level-Marketings. Seiner Entscheidung lag der den folgende Sachverhalt zugrunde:

Die Beklagte vertrieb „Somisan", ein Produkt aus Soja, Milch, Honig und anderen Inhaltsstoffen, und warb „Berater" nach dem Somisan-Erfolgsplan. Berater konnte jeder werden, der „Somisan" getestet hatte, indem er mindestens eine Dose dieses Produkts aufgebraucht hatte. Jeder Berater erhielt zunächst einen Einkaufsrabatt in Höhe von 20 %. Dieser Rabatt vergrößerte sich auf 25 %, sofern er einen neuen Berater angeworben oder mindestens 5 Monatspackungen „Somisan" bei der Beklagten bestellt hatte. Hatte er mindestens 10 Monatspackungen bestellt oder zwei und mehr neue Berater angeworben, so erhielt der Berater einen dreißigprozentigen Nachlass auf die Listenpreise des Produkts. Je nach seinem Bestellvolumen steigerte sich der Nachlass auf den Einkaufspreis des Beraters. Wer innerhalb eines Monats mehr als 92 Monatspackungen oder in zwei aufeinander folgenden Monaten jeweils mehr als 65 Monatspackungen bestellte, qualifizierte sich zum Vertriebsleiter. Der Vertriebsleiter erhielt neben einem Einkaufsrabatt von bis zu 51 % einen Anteil von 3 % vom Umsatz der nachgeordneten Vertriebsleiter. Auf der darüber liegenden Stufe des Hauptvertriebsleiters wurden diesem zusätzliche 2 % vom Umsatz der gesamten „Downline-Struktur" vergütet. Als weitere Stufen wies der Erfolgsplan das Vertriebsleiterführungsteam, das Vertriebsleiterdirektorenteam sowie das Präsidententeam aus. Auch diese erhielten Vergütungen auf den Umsatz der nachgeordneten Stufen.

Nach Auffassung des Landgerichts München II beinhaltete das System, das auf diesem Erfolgsplan basierte, progressive Kundenwerbung im Sinne des § 6c UWG a. F. Der den Beratern gewährte Preisnachlass für die Anwerbung weiterer Berater sei im Verhältnis zu den Einkaufspreisen der Berater, die keine weiteren Vertriebsmitarbeiter anwürben, ein geldwerter Vorteil und stelle sich letztlich als Kopfprämie, das heißt als Vorteil allein dafür, dass dem System weitere Personen zugeführt werden, dar. Entscheidend sei weiterhin, dass der Mitarbeiter ab der Vertriebsleiterstufe an den Verkäufen der von ihm unmittelbar geworbenen Berater

---

[246] LG München II, Urt. v. 25.01.1994, 3 HK O 5531/93.

sowie am Umsatz der wiederum von diesen geworbenen Beratern mitverdiente. Die Anwerbung von Kunden im Rahmen dieses Vertriebsystems erfülle den Tatbestand des § 6c UWG a. F., da es Werbung und Vertrieb auf besondere Art und Weise verbinde und die Vorteilsaussichten der Angeworbenen vom Stand der Progression abhängig seien.

dd) Die Entscheidung des LG München I[247]

Noch im gleichen Jahr befasste sich das Landgericht München I mit einem weiteren Fall des Multi-Level-Marketings:

Nach den Feststellungen des Gerichts vertrieb die Beklagte als Tochtergesellschaft eines amerikanischen Unternehmens in Amerika hergestellte Luftfilter- und Wasserfiltersysteme in Deutschland über eine Vertragshändlerorganisation im Wege des Direktvertriebs an Endverbraucher. Die Vertragshändlerorganisation setzte sich aus mehreren Stufen zusammen. Die unterste Stufe bildete der einfache Vertragshändler. Durch die Anwerbung von drei Direktverkäufern konnte er zur nächsten Stufe, zum „Direkt Vertragshändler" aufsteigen, wenn die Gruppe einen bestimmten Umsatz erreicht hatte. Für die als „Direkt Vertragshändler" übernommenen Betreuungs- und Verwaltungsaufgaben bekam er eine zusätzliche Provision in Höhe von 8 % des Gruppenumsatzes. Unter bestimmten Voraussetzungen erhielt er ferner einen „Leistungsbonus" in Höhe von 5 % des Umsatzes einer (vergrößerten) Gruppe. Über dem „Direkt Vertragshändler" lagen vier weitere Stufen, so dass es sich in diesem Fall um ein sechsstufiges System handelte. Im weiteren Verlauf seiner Tätigkeit konnte der Vertragshändler von Stufe zu Stufe aufsteigen zum „Senior Direkt", „Sales Coordinator", „Qualifizierenden National Marketing Direktor" und schließlich zum „National Marketing Direktor". Mit jeder höheren Stufe waren weitere Vergünstigungen in Form von zusätzlichen Provisionen, Bonusprogrammen und Spesenersatz verbunden. Jeder Aufstieg in eine höhere Position erforderte eine Ausweitung der Verkäufergruppe dadurch, dass entweder der Aufsteigende selbst oder ein von diesem Angeworbener weitere Verkaufsmitarbeiter akquirierte.

Das Landgericht München I entschied, dieses System erfülle die Tatbestandsvoraussetzungen des § 6c UWG a. F. Die Beklagte veranlasse durch die für sie tätigen Vertragshändler Nicht- oder Minderkaufleute zur Abnahme von Waren, denn sie müssten die Waren, die sie weiterverkaufen wollten, auf eigene Rechnung von der Beklagten erwerben. Die besonderen Vorteile bestünden darin, dass der Vertrags-

---

[247] LG München I, Urt. v. 06.07.1994, 1 HK O 19261/93.

händler bei Anwerbung weiterer Vertragshändler in der Vertriebshierarchie aufsteigen konnte und an den Umsätzen der von ihm Angeworbenen sowie an denen der von diesen wiederum angeworbenen Dritten mitverdiente. Das diesem Vertriebssystem innewohnende Kettenelement bewirke, dass die „besonderen Vorteile" mehr und mehr ohne weiteres Zutun des Vertragshändlers einträten, weil die von ihm geworbenen Vertragshändler sich um die weitere Ausbreitung des Systems selbst bemühten. So käme derjenige, der an der Spitze einer Vertragshändlergruppe stünde, mit in den Genuss der Anwerbung seitens der von ihm Angeworbenen, da sie seinen Aufstieg ermöglichten und ihm höhere Provisionen aus größeren Gruppenumsätzen bescherten. Die in diesem System in Aussicht gestellten Möglichkeiten von Einkommen, die nur noch zum geringeren Teil auf eigener Verkaufstätigkeit beruhten, seien imstande, die progressive Kundenwerbung in Gang zu setzen und am Leben zu erhalten. Die mit dem Aufbau einer eigenen Vertriebsstruktur verbundenen Verwaltungs- und Betreuungsaufgaben fielen jedenfalls nicht so sehr ins Gewicht, dass sie den Provisionen den Charakter „besonderer Vorteile" nähmen. Der Vertragshändler könne davon ausgehen, dass eine Betreuung der von ihm Angeworbenen nach einer Einarbeitungszeit nicht mehr nötig sei, denn die Angeworbenen seien bereits durch dieselben ihnen in Aussicht gestellten besonderen Vorteile motiviert und bedürften keiner weiteren Schulung. Der Vertragshändler ginge davon aus, dass er sein Einkommen umso weniger aus eigenen Leistungen beziehe je höher die Stufe im System sei, auf der er sich befände. Der Aufstieg sei somit, zumindest nach der Vorstellung des Vertragshändlers, mit immer weniger Arbeit und immer größeren Gewinnen verbunden.

Zwar biete das System für den Vertriebsrepräsentanten verhältnismäßig geringe Risiken, sei aber dennoch strafwürdig. Auch wenn die Beklagte ihre Vertragshändler nicht von vornherein zu hohen finanziellen Vorleistungen verpflichte, handele es sich in dem vorliegenden Fall um ein System progressiver Kundenwerbung. Besondere Vorteile seien nicht nur dann gegeben, wenn bei Vertragsschluss eingegangene finanzielle Verpflichtungen durch die Zahlung von Provisionen (teilweise) ausgeglichen werden, sondern lägen auch in der Aussicht auf hohe Einnahmen bei geringem Eigeneinsatz.

Bei dem vorliegenden System handele es sich um ein den Leistungswettbewerb verfälschendes Werbemittel. Die Aussicht, ohne eigenes Zutun einen Gewinn zu erhalten, bewege geschäftlich unerfahrene Menschen zur Abnahme von Ware, ohne diese nach Qualität und Preis zu beurteilen. Dieser Umstand führe zu nicht leistungsgerechten Erfolgen.

Durch die gestuften Gewinnspannen entstehe systemnotwendig eine Verteuerung des Produkts, da in diesem System sechs Strukturebenen an einem Verkauf verdienten. Der Erfolg dieser Systeme führe zu einem Nachahmungseffekt, was wiederum eine weitere Verzerrung des Wettbewerbs bewirke und die aufgezeigten Unlauterkeitsmomente zusätzlich verstärke.

ee) Die Entscheidung des LG Offenburg[248]

Drei Jahre später, im Jahr 1997, entschied das Landgericht Offenburg über ein Unternehmen, das im Multi-Level-Marketing-System diätetische Lebensmittel und Kosmetika vertrieb. Das Landgericht Offenburg stellte fest, dass auf der untersten Stufe der Verkauf durch den Einsatz von Laien als Berater erfolgte, während sich die Aufgaben der höheren Stufen immer mehr zu Führungs- und Koordinierungsaufgaben veränderten. Nach den Urteilsfeststellungen mussten die Berater bei der Warenbestellung eine Sicherheitsleistung in Höhe des Endverkaufspreises abzüglich der umsatzabhängigen Provision bezahlen, die nach Abwicklung des Geschäfts endgültig beim Unternehmen verblieb. Die Berater hatten die Produkte erst dann beim Unternehmen zu bestellen, wenn ihnen ihrerseits entsprechende Bestellungen von Kunden oder anderen Beratern vorlagen. Zusätzlich erhielten die Berater der höheren Stufen Provisionen aus dem Aufbau einer eigenen Vertriebsstruktur.

Das Landgericht Offenburg war der Ansicht, das von ihm zu beurteilende Multi-Level-Marketing-System erfülle nicht den Tatbestand des § 6c UWG a. F. Bei dem zur Entscheidung vorliegenden Vertriebssystem fehle es an dem für die progressive Kundenwerbung typischen Umstand, dass der Kunde durch das Versprechen besonderer Vorteile veranlasst werde, weitere Abnehmer zum Abschluss gleichartiger Geschäfte zu veranlassen. Während der Kunde im Pyramidensystem die Ware ohne eigenen Verwendungszweck erwerbe, wolle der Kunde in dem zur Entscheidung vorliegenden Vertriebssystem durch den Erhalt der Ware eigene Bedürfnisse befriedigen.

Grund für den Warenerwerb seien nicht die Provisionen, die ein Berater für den Aufbau einer eigenen Vertriebsstruktur erhielt. Es sei nicht ersichtlich, dass jemand Schlankheitsmittel oder Parfum kaufe, um sodann selbst Berater zu werden, mit dem Ziel, sich Provisionen und Prämien verdienen zu können. Da der Kunde damit keine Produkte allein in der Hoffnung auf einen finanziellen Vorteil erwerbe, fehle

---

[248] LG Offenburg, WRP 1998, 85 ff.

es am Glücksspielcharakter einer progressiven Kundengewinnung im Sinne des § 6c UWG a. F.

ff) Die Entscheidung des Landgerichts Düsseldorf[249]

In einer neueren Entscheidung aus dem Jahr 2006 befasste sich das Landgericht Düsseldorf mit den Ansprüchen eines ehemaligen Vertriebsrepräsentanten aus seiner Tätigkeit bei einem Multi-Level-Marketing-Unternehmen. Der klagende Vertriebsrepräsentant vertrieb Maßhemden im Multi-Level-Marketing-System. Das beklagte Unternehmen beschäftigte als Berater bezeichnete Personen als selbständige Vertriebspartner, indem diese selbst an Endverbraucher im eigenen Namen und auf eigene Rechnung Hemden verkauften oder für das Unternehmen weitere Berater warben, die dann ihrerseits die gleiche Tätigkeit ausübten. Der Verdienst der Berater wurde auf der Basis eigener Umsätze und der Umsätze der geworbenen Berater ermittelt. Nach den Allgemeinen Geschäftsbedingungen der Beklagten war für die Auszahlung von Provisionen ein Eigenumsatz von monatlich 50 € erforderlich.

Unter Bezugnahme auf die zuvor genannte Entscheidung des Landgerichts Offenburg entschied das Landgericht Düsseldorf, das Vertriebssystem der Beklagten verstoße nicht gegen Vorschriften des UWG und unterschied explizit zwischen illegaler progressiver Kundenwerbung und legalem Multi-Level-Marketing. Kennzeichnend für das Multi-Level-Marketing seien die Bindungen an einen Hersteller oder Großanbieter und eine hierarchische Betriebsorganisation unter dem Einsatz von Laien, deren Vergütung sich aus Erfolgsprovisionen zusammensetze und die zur Anwerbung neuer Mitarbeiter aufgefordert würden. Im Gegensatz zu einer strafbaren progressiven Kundenwerbung werde der Kunde beim Multi-Level-Marketing-System nicht veranlasst, Waren über den eigenen Bedarf hinaus zu erwerben. Er erhielte vielmehr lediglich die Möglichkeit, über den Produktabsatz und das Werben von weiteren Absatzmittlern eine Provision oder einen sonstigen Vermögensvorteil zu verdienen. Aufgrund der sich von Schneeball- und Pyramidensystemen unterscheidenden Zielsetzung des Multi-Level-Marketing-Systems sei eine derartige Absatzorganisation grundsätzlich zulässig.

---

[249] LG Düsseldorf, Urteil v. 20.12.2006, 5 O 126/06.

gg) Die Entscheidung des OLG Hamm[250]

Das OLG Hamm entschied am 09.12.2008 im Rahmen einer weiteren Beschwerde, dass das vom OLG zu beurteilende Multi-Level-Marketing-System kein System progressiver Kundenwerbung darstelle. Dieser Entscheidung lag der folgende Sachverhalt zugrunde:

Ein Unternehmen vertreibt Jeans-Hosen durch selbständige Handelsvertreter. Zu Beginn seiner Tätigkeit ist der jeweilige Handelsvertreter zum Kauf eines „Starter-Pakets" verpflichtet. Weitere Abnahmeverpflichtungen und Kosten gegenüber dem Unternehmen bestehen nicht. Neben den Verdiensten aus dem Warenverkauf hat der Handelsvertreter die Möglichkeit, sich durch Anwerben weiterer Handelsvertreter eine eigene Vertriebsstruktur aufzubauen. Der anwerbende Vertriebsmitarbeiter erhält nun eine Provision auf sämtlich Einkäufe/Umsätze seines Teams bis zur fünften Ebene.

Das zuständige Amtsgericht ordnete mit Beschluss vom 05.06.2008 einen dinglichen Arrest in das Vermögen des Unternehmens an, mit der Begründung, es handele sich bei diesem Unternehmen um ein Schneeballsystem im Sinne des § 16 Abs. 2 UWG. Auf regelmäßig stattfindenden Veranstaltungen mache das Unternehmen Interessenten mit dem System vertraut. Diese sollten „Starter-Pakete" erwerben und animiert werden, selbst neue Teilnehmer zu gewinnen, die wiederum neue Mitglieder anwerben sollten.

Die gegen diesen Beschluss gerichtete Beschwerde verwarf das zuständige Landgericht, da es wegen der „explosionsartigen" Zunahme von Vertriebspartnern von einem § 16 Abs. 2 UWG unterfallenden Schneeballsystem ausging und auf die Provisionszahlungen bis über die fünfte Ebene hinaus abstellte.

Das OLG Hamm hingegen hob den dinglichen Arrest im Rahmen der vom Unternehmen eingelegten weiteren Beschwerde auf. Das Handeln im Rahmen des in Rede stehenden Vertriebssystems unterfalle nicht dem Straftatbestand des § 16 Abs. 2 UWG, da Werbeadressaten im Rahmen der vom Unternehmen betriebenen Werbung nicht –wie § 16 Abs. 2 UWG voraussetzt- Verbraucher seien. Die Angeworbenen handelten bei Abschluss des Partnervertrages bei objektiver Betrachtung nämlich nicht ausschließlich zur privaten Bedarfsdeckung, sondern eröffneten sich mit Abschluss des Partnervertrages die Möglichkeit, Jeans-Hosen als selbständige Handelsvertreter an Endabnehmer zu veräußern sowie durch das Anwerben weite-

---

[250] OLG Hamm, Beschluss vom 09.12.2008, 2 Ws 212/08.

rer Interessenten in den Genuss von Provisionszahlungen zu kommen. Die Angeworbenen begäben sich als Existenzgründer in den unternehmerischen Geschäftsverkehr und seien keine Verbraucher im Sinne des § 16 Abs. 2 UWG.

b) Die Auffassung der Literatur

Auch in der Literatur haben sich diverse Autoren über die Rechtmäßigkeit bzw. die Strafbarkeit des Multi-Level-Marketings geäußert.

Teilweise wird vertreten, dass das Multi-Level-Marketing-System eine Sonderform der progressiven Kundenwerbung darstellt und als solche neben Schneeball- und Pyramidensystemen dem Tatbestand des § 16 Abs. 2 UWG unterfällt.[251] Nach dieser Meinung sind Multi-Level-Marketing-Systeme stets strafbar.

Andere Stimmen in der Literatur hingegen halten das Multi-Level-Marketing nicht für strafbar.[252] Ihre Auffassung stützen sie auf unterschiedliche Gesichtspunkte. Einige argumentieren – ohne das Multi-Level-Marketing-System unter die einzelnen Tatbestandsmerkmale des § 16 Abs. 2 UWG zu subsumieren – mit den verschiedenen Zwecken, die das Multi-Level-Marketing einerseits sowie die Systeme der progressiven Kundenwerbung andererseits verfolgten. Während das Multi-Level-Marketing-System den Verkauf von Ware an Endabnehmer bezwecke, sei Hauptziel der progressiven Kundenwerbung der Verkauf von Produkten in die Struktur selbst.[253] Andere wiederum halten die Tatbestandsmerkmale des § 16 Abs. 2 UWG durch das Multi-Level-Marketing für nicht erfüllt.[254] Insbesondere fehle es am Tatbestandsmerkmal der „besonderen Vorteile", denn die im Multi-Level-Marketing-System ausgezahlten Provisionen seien strikt erfolgsbezogen festgesetzte Leistungen für zusätzlichen Arbeitseinsatz.[255] Selbst wenn man das Vorliegen besonderer Vorteile bejahte, so seien diese zumindest nicht kausal für

---

[251] Nordemann/Nordemann/Nordemann, Rn. 1116.
[252] Rengier, in: Fezer, UWG, § 16 Rn. 136; Bornkamm, in: Köhler/Bornkamm, § 16 Rn. 42 f.; Brammsen/Leible, BB 1997, Beilage 10 zu Heft 32, 1, 8; Leible, WRP 1998, 18; Otto/Brammsen, WiB 1996, 281, 291; Thume, WRP 1999, 290 ff.; Hartlage, WRP 1997, 1, 5; differenzierend: Dreyer, in: Harte-Bavendamm/Henning-Bodewig, § 16 Rn. 50; Piper, in: Piper/Ohly/Sosnitza, § 16 Rn. 35.
[253] Micklitz, in: MüKo UWG, EG J Rn. 12; Thume, WRP 1999, 290 ff.; Hartlage, WRP 1997, 1, 5; Leible, WRP 1998, 18.
[254] Rengier, in: Fezer, UWG, § 16 Rn. 136; differenzierend: Dreyer, in: Harte-Bavendamm/Henning-Bodewig, § 16 Rn. 50.
[255] Brammsen. in: MüKo UWG, § 16 Rn. 93; Brammsen/Leible, BB 1997, Beilage 10 zu Heft 32, 1, 8; Otto/Brammsen, WiB 1996, 281, 291.

die Warenabnahme.[256] Wieder andere verneinen die Strafbarkeit von Multi-Level-Marketing mit der Erwägung, dass diesen Vertriebssystemen der glücksspielartige Charakter fehle, der den Systemen der progressiven Kundenwerbung anhafte.[257]

Eine weitere Auffassung in der Literatur hat sich der Entscheidung des OLG Hamm vom 09.12.2008[258] angeschlossen. Nach dieser Meinung richten sich Multi-Level-Marketing-Systeme, die so konzipiert sind, dass die angeworbenen Partner als eigenständige, handelsvertreter- oder vertragshändlerähnliche Absatzmittler in der Vertriebskette tätig sind, nicht an Verbraucher im Sinne des Wettbewerbsrechts.[259]

c) **Auswertung**

Sowohl innerhalb der Rechtsprechung als auch innerhalb der Literatur werden zur Strafbarkeit des Multi-Level-Marketings verschiedene Auffassungen vertreten.

Festzustellen ist zunächst, dass sich die Gerichte nicht in allen Entscheidungen detailliert mit dem Tatbestand der progressiven Kundenwerbung auseinander gesetzt haben.[260] So stellte das Landgericht München II in seiner Entscheidung vom 20.01.1994 fest, das System, über dessen Zulässigkeit es zu entscheiden hatte, sei ein solches der progressiven Kundenwerbung, setzte sich aber mit den einzelnen Tatbestandsmerkmalen des § 16 Abs. 2 UWG bzw. § 6c UWG a. F. nicht auseinander. Lediglich zu den besonderen Vorteilen wurden– kurze – Ausführungen gemacht.

Auch das Urteil des Landgerichts München II vom 25.01.1994 lässt eine genaue Subsumtion des Systems unter die einzelnen Tatbestandsmerkmale des § 6c UWG a. F. vermissen. Es enthält weder Ausführungen dazu, worin genau die besonderen Vorteile im Sinne des § 16 Abs. 2 UWG bestehen sollen, noch, ob eine Kausalität zwischen der Warenabnahme und dem Versprechen von besonderen Vorteilen besteht. Das bloße Abstellen auf eine so genannte „Kopfprämie" ohne nähere Begründung sowie auf eine Verbindung von Werbung und Vertrieb überzeugen nicht.

---

[256] Brammsen, in: MüKo UWG, § 16 Rn. 98; Brammsen/Leible, BB 1997, Beilage 10 zu Heft 32, 1, 7; Otto/Brammsen, WiB 1996, 281, 287.
[257] Bornkamm, in: Köhler/Bornkamm, § 16 Rn. 43.
[258] OLG Hamm, Beschluss vom 09.12.2008, 2 Ws 312/08.
[259] Mäsch/Hesse, GRUR 2010, 10, 15.
[260] Da die Entscheidung des BayObLG v. 25.01.1993 lediglich als Sekundärzitat herangezogen werden konnte, bleibt sie bei der folgenden Auswertung außer Betracht.

Im Gegensatz hierzu haben sich das Landgericht München I sowie das Landgericht Offenburg ausführlich mit den Voraussetzungen der progressiven Kundenwerbung, insbesondere mit dem Begriff der „besonderen Vorteile" auseinandergesetzt, kommen bei ihrer Bewertung jedoch zu unterschiedlichen Ergebnissen. Während das Landgericht München I das von ihm zu beurteilenden Multi-Level-Marketing-System für strafbare progressive Kundenwerbung hält, ist das nach Meinung des Landgerichts Offenburg, das über ein vergleichbares Multi-Level-Marketing-System zu entscheiden hatte, nicht der Fall. Nach Auffassung des Landgerichts München I treten die Direktverkäufer in das System ein, um die von den Unternehmen versprochenen Vorteile in Form von Provisionen zu erhalten und werben andere Kunden unter dem Versprechen derselben Vorteile für den Eintritt in das Vertriebssystem an. Dies erfülle den Tatbestand der progressiven Kundenwerbung. Das Landgericht Offenburg stellt demgegenüber auf den Verkauf von Produkten an Endverbraucher ab. Die Käufer erwürben die Ware zum Eigengebrauch und nicht aufgrund des Versprechens von Vorteilen. Nach dieser Entscheidung fehlt es somit an der Kausalität zwischen etwaigen besonderen Vorteilen und der Abnahme von Waren.

Das Landgericht Düsseldorf nimmt lediglich auf die Entscheidung des Landgerichts Offenburg Bezug, ohne das zu beurteilende Vertriebssystem nach einer konkreten Vorschrift zu beurteilen.

Eine neue Auffassung vertritt das OLG Hamm, das sich nach der UWG-Reform aus dem Jahr 2004 erstmalig mit dem Tatbestandmerkmal des Verbrauchers im Rahmen einer Prüfung des § 16 Abs. 2 UWG auseinander setzte. Nach dieser Meinung scheitert die Anwendbarkeit des § 16 Abs. 2 UWG auf das vom OLG Hamm zu beurteilende Multi-Level-Marketing-System bereits am Tatbestandsmerkmal des Verbrauchers. Auf eine Prüfung, ob die weiteren Tatbestandsmerkmale des § 16 Abs. 2 UWG durch das Werben im Rahmen des Multi-Level-Marketing-Systems erfüllt sind, konnte nach dieser Auffassung verzichtet werden.

Auch in der Literatur wird zur Strafbarkeit des Multi-Level-Marketings keine einheitliche Auffassung vertreten. Teilweise wird dieses Vertriebssystem für strafbar gehalten, während die überwiegende Meinung – allerdings mit unterschiedlichen Begründungen und zum Teil ohne genaue Subsumtion – zur Straflosigkeit von Multi-Level-Marketing gelangt.

2. Subsumtion des Multi-Level-Marketing unter den Tatbestand des § 16 Abs. 2 UWG

In diesem Abschnitt soll untersucht werden, ob das Multi-Level-Marketing nach geltendem Recht gemäß § 16 Abs. 2 UWG strafbar ist. Hierzu ist eine genaue Subsumtion der oben erläuterte Grundform dieses Vertriebssystems[261] unter die Tatbestandsmerkmale des § 16 Abs. 2 UWG sowie gegebenenfalls eine Auslegung einzelner Tatbestandsmerkmale erforderlich.

a) Mögliche Täter

Den Tatbestand des § 16 Abs. 2 UWG erfüllt derjenige, der andere für ein von dieser Norm erfasstes System anwirbt oder anzuwerben versucht. Als Täter des § 16 Abs. 2 UWG durch das Handeln im Rahmen eines Multi-Level-Marketing-Systems kommen grundsätzlich sowohl der Systembetreiber als Initiator, der zu Beginn des Systems die ersten Vertriebsrepräsentanten anwirbt, als auch die jeweiligen angeworbenen Vertriebsrepräsentanten, die ihrerseits weitere potentiellen Vertriebsrepräsentanten ansprechen, in Betracht.

aa) Der Systembetreiber

Täter des § 16 Abs. 2 UWG kann somit zum einen jeder sein, der ein werbendes Vertriebssystem veranstaltet. Unter Veranstalten ist das Initiieren oder Betreiben eines solchen Systems zu verstehen.[262] Veranstalter eines Multi-Level-Marketing-Systems ist der Inhaber des Unternehmens, das nach diesem System betrieben wird. Er trägt als Leiter des Unternehmens die Verantwortung für dessen Bestand und ist für dessen Fortführung unerlässlich, denn er fördert das System durch Auslieferung der Erzeugnisse und Zahlung von Provisionen für den Aufbau der eigenen Vertriebsstruktur.[263]

bb) Die Vertriebsrepräsentanten

Zum anderen können auch die für ein nach dem Multi-Level-Marketing-System aufgebautes Unternehmen tätigen Vertriebsrepräsentanten Täter einer gemäß § 16 Abs. 2 UWG strafbaren progressiven Kundenwerbung sein. Der Wortlaut des Tatbestandes lässt eine Einbeziehung der Vertriebsrepräsentanten in die Gruppe der Täter zu. Hierfür spricht auch der Wille des Gesetzgebers. Nach der Gesetzesbe-

---

[261] S. o. Abschnitt B.II.1.
[262] Brammsen/Leible, BB 1997, Beilage 10 zu Heft 32, 1, 6.
[263] Otto/Brammsen, WiB 1996, 281, 284.

gründung ist der Veranstalter des Systems als Täter strafbar, da er der eigentliche Urheber dieser Art von Werbung sei. Andere Systembeteiligte könnten daneben als Mittäter, Anstifter oder Gehilfen strafbar sein. Personen hingegen, die im Einzelfall Opfer dieser Art von Werbung geworden seien, blieben straflos, da sie allenfalls als notwendige Teilnehmer angesehen werden könnten.[264] Der Gesetzesbegründung lässt sich somit entnehmen, dass die Vertriebsrepräsentanten als Systembeteiligte ebenfalls als Mittäter des § 16 Abs. 2 UWG in Betracht kommen, vorausgesetzt, die übrigen Tatbestandsmerkmale des § 16 Abs. 2 UWG werden durch die Tätigkeit im Multi-Level-Marketing-System erfüllt. Lediglich das passive Angeworben-Werden ohne eigene Akquisitionsbemühungen ist als notwendige Mitwirkung an der Tat straflos.[265] Hingegen können diejenigen, die aus dem System einer progressiven Kundenwerbung beachtliche Gewinne gezogen haben, nicht mehr als bloße Opfer angesehen werden, sondern sollen nach dem Sinn und Zweck der Vorschrift grundsätzlich ebenfalls einer Strafbarkeit unterliegen.[266]

Damit kommen im Bereich des Multi-Level-Marketing sowohl der Systembetreiber als Initiator des Systems als auch diejenigen, die Berater für das Unternehmen anwerben, als Täter des § 16 Abs. 2 UWG in Betracht.

b)   Handeln im geschäftlichen Verkehr

Voraussetzung des § 16 Abs. 2 UWG ist, dass die strafbare Handlung im geschäftlichen Verkehr vorgenommen wird. Der Begriff des geschäftlichen Verkehrs ist im Rahmen des UWG weit auszulegen.[267] Hierunter fällt jede Tätigkeit, die irgendwie zur Förderung eines beliebigen eigenen oder fremden Geschäftszwecks dient, d.h. jede selbständige, der Verfolgung eines wirtschaftlichen Geschäftszwecks dienende Maßnahme, mit der ein marktgerichtetes Verhalten irgendwie zum Ausdruck kommt.[268] Eine tatsächliche Gewinnerzielung oder die Absicht hierzu ist nicht erforderlich; ebenso wenig wie das Vorliegen einer Wettbewerbsabsicht.[269] Nicht in den Bereich des geschäftlichen Verkehrs fallen hingegen alle rein privaten und alle rein betriebsinternen Handlungen. Privat ist, was außerhalb des wirtschaftlichen

---

[264]   BT-Drucks. 9/1707, S.16; BT-Drucks. 10/5058, S.39.
[265]   BT-Drucks. 9/1707, S.16; BT-Drucks. 10/5058, S.39.
[266]   Bornkamm, in: Köhler/Bornkamm, § 16 Rn. 34; Schlüchter, S. 127; Joecks, wistra 1986, 142, 150.
[267]   Brammsen, in: MüKo UWG, § 16 Rn. 86; Bornkamm, in: Köhler/Bornkamm, § 16 Rn. 35; Rengier, in: Fezer, UWG, § 16 Rn. 137; Dreyer, in: Harte-Bavendamm/Henning-Bodewig, § 16 Rn. 35.
[268]   BGH, GRUR 1953, 293, 294; BGHZ 19, 299, 303; 144, 255, 262.
[269]   Dreyer, in: Harte-Bavendamm/Henning-Bodewig, § 16 Rn. 35; Brammsen, in: MüKo UWG, § 16 Rn. 86.

Erwerbs liegt, z. B. die Deckung des reinen Eigenbedarfs auf Seiten des Endverbrauchers.[270]

Der Betreiber eines nach dem Multi-Level-Marketing-System organisierten Unternehmens handelt – wie jeder Unternehmer, der Produkte absetzen will – im geschäftlichen Verkehr. Er beschäftigt Vertriebsrepräsentanten als selbständige Eigen- oder Vertragshändler, Verkaufskommissionäre oder Handelsvertreter.[271] Deren Aufgabe ist es, die Produkte des Unternehmens am Markt entgeltlich anzubieten sowie durch den Aufbau einer eigenen Vertriebsstruktur zur Vergrößerung des Unternehmens beizutragen. Die Vertriebsrepräsentanten verkaufen Produkte an Endverbraucher. Weiterhin können sie andere für eine Tätigkeit bei dem jeweiligen Multi-Level-Marketing-Unternehmen anwerben, und erhalten hierfür vom Systembetreiber Provisionen in Abhängigkeit von den Umsätzen der Angeworbenen. Somit handeln neben dem Systembetreiber auch die im Rahmen dieses Systems tätigen Verkaufsmitarbeiter im geschäftlichen Verkehr.

c) **Das Veranlassen von Verbrauchern zur Abnahme von Waren, Dienstleistungen oder Rechten**

Weitere Voraussetzung des § 16 Abs. 2 UWG ist, dass Verbraucher zur Abnahme von Waren, Dienstleistungen oder Rechten veranlasst werden.

aa) **Das Veranlassen zur Abnahme von Waren, Dienstleistungen oder Rechten**

Der Täter muss andere zur Abnahme von Waren, Dienstleistungen oder Rechten veranlassen oder dies, da § 16 Abs. 2 UWG ein Unternehmensdelikt ist, zumindest versuchen. Veranlassen ist jede Tätigkeit, die geeignet und darauf gerichtet ist, den gesetzlich geschützten Personenkreis zur Abnahme von Waren, Dienstleistungen oder Rechten zu bewegen.[272] Zwar werden über den Warenvertrieb hinaus auch Dienstleistungen, insbesondere Finanzdienstleistungen,[273] oder Rechte im Wege des Multi-Level-Marketing angeboten, am weitesten ist im Multi-Level-Marketing-System jedoch der Vertrieb von Waren verbreitet. Daher wird nachfolgend zur sprachlichen Vereinfachung lediglich von Waren gesprochen.

---

[270] Piper, in: Piper/Ohly/Sosnitza, § 2 Rn. 13.
[271] S. o. Abschnitt B.II.1.b)cc).
[272] Diemer, in: Erbs/Kohlhaas, § 16 UWG Anm. 109; Otto, in: Großkommentar UWG, § 6c Rn. 23.
[273] Eingehender hierzu Wehling, zfo 1994, 203 ff.; Frehrking/Schöffski, ZfB 1994, 571 ff.

Die im Multi-Level-Marketing tätigen Vertriebsrepräsentanten sind damit beschäftigt, Waren an Endkunden zu verkaufen. Im Rahmen des reinen Verkaufsgesprächs suchen die Vertriebsrepräsentanten ihre potentiellen Kunden vorwiegend zu Hause auf. Dort stellen sie ihnen die von ihnen vertriebenen Produkte vor, beantworten Fragen und nehmen Bestellungen entgegen. Zum Teil lernen die Kunden die vertriebenen Produkte erst durch die Vertriebsrepräsentanten kennen und werden von diesen zum Kauf bewogen. Diese Verhaltensweisen sind als Unternehmen der Veranlassung zur Warenabnahme zu qualifizieren, denn dazu genügt es bereits, Personen die Gelegenheit zum Erwerbsentschluss zu gewähren. Weitergehender Willensbeeinflussungen, wie z. B. das Überreden oder das Ausüben von Druck auf den Kunden, bedarf es nicht, um das Tatbestandsmerkmal des Veranlassens zu bejahen.[274]

Um sich ihre eigene Vertriebsstruktur auf- bzw. diese auszubauen, sind manche Vertriebsrepräsentanten darüber hinaus als Anwerber tätig, indem sie ihren potentiellen Kunden im Rahmen des Verkaufsgesprächs die Vorzüge einer Tätigkeit als Vertriebspartner vor Augen führen und sie somit davon zu überzeugen versuchen, ebenfalls Vertriebsrepräsentant für das jeweilige Multi-Level-Marketing-Unternehmen zu werden.[275] Auch hier wird der potentielle Kunde zur Warenabnahme bereits dadurch veranlasst, dass der Vertriebsrepräsentant ihm Waren zum Kauf anbietet.

In manchen Multi-Level-Marketing-Systemen ist eine Warenabnahme unabdingbare Voraussetzung für eine Tätigkeit als Vertriebsrepräsentant.[276] Dieser Umstand wird dem Umworbenen dann regelmäßig bereits im Anwerbegespräch mitgeteilt. Auch dies ist eine Veranlassung des Umworbenen zur Warenabnahme.

Hat sich ein Kunde dafür entschieden, eine Tätigkeit als Vertriebsrepräsentant aufzunehmen, empfiehlt ihm der Anwerbende bzw. der Systembetreiber in der Regel den Kauf einer Beratergrundausstattung, damit er seinen zukünftigen Kunden die von ihm vertriebenen Produkte anschaulich repräsentieren kann. Durch diese Empfehlung sollen die neu Angeworbenen zum entgeltlichen Erwerb der Beratergrundausstattung bewegt und daher auch in dieser Situation zur Abnahme von Waren

---

[274] Otto/Brammsen, WiB 1996, 281, 285.
[275] In manchen Multi-Level-Marketing- Unternehmen führen die Vertriebsrepräsentanten das Anwerbegespräch nicht schon in Kombination mit dem Verkaufsgespräch, sondern erst danach. Diese Fälle sind vom Tatbestand des § 16 Abs. 2 UWG nicht erfasst, da es dann an der erforderlichen Verknüpfung der Warenabnahme mit der Anwerbung offensichtlich fehlt.
[276] Als Beispiel s. o. D.II.1.a)cc).

veranlasst werden. Auch das eventuelle Einräumen eines Rückgaberechts ändert hieran nichts.[277]

Gleiches gilt für den Systembetreiber, der zu Beginn des Systems die ersten Vertriebsrepräsentanten selbst zur Warenabnahme veranlasst hat. Da er hinter dem System steht und er die Vertriebsrepräsentanten gerade beschäftigt, damit sie andere zur Abnahme von Waren veranlassen, sind ihm aber auch die durch die Vertriebsrepräsentanten vorgenommenen Handlungen hinsichtlich der Veranlassung anderer zur Abnahme von Waren im Rahmen der Mittäterschaft zuzurechnen.

bb) Verbraucher

Diejenigen, die zur Abnahme von Waren, Dienstleistungen oder Rechten veranlasst werden oder veranlasst werden sollen, müssten Verbraucher sein. Fraglich ist daher, ob die Abnehmer im Fall des reinen Verkaufsgesprächs, im Fall des kombinierten Verkaufs- und Anwerbegesprächs und im Fall des Erwerbs einer Beratergrundausstattung jeweils als Verbraucher anzusehen sind.

(1) Das reine Verkaufsgespräch

Im Fall des reinen Verkaufsgesprächs kauft der Endkunde kauft Waren beim Vertriebsrepräsentanten. Sonstige Verbindungen mit dem System geht er nicht ein. Der Kunde erwirbt die Produkte weder im Rahmen seiner gewerblichen Tätigkeit, etwa zum Weiterverkauf, noch handelt er zu Zwecken seiner selbständigen beruflichen Tätigkeit. Das Produkt erwirbt er allein für den Eigenverbrauch. Damit ist der Kunde im Rahmen des reinen Verkaufsgesprächs Verbraucher im Sinne der §§ 13 BGB, 2 Abs. 2 UWG.

(2) Das kombinierte Verkaufs- und Anwerbegespräch

Im Rahmen eines kombinierten Verkaufs- und Anwerbegesprächs soll der Kunde zum einen Waren für sich selbst erwerben. Darüber hinaus wird ihm die Möglichkeit in Aussicht gestellt, selbst als Vertriebsrepräsentant bei dem jeweiligen Multi-Level-Marketing-Unternehmen tätig zu werden.

Erwirbt der Kunde die Waren des Multi-Level-Marketing-Unternehmens im Rahmen eines kombinierten Verkaufs- und Anwerbegesprächs zum privaten Eigengebrauch, so ist er ebenfalls Verbraucher im Sinne des § 13 BGB.

---

[277] Otto/Brammsen, WiB 1991, 281, 285.

Etwas anderes könnte aber gelten, wenn Bedingung für eine Tätigkeit als Vertriebsrepräsentant bei dem jeweiligen Multi-Level-Marketing-Unternehmen die vorherige Abnahme von Ware ist. Fraglich ist dann, ob diese Warenabnahme als Existenzgründungsgeschäft bereits der späteren unternehmerischen Tätigkeit zuzurechnen ist.[278] Wie bereits ausgeführt ist § 16 Abs. 2 UWG ein Unternehmensdelikt und der Tatbestand bereits mit dem Werbegespräch, d. h. mit dem bloßen Ansprechen des Umworbenen erfüllt. Durch das bloße Angesprochen-Werden begibt sich der Umworbene jedoch nicht freiwillig in die Rolle des Unternehmers, so dass es unbillig wäre, dem Werbeadressaten in dieser Situation den Verbraucherschutz zu versagen. Daraus folgt, dass der Umworbene auch in den Fällen, in denen er Ware abnehmen soll, um eine Tätigkeit als Vertriebsrepräsentant aufnehmen zu können, in dem Zeitpunkt, in dem er angesprochen wird und die Tathandlung des § 16 Abs. 2 UWG erstmalig begangen wird, als Verbraucher anzusehen ist.[279]

(3) Der Erwerb einer Beratergrundausstattung

Einige Multi-Level-Marketing-Unternehmen empfehlen dem neu angeworbenen Vertriebsrepräsentanten, eine Beratergrundausstattung zu erwerben. Diese kauft der Vertriebsmitarbeiter nicht zu seinem eigenen Gebrauch, sondern um seinen potentiellen Kunden die von ihm vertriebenen Produkte anschaulich präsentieren zu können. Der Erwerb der Beratergrundausstattung erfolgt somit im Hinblick auf seine zukünftige Tätigkeit als Verkaufsberater als Existenzgründungsgeschäft. Wie bereits ausgeführt, handelt der Existenzgründer bei Abschluss eines solchen Rechtsgeschäfts grundsätzlich als Unternehmer. Hingegen ist der Umworbene im Sinne des § 16 Abs. 2 UWG in dem Zeitpunkt, in dem er im Rahmen eines Anwerbegesprächs auf eine Tätigkeit im Multi-Level-Marketing-System lediglich angesprochen wird, ohne selbst tätig zu werden, als Verbraucher einzustufen, da er sonst ohne eigenes Zutun zum Unternehmer würde.[280] Dieser Gesichtspunkt kommt beim Erwerb der Beratergrundausstattung jedoch nicht zum Tragen, denn dem Angeworbenen wird der Kauf der Beratergrundausstattung erst dann empfohlen, wenn er sich zur Aufnahme seiner Tätigkeit bereits entschlossen und sich freiwillig in die Rolle des Unternehmers begeben hat. Der Kauf der Beratergrundausstattung ist damit ein Existenzgründungsgeschäft, das der angeworbene Endkunde

---

[278] So OLG Hamm, Beschluss vom 09.12.2008, 2 Ws 312/08; Mäsch/Hesse, GRUR 2010, 10 ff.
[279] Zum Tatbestandsmerkmal des Verbrauchers im Rahmen von Pyramidensystemen vgl. Abschnitt D.I.2.b)cc)(2).
[280] S. o. Abschnitt D.I.2.b)cc)(2)(b)(cc)(χ).

als Unternehmer abschließt.[281] Hinsichtlich dieser Art von Warenabnahme kann der Tatbestand der progressiven Kundenwerbung daher nicht verwirklicht werden.

(4) Zusammenfassung

Sowohl der an einem reinen Verkaufsgespräch teilnehmende Kunde als auch der Kunde im Rahmen eines kombinierten Verkaufs- und Anwerbegesprächs erwerben die Produkte des Multi-Level-Marketing-Unternehmens als Verbraucher. Sollte das Unternehmen die Tätigkeit als Vertriebsrepräsentant vom vorherigen Kauf von Ware abhängig machen, ist der Umworbene in dem Zeitpunkt, in dem er durch das Anwerbegespräch zu dieser Warenabnahme veranlasst werden soll, ebenfalls Verbraucher. Den Kaufvertrag über eine Beratergrundausstattung schließt der angeworbene Endkunde hingegen als Unternehmer ab.

d)   Das Versprechen von besonderen Vorteilen

Der Tatbestand des § 16 Abs. 2 UWG setzt das Versprechen besonderer Vorteile durch den Täter voraus.

aa)   Besondere Vorteile

Die vom Veranstalter versprochenen Vorteile sind das Lockmittel, um den Kunden dazu zu bewegen, dem System als aktiver Teilnehmer beizutreten. Vorteile sind alle vermögenswerten Zuwendungen, die den Empfänger wirtschaftlich oder rechtlich besser stellen und auf die er keinen rechtlich begründeten Anspruch hat.[282] Prämien, Boni, Umsatzprovisionen, Vermittlungsprovisionen für Versicherungsverträge und ähnliche Leistungsanreize sind ausreichend.[283]

Der Zusatz „besondere" will den Vorteilsbegriff auf die Zuwendungen beschränken, die geeignet sind, die typische Dynamik eines Systems der progressiven Kundenwerbung in Gang zu setzen.[284] Der Vorteil muss nach allgemeiner Lebenserfahrung den Empfänger geneigt machen, planmäßig zu versuchen, weitere Kunden anzuwerben.[285] Mit der Einfügung des Wortes „besondere" sollen belanglose, geringwertige Vorteile ausgeschieden werden, die diese Eignung nicht haben.[286]

---

[281]   S. o. Abschnitt D.I.2.c)dd).
[282]   Brammsen, in: MüKo UWG, § 16 Rn. 90.
[283]   Rengier, in: Fezer, UWG, § 16 Rn. 148; Bläse, S. 128 und 166.
[284]   BGHSt 43, 270, 275; BT-Drucks. 10/5058, S. 39.
[285]   Brammsen, in: MüKo UWG, § 16 Rn. 91.
[286]   BT-Drucksache 10/5058, S. 39.

(1) Einkaufsrabatte als besondere Vorteile

Besondere Vorteile könnten in den vom Unternehmen gewährten Rabatten auf die vom Vertriebsrepräsentanten bestellten Produkte liegen. Je höher der Wert der bestellten Ware ist, desto größer ist der vom Unternehmen gewährte Preisnachlass und damit der Gewinn des Vertriebspartners aus der Handelsmarge. Eine solche Rabattstaffel ist jedoch nicht nur für das Multi-Level-Marketing-System typisch, sondern ist überall im Wirtschaftsverkehr anzufinden, z. B. im Auto-, Computer- oder Möbelhandel.[287] Dass auch im Multi-Level-Marketing-System Rabatte gewährt werden, deren Höhe vom Bestellvolumen abhängt, macht diese Vergünstigungen somit nicht zu besonderen Vorteilen im Sinne des § 16 Abs. 2 UWG.

(2) Provisionen als besondere Vorteile

Besondere Vorteile könnten jedoch die Provisionen für den Aufbau einer eigenen Vertriebsstruktur sein, die der Systembetreiber bzw. die Vertriebsrepräsentanten den Umworbenen beim Anwerben in Aussicht stellen. Die Provisionen sind abhängig von den Umsätzen der von dem Angeworbenen nachfolgend Akquirierten. Bei entsprechenden Umsätzen sind die Provisionen so hoch, dass sie ein zusätzliches Einkommen darstellen können und sind daher mit den üblichen Werbeprämien für die Anwerbung neuer Mitglieder, beispielsweise in einem Buchclub, nicht vergleichbar.[288] Es handelt sich daher grundsätzlich um „besondere Vorteile" im Sinne des § 16 Abs. 2 UWG.

Etwas anderes könnte jedoch dann gelten, wenn die Provisionen an Aufgaben geknüpft sind, die eine gesonderte Vergütung erforderlich machen. Die Provisionen könnten dann als echte Gegenleistung für den Arbeitseinsatz im Multi-Level-Marketing-Unternehmen gezahlt werden und damit eine für diesen Arbeitseinsatz übliche Vergütung für die Mitarbeiterbetreuung und Mitarbeiterausbildung darstellen. Nach einer in der Literatur vertretenen Ansicht trifft dieser Gedanke auf das Multi-Level-Marketing-System zu.[289] Dem ist jedoch entgegenzutreten, denn die Provisionen für den Aufbau einer eigenen Vertriebsstruktur sind zusätzliche Vergünstigungen, die in der Regel nicht mit einem entsprechend dauerhaft erhöhtem Arbeitseinsatz verbunden sind. Zwar ist der Anwerbende zunächst mit einer zeitintensiven Einarbeitung und Betreuung der von ihm Akquirierten beschäftigt, denn

---

[287] So auch Otto/Brammsen, WiB 1996, 281, 289.
[288] Otto/Brammsen, WiB 1996, 281, 288.
[289] S.o. Abschnitt D.II.1.b); Brammsen. in: MüKo UWG, § 16 Rn. 93; Brammsen/Leible, BB 1997, Beilage 10 zu Heft 32, 1, 8; Otto/Brammsen, WiB 1996, 281, 291.

aufgrund der Abhängigkeit der versprochenen Provisionen von den Umsätzen der Angeworbenen ist es den Anwerbern wichtig, die von ihnen jeweils unmittelbar Akquirierten auszubilden und zu motivieren, damit diese ein möglichst großes Umsatzvolumen erzielen. Der Angeworbene hat jedoch auch selbst einen Anreiz, sich möglichst schnell zu qualifizieren, damit er selbst die Verdienstmöglichkeiten für den Aufbau einer eigenen Vertriebsstruktur ausschöpfen kann. Es ist daher davon auszugehen, dass er bereits durch die ihm in Aussicht gestellten Provisionen motiviert wird und durch seine Lernbereitschaft die Betreuung und Ausbildung mit zunehmendem Zeitablauf entbehrlich wird.

Tatsächlich mag es auch Multi-Level-Marketing-Unternehmen geben, in denen jeder Anwerbende dauerhaft mit Führungsaufgaben betraut wird. In diesen Fällen handelt es sich bei den Provisionen für den Aufbau der eigenen Vertriebsstruktur nicht um besondere Vorteile im Sinne des § 16 Abs. 2 UWG, denn sie stellen dann eine gesonderte Vergütung und damit eine echte Gegenleistung für den Arbeitseinsatz im Multi-Level-Marketing-Unternehmen dar. Die Lebenserfahrung spricht jedoch dafür, dass die Anwerbenden bei den meisten Multi-Level-Marketing-Unternehmen keine dauerhaften Führungspositionen einnehmen können, da nicht für jeden anwerbenden Vertriebsrepräsentanten eine solche zur Verfügung stehen wird.

Die Betreuungs- und Schulungsaufgaben des Anwerbenden nehmen also in der Regel nach einer gewissen Zeit ab, da die von ihm Angeworbenen selbst so qualifiziert sind, dass sie sich eine eigene Vertriebsstruktur aufbauen. Zugleich erhält der Akquirierende umso mehr Provisionen aus den Verkäufen der Downline, je höher die Stufe ist, auf der er sich befindet. Nach einer gewissen Zeit erlangt der Anwerbende damit Provisionen, die nicht mehr von seinem aktuellen eigenen Zutun abhängig sind. Die für den Aufbau einer Vertriebstruktur in Aussicht gestellten Provisionen sind daher in der Regel nicht mit so sehr ins Gewicht fallenden Aufgaben verbunden, dass sie eine derartige Vergütung erforderlich machen und sind deshalb als „besondere Vorteile" im Sinne des § 16 Abs. 2 UWG anzusehen.

bb)   Versprechen der besonderen Vorteile

Diese besonderen Vorteile müssten vom Täter versprochen werden. Versprechen ist eine einseitige empfangsbedürftige Willenserklärung, nämlich die Zusage bzw.

die Zusicherung, künftig etwas Bestimmtes zu tun bzw. etwas werde künftig passieren.[290]

(1) Das reine Verkaufsgespräch

Im Rahmen eines reinen Verkaufsgesprächs werden dem Umworbenen keine besonderen Vorteile in Aussicht gestellt. Dem Umworbenen werden allein die Vorzüge der angebotenen Ware verdeutlicht, um den Erhalt von Provisionen für den Aufbau einer Vertriebsstruktur geht es in einem reinen Verkaufsgespräch nicht. Daher verwirklicht derjenige, der sich bei einer Tätigkeit als Vertriebsrepräsentant auf den reinen Warenverkauf beschränkt, ohne andere für eine solche Tätigkeit anwerben zu wollen, bereits aus diesem Grund den Tatbestand des § 16 Abs. 2 UWG nicht.

(2) Das kombinierte Verkaufs und Anwerbegespräch

Anderes gilt für das Anwerben im Rahmen eines kombinierten Verkaufs- und Anwerbegesprächs. Die Höhe der Provisionen und die Voraussetzungen, die an ihren Erhalt geknüpft sind, sind im Marketing-Plan des jeweiligen Unternehmens festgelegt.[291] Dieser enthält somit die Zusage, dass unter einer bestimmten Bedingung ein bestimmter Geldbetrag vom Unternehmen ausgezahlt wird. Die anwerbenden Systemmitglieder verweisen im Rahmen ihrer Akquisitionsbemühungen auf die im Marketing-Plan dargestellten Vergütungsstufen. Dies genügt zur Erfüllung dieses Tatbestandsmerkmals.

cc) Zwischenergebnis

Im Multi-Level-Marketing werden dem Angeworbenen vom Anwerbenden – anders als zum Teil in der Literatur vertreten[292] – regelmäßig besondere Vorteile in Form von Provisionen für den Aufbau einer eigenen Vertriebsstruktur versprochen. Dieses Tatbestandsmerkmal entfällt ausnahmsweise dann, wenn das Multi-Level-Marketing-Unternehmen die Akquirierenden mit dauerhaften Führungsaufgaben betraut, die über die bloße Schulung der von ihnen unmittelbar Angeworbenen hinausgehen und die durch die ausgezahlten Provisionen angemessen vergütet werden.

---

[290] Brammsen, in: MüKo UWG, § 16 Rn. 89; Otto, wistra 1997, 81, 86.
[291] S. o. Abschnitt B.II.1.b)jj).
[292] Brammsen. in: MüKo UWG, § 16 Rn. 93; Brammsen/Leible, BB 1997, Beilage 10 zu Heft 32, 1, 8; Otto/Brammsen, WiB 1996, 281, 291.

e) Kausalität des Versprechens für die Warenabnahme

Weitere Tatbestandsvoraussetzung des § 16 Abs. 2 UWG ist die Kausalität des Vorteilsversprechens für die Warenabnahme. Der Täter muss den anderen durch das Versprechen besonderer Vorteile zur Warenabnahme veranlassen oder dies versuchen. Die Anwerbetätigkeit im Rahmen eines Multi-Level-Marketing-Systems kann somit den Tatbestand des § 16 Abs. 2 UWG nur dann erfüllen, wenn der materielle Anreiz für den Abnehmer in der Anwerbung weiterer Verkäufer für dieses System besteht, um die dafür versprochenen Provisionen zu erlangen. Denn nur in diesem Fall sind die versprochenen Provisionen kausal für die Warenabnahme. Fraglich ist, ob dies im Rahmen eines kombinierten Verkaufs- und Anwerbegesprächs der Fall ist. Das setzt voraus, dass derjenige, der im Rahmen eines kombinierten Verkaufs- und Anwerbegesprächs sowohl Produkte kauft bzw. kaufen soll als auch einen Beratervertrag abschließt bzw. abschließen soll, hierzu gerade durch die in Aussicht gestellten Provisionen veranlasst wird bzw. werden soll.

Ist die Tätigkeit als Vertriebsrepräsentant im Multi-Level-Marketing-Unternehmen nicht an den vorherigen Kauf von Ware geknüpft, sind die für diese Tätigkeit in Aussicht gestellten Provisionen auch nicht kausal für die Warenabnahme. Der spätere Berater erwirbt die Produkte unabhängig von der zukünftigen Vertriebstätigkeit, weil er ein Interesse an der Ware selbst hat, nicht aber weil er Provisionen erhalten will.

Fraglich ist, ob die in Aussicht gestellten Prämien und Provisionen dann kausal für die Warenabnahme sind, wenn eine Tätigkeit als Vertriebspartner ausschließlich möglich ist, wenn der zukünftige Vertriebsrepräsentant zuvor Produkte des jeweiligen Unternehmens gekauft hat. Dies setzt voraus, dass jemand nur die Produkte des Multi-Level-Marketing-Unternehmens erwirbt oder erwerben soll, um dann selbst Vertriebspartner zu werden und dann die für den Aufbau einer eigenen Vertriebsstruktur versprochenen Provisionen zu erhalten.

Dieser Kausalverlauf wird von einigen Stimmen abgelehnt.[293] Beweggrund für die Warenabnahme des angeworbenen Endkunden sei zwar durchaus der Eintritt in das Vertriebssystem, nicht jedoch die damit verbundenen Provisionen für den Aufbau einer Vertriebsstruktur. Vielmehr komme es dem Angeworbenen auf den Gewinn aus der Handelsspanne an. Bezwecke der Akquirierte allein den Aufbau einer Vertriebsstruktur, so verzichte er auf den sicheren Absatzmarkt aus der Handelsmarge

---

[293] So insbesondere Otto/Brammsen, WiB 1996, 281, 287, s.o. Abschnitt D.II.1.b).

zugunsten einer unsicheren Gewinnbeteiligungschance. Dieser Umstand stehe außerhalb jeder Lebenserfahrung.[294]

Dem kann nicht ohne weiteres gefolgt werden. Dass der Angeworbene sich im Rahmen eines kombinierten Verkaufs- und Anwerbegesprächs zum Warenerwerb entschließt, um sich als Systemmitglied eine eigene Vertriebsstruktur aufzubauen, ist denkbar, soweit hieraus beachtliche Gewinne gezogen werden können. Grundsätzlich ist die Anzahl der Ebenen beim Multi-Level-Marketing-System nicht begrenzt.[295] Je mehr Ebenen die Downline eines Vertriebsrepräsentanten aufweist, umso größer werden seine Aussichten auf hohe Gewinne, denn er erhält Provisionen in Abhängigkeit von den Umsätzen seiner gesamten Downline. Sofern die in Aussicht gestellte Provision vom Umsatzvolumen der Downline abhängig ist, besteht für den Akquirierten zwar eine Ungewissheit in Bezug auf diese Provisionen, jedoch erhält er die Chance auf einen so großen Gewinn, dass es durchaus realistisch erscheint, dass sich ein Kunde für eine Warenabnahme gerade aus dem Grund entscheidet, die Provisionen aus dem Aufbau einer Vertriebsstruktur zu erhalten.

Auch wenn es einigen Vertriebsmittlern primär auf den Gewinn aus der Handelsspanne ankommen mag, so sind die in Aussicht gestellten Provisionen für den Aufbau einer Vertriebsstruktur aufgrund ihrer möglichen Höhe so attraktiv, dass sie durchaus zumindest einen Grund für die Warenabnahme darstellen können, vorausgesetzt, der Eintritt in das jeweilige Multi-Level-Marketing-System ist von einem vorherigen Erwerb von Ware abhängig. Der zukünftige Vertriebsrepräsentant nimmt dann Ware ab, um durch die Aufnahme einer Tätigkeit die versprochenen Provisionen zu erhalten.

Festzuhalten ist damit, dass ein Kausalzusammenhang zwischen den versprochenen Prämien für die Akquisition von Vertriebspartnern nur besteht, wenn eine Tätigkeit im System vom vorherigen Warenerwerb abhängig ist. Nur in diesen Fällen kann der Tatbestand des § 16 Abs. 2 UWG erfüllt werden. Ist der Warenerwerb hingegen nicht Voraussetzung für eine Tätigkeit im Multi-Level-Marketing-System, erwirbt der Angeworbene die Produkte nicht im Hinblick auf den Erhalt von Provisionen, sondern allein aus echtem Interesse an der Ware. Mangels des erforderlichen Kausalzusammenhangs wird der Tatbestand des § 16 Abs. 2 UWG dann nicht erfüllt.

---

[294] Otto/Brammsen, WiB 1996, 281, 287 f.; Brammsen/Leible, BB 1997, Beilage 10 zu Heft 32, 1, 7.
[295] Vgl. Brammsen, EWS 2001, 312, 317.

f) Veranlassen anderer zum Abschluss gleichartiger Geschäfte

Der Täter muss dem anderen die besonderen Vorteile dafür in Aussicht stellen, dass er andere zum Abschluss gleichartiger Geschäfte veranlasst. Die besonderen Vorteile stellen nach dem Tatbestand des § 16 Abs. 2 UWG also eine „Entlohnung" dafür dar, dass der Angeworbene selbst zum Werber wird und andere wiederum durch das Versprechen besonderer Vorteile zur Warenabnahme veranlasst.[296] Durch das Versprechen von Vorteilen wird daher der Anreiz dafür geschaffen, dem System dauerhaft weitere Teilnehmer zuzuführen. Der Gesetzgeber beschreibt durch dieses Tatbestandsmerkmal das progressive Element der von ihm unter Strafe gestellten Systeme.

Im Multi-Level-Marketing-System werden die „besonderen Vorteile" dafür gezahlt, dass sich der Vertriebsrepräsentant eine eigene Vertriebsstruktur aufbaut, indem er andere veranlasst, ebenfalls als Vertriebsrepräsentant bei dem jeweiligen System tätig zu werden.[297] Somit sind auch hier die in Aussicht gestellten Vorteile abhängig von der personalen Expansion des Vertriebssystems. Im Multi-Level-Marketing-System besteht aber daneben die Besonderheit, dass – gerade im Gegensatz zu Schneeball- und Pyramidensystemen – allein die personale Expansion nicht ausreicht, die Provisionen zu erhalten, denn diese sind abhängig von den Umsätzen der Angeworbenen. Fraglich ist daher, ob § 16 Abs. 2 UWG voraussetzt, dass die besonderen Vorteile allein für das Akquirieren weiterer Mitglieder, das heißt als bloße „Kopfprämien", gezahlt werden,[298] oder ob auch ein Vorteilsversprechen für „das Veranlassen anderer zum Abschluss gleichartiger Geschäfte" vorliegt, wenn das Erlangen der besonderen Vorteile von einer zusätzlichen Voraussetzung, nämlich dem Produktabsatz der Angeworbenen an Endverbraucher, abhängig gemacht wird. Diese Frage ist mit Hilfe der vorhandenen Auslegungsmethoden zu beantworten.

---

[296] Brammsen, in: MüKo UWG, § 16 Rn. 96.
[297] Die Untersuchung dieses Tatbestandsmerkmals bezieht sich ausschließlich auf die Systeme, in denen eine Tätigkeit als Vertriebsrepräsentant vom vorherigen Warenerwerb abhängig ist. Die Systeme, die einen solchen Warenerwerb nicht voraussetzen, sind bereits aufgrund fehlender Kausalität vom Tatbestand des § 16 Abs. 2 UWG nicht umfasst und werden daher bei der Prüfung der übrigen Tatbestandsmerkmale nicht berücksichtigt.
[298] So wohl Brammsen, in: MüKo UWG, § 16 Rn. 96.

aa) Wortlaut der Norm

Im ersten Schritt geht die Gesetzesauslegung vom Wortsinn aus.[299] Unter dem Wortsinn ist die Bedeutung nach dem allgemeinen oder, falls vorhanden, nach dem besonderen Sprachgebrauch zu verstehen.[300] Der mögliche Wortsinn einer Strafnorm bildet ihre absolute Auslegungsgrenze, denn für den Normadressaten muss das Risiko einer Bestrafung erkennbar sein.[301] Dieses Verbot täterbelastender Analogie ist in § 1 StGB sowie in Art. 103 Abs. 2 GG gesetzlich festgelegt.[302]

Nach dem Wortlaut des § 16 Abs. 2 UWG müssen die besonderen Vorteile dafür gezahlt werden, dass die Systemmitglieder andere zum Abschluss gleichartiger Geschäfte veranlassen. Die Vorteile müssen nach dem Wortlaut also an das Systemmitglied gezahlt werden, sobald es selbst zum Werber wird und einen anderen Kunden geworben d. h. zum Kauf von Ware veranlasst hat. Die Auslegung nach dem Wortlaut legt daher das Verständnis nahe, dass die Provisionen nach dem Tatbestand des § 16 Abs. 2 UWG allein für den Anwerbevorgang, das heißt als bloße „Kopfprämien" gezahlt werden müssen.

Auf der anderen Seite schließt der Wortlaut des § 16 Abs. 2 UWG aber auch nicht aus, dass die besonderen Vorteile neben dem Anwerben von einer zusätzlichen Voraussetzung, zum Beispiel dem Absatz von Ware durch die Angeworbenen an Endkunden, wie es im Multi-Level-Marketing-System der Fall ist, abhängig sein können. Das Anwerben weiterer Vertriebsrepräsentanten ist nämlich in jedem Fall Grundvoraussetzung für den Erhalt von Provisionen. Der Mitarbeiter muss sich zunächst durch das Akquirieren weiterer Personen eine eigene Vertriebsstruktur aufbauen, um diese Vergünstigungen überhaupt erhalten zu können. Die konkrete Höhe der Provisionen ist dann von den Umsätzen der Angeworbenen abhängig. Das Anwerben ist also stets zumindest mittelbare Voraussetzung für den Erhalt von Provisionen.

Der Wortlaut des § 16 Abs. 2 UWG gibt folglich keinen eindeutigen Aufschluss darüber, ob die versprochenen Provisionen allein für das bloße Anwerben versprochen werden müssen oder ob die darüber hinaus gegebene Abhängigkeit ihrer Höhe

---

[299] BGHSt 3, 259, 262; 14, 116, 118; 18, 151, 152; 19, 305, 307; Zippelius, JZ 1976, 150, 151.
[300] Eser, in: Schönke/Schröder, § 1 Rn. 37.
[301] Schmahl, in: Schmidt-Bleibtreu/Hofmann/Hopfauf, GG, Art. 103 Rn. 33.
[302] Näher zum Analogieverbot: Eser, in: Schönke/Schröder, § 1 Rn. 24 ff.; Schmitz, in: MüKo StGB, § 1 Rn. 55 ff.; Rudolphi in: Systematischer Kommentar zum StGB, § 1 Rn. 22 ff; Gribbohm, in: Leipziger Kommentar, § 1 Rn. 72 ff.

vom Produktverkauf an Endverbraucher ebenfalls tatbestandsmäßig ist. Es sind daher weitere Auslegungskriterien heranzuziehen.

bb) Wille des Gesetzgebers

Bei der Auslegung einer Norm ist der Wille des Gesetzgebers bei Schaffung des Gesetzes zu betrachten. Zu untersuchen ist, was ein Gesetz, das bestimmte soziale Probleme in einer bestimmten Weise geregelt hat, damit vernünftigerweise bezwecken wollte, welche Werturteile der damaligen Kulturgemeinschaft damit zum Ausdruck gebracht sind.[303] Der Gesetzgeber wollte mit der Einführung des § 16 Abs. 2 UWG bzw. des § 6c UWG a. F. eine besonders gefährliche Form unlauteren Wettbewerbs mit Mitteln des Strafrechts wirksam bekämpfen. Die strafwürdige progressive Kundenwerbung verbinde die Vertriebsorganisation des werbenden Unternehmens mit der Werbung insbesondere von und durch Laien, denen für den Fall der Anwerbung weiterer Kunden besondere Vorteile in Aussicht gestellt würden.[304] Ob die Vorteile bereits allein für die Anwerbung versprochen werden oder auch von anderen Voraussetzungen abhängig sein können, erklärt der Gesetzgeber nicht. Dass er den letztgenannten Fall nicht in den Wortlaut des § 16 Abs. 2 UWG aufgenommen hat, könnte darauf schließen lassen, dass dieser den Tatbestand des § 16 Abs. 2 UWG nicht verwirklichen soll. Eventuell war ihm die Möglichkeit einer solchen Fallkonstellation bei Schaffung des Straftatbestandes aber auch gar nicht bewusst. Der Gesetzesbegründung lässt sich ein solches Bewusstsein des Gesetzgebers jedenfalls nicht entnehmen. Eine Auslegung nach dem gesetzgeberischen Willen führt daher ebenfalls zu keiner eindeutigen Antwort auf die gestellte Rechtsfrage.

cc) Richtlinie 2005/29/EG

Für die Auslegung des § 16 Abs. 2 UWG könnte sich die Richtlinie 2005/29/EG des Europäischen Parlaments und des Rates vom 11.05.2005 (Richtlinie über unlautere Geschäftspraktiken) heranziehen lassen. Diese enthält eine eigene Definition der Schneeball- und Pyramidensysteme.[305]

---

[303] Eser, in: Schönke/Schröder, § 1 Rn. 41, der ein einseitiges Abstellen auf den historisch-psychologischen Willen des Gesetzgebers ablehnt; ebenso Stratenwerth, Festschrift für Oscar Adolf Germann, 257, 266, nach dem der Umstand, dass eine bestimmte Auslegung des Gesetzes dem Willen des Gesetzgebers entspricht, niemals für sich allein genügt, um sie als verbindlich erscheinen zu lassen.
[304] BT-Drucksache 10/5058, S. 38.
[305] Peifer, in: Fezer, Anhang UWG Nr. 14, Rn. 6.

Die Richtlinie bezweckt den Schutz von Verbrauchern vor den Auswirkungen unlauterer Geschäftspraktiken.[306] Sie erhält in ihrem Anhang I eine Liste mit Verhaltensweisen, die ohne zusätzliche Bewertung der Begleitumstände unter allen Umständen als unlauter gelten und untersagt sind (sog „schwarze Liste" oder „black list"). Unabhängig von der Erheblichkeit des Verstoßes, seiner Umstände und Auswirkungen sind alle Geschäftspraktiken der „black list" automatisch verboten. Nach Ziffer 14 der „black list" gilt unter allen Umständen als unlauter:

Einführung, Betrieb oder Förderung eines Schneeballsystems zur Verkaufsförderung, bei dem der Verbraucher die Möglichkeit vor Augen hat, eine Vergütung zu erzielen, die hauptsächlich durch die Einführung neuer Verbraucher in ein solches System und weniger durch den Verkauf oder den Verbrauch von Produkten zu erzielen ist.

Der deutsche Gesetzgeber hat diese Richtlinie durch das Erste Gesetz zur Änderung des Gesetzes gegen den unlauteren Wettbewerb (1. UWGÄndG) vom 22.12.2008 in nationales Recht umgesetzt und die „black list" mit einer leichten Änderung der vom europäischen Gesetzgeber vorgenommenen Formulierung in das UWG aufgenommen. Gemäß Ziffer 14 des Anhangs zu § 3 Abs. 3 ist stets unzulässig:

Die Einführung, der Betrieb oder die Förderung eines Systems zur Verkaufsförderung, das den Eindruck vermittelt, allein oder hauptsächlich durch die Einführung weiterer Teilnehmer in das System könne eine Vergütung erlangt werden (Schneeball- oder Pyramidensystem)

Nach Ansicht des europäischen sowie des nationalen Gesetzgebers sind Schneeball- bzw. auch Pyramidensysteme Vertriebssysteme, bei denen die Vergütung hauptsächlich aus der Zahlung von bloßen „Kopfgeldern" für die Anwerbung weiterer Systemteilnehmer besteht, denn nach der Richtlinie und deren Umsetzung im UWG muss das <u>Anwerben weiterer Teilnehmer</u> für die Zahlung einer Vergütung maßgeblich sein. Der Begriff der Vergütung ist in diesem Zusammenhang weit zu verstehen. Hierunter fällt auch der „Teilnehmerbeitrag", der bei Eintritt in das System zu leisten ist.[307]

Multi-Level-Marketing-Systeme sind keine Systeme im Sinne der „black list", denn bei ihnen wird die Vergütung nicht allein oder hauptsächlich durch die Ein-

---

[306] Amtsblatt der Europäischen Union vom 11.06.2005, L 149/22, L149/23.
[307] Peifer, in: Fezer, Anhang UWG Nr. 14, Rn. 10

führung weiterer Teilnehmer in das System erzielt. Zum einen besteht die Vergütung des Vertriebsrepräsentanten nämlich aus der Handelsmarge, die er dadurch erhält, dass er selbst die Produkte des Multi-Level-Marketing-Unternehmens verkauft. Aber auch, wenn sich der Vertriebspartner eine eigene Vertriebsstruktur aufbaut, wird die Vergütung zu einem wesentlichen Teil über den Verkauf oder Verbrauch von Produkten und gerade nicht hauptsächlich durch das Anwerben weiterer Verkaufsmitarbeiter erzielt, mit der Besonderheit, dass der Vertriebsrepräsentant den Verkauf nicht selbst tätigt, sondern die von ihm Angeworbenen. Stellt auch das Einführen weiterer Vertriebsmitarbeiter in das System die Grundvoraussetzung für den Erhalt der Prämien dar, so sind diese ebenfalls von den durch den Verkauf der Produkte erzielten Umsätzen der Angeworbenen abhängig.

Aus Ziffer 14 des Anhangs zu § 3 Abs. 3 UWG kann daher nach Ansicht der Verfasserin der Schluss gezogen werden, dass Systeme, die eine Vergütung in der Form „bloßer Kopfprämien" anbieten, vom europäischen Gesetzgeber als besonders negativ eingestuft werden, da er sie ohne Wertungsmöglichkeit verbietet. Im Umkehrschluss hierzu hält er das Multi-Level-Marketing-System offenbar für weniger gefährlich. Dies legt den Schluss nahe, dass das Multi-Level-Marketing-System erst recht nicht unter Strafe zu stellen ist.[308] Allerdings macht die Richtlinie 2005/29/EG keine Vorgaben in Bezug auf Strafvorschriften, so dass der deutsche Gesetzgeber nicht gehindert wäre, dass Multi-Level-Marketing-System unter Strafe zu stellen. Ob daher das Multi-Level-Marketing-System neben Schneeball- und Pyramidensystemen von § 16 Abs. 2 UWG umfasst wird oder nicht, lässt sich unter Hinzuziehung der Richtlinie 2005/29/EG nicht abschließend beantworten.

dd) § 16 Abs. 2 UWG als Strafnorm

Fraglich ist, ob aus der Tatsache, dass § 16 Abs. 2 UWG als Strafnorm ausgestaltet worden ist, Schlüsse für die Auslegung dieses Tatbestandes gezogen werden können.

Nach einer Auffassung gebietet es das Strafrecht, Normen restriktiv auszulegen.[309] Eine solche Auslegung könnte bereits deshalb geboten sein, weil durch die Bestrafung eines Verhaltens in schwerwiegender Art und Weise in die Grundrechte eines

---

[308] So im Ergebnis Micklitz, in: MüKo UWG, EG J, Rn. 8, der davon ausgeht, das Multi-Level-Marketing-System habe durch die Einführung der Richtlinie 2005/29/EG eine Legalisierung erfahren.
[309] Geerds, Festschrift für Karl Engisch, 406, 420; BayObLG, NStZ 1999, 563, 564 zur Auslegung im Falle eines Meinungsstreits.

Täters eingegriffen wird. Zudem enthält Art. 103 Abs. 2 GG den Grundsatz, dass die Strafbarkeit eines Verhaltens vor der Tat gesetzlich bestimmt sein muss. Der Einzelne soll von vornherein wissen können, was strafrechtlich verboten ist und welche Strafe ihm für den Fall des Verstoßes gegen jenes Gebot droht.[310] Die Einbeziehung dieses Gedankens spräche dafür, dass der Umstand, dass die in Aussicht gestellte Vergütung nicht nur von bloßen „Kopfprämien", sondern auch vom Absatz der Produkte an Endverbraucher abhängig ist, dem Tatbestand des § 16 Abs. 2 UWG nicht unterfällt.

Nach gefestigter Rechtsprechung und herrschender Meinung im Schrifttum ist eine Auslegung nach den anerkannten Regeln aber auch dann zulässig, wenn sie zum Nachteil des Täters wirkt.[311] Der Grundsatz „in dubio pro reo" beziehe sich nur auf die Feststellung von Tatsachen, er sei im Bereich der Auslegung von Gesetzen nicht anwendbar.[312]

Die letztgenannte Auffassung überzeugt. Der Gedanke aus Art. 103 Abs. 2 GG gebietet keine restriktive Auslegung, sondern enthält allein das Verbot täterbelastender Analogie. Innerhalb der Wortlautgrenze ist die Auslegung einer Norm hingegen zulässig. Jede Norm, auch eine Strafnorm, ist für eine Vielzahl von Fällen konzipiert und muss daher ein hohes Abstraktionsniveau erzielen. Daher kann auch bei Strafvorschriften durch Auslegung ermittelt werden, ob die betreffende Handlung unter eine bestimmte Norm zu fassen ist oder nicht. Dass im Strafrecht grundsätzlich eine restriktive Interpretation zur Anwendung kommen soll, findet im Gesetz keine Stütze.

Da der Charakter des § 16 Abs. 2 UWG als Strafnorm keine restriktive Auslegung gebietet, ist eine Einbeziehung der Fälle, dass die besonderen Vorteile zusätzlich vom Absatz der Angeworbenen an Endkunden abhängig sind, in den Straftatbestand der progressiven Kundewerbung grundsätzlich möglich.

---

[310] BVerfG, NJW 1969, 1059, 1060.
[311] BVerfG, NJW 1991, 2823; RGSt 58, 312, 314; BGHSt 1, 74, 78; 6, 131, 133; Schulze-Fielitz, in: Dreier, GG, Art. 103 II Rn. 46; Degenhart, in: Sachs, GG, Art. 103 Rn. 70; Rüping, in: Bonner Kommentar, Art. 103 Abs. 2 Rn. 49; Kunig, in: v. Münch/Kunig, Art. 103 Rn. 23; Gribbohm, in: Leipziger Kommentar zum StGB, § 1 Rn. 84; Eser, in: Schönke/Schröder, § 1 Rn. 51; Maurach/Zipf, Strafrecht AT, § 9 Rn. 7.
[312] BGHSt 14, 68, 73; Dannecker, in: Leipziger Kommentar zum StGB, § 1 Rn. 293; Tiedemann, Wirtschaftsstrafrecht AT Rn. 117.

ee) Sinn und Zweck

Ein wichtiges Kriterium für die Auslegung einer Norm ist ihr Sinn und Zweck.[313] Für die Auslegung nach dem Sinn und Zweck einer Norm ist die Bestimmung des geschützten Rechtsgutes maßgeblich. Welche Rechtsgüter § 16 Abs. 2 UWG schützt, ist im obigen Abschnitt untersucht worden.[314] Es ist festgestellt worden, dass der Straftatbestand der progressiven Kundenwerbung dem Schutz der Verbraucher vor Beeinträchtigung in ihrer Entscheidungsfreiheit sowie vor zweckverfehltem Mitteleinsatz dient. Darüber hinaus schützt § 16 Abs. 2 UWG auch die Mitbewerber sowie das Interesse der Allgemeinheit an einem unverfälschten Wettbewerb.

Zu untersuchen ist, ob ein solcher Schutz auch erforderlich ist, wenn die von dem anwerbenden Systembetreiber oder Vertriebsrepräsentanten in Aussicht gestellten Provisionen für den Aufbau einer eigenen Vertriebsstruktur von dem Absatz der Angeworbenen an Endverbraucher abhängig sind. Hierzu ist das Multi-Level-Marketing mit anderen Systemen strafbarer progressiver Kundenwerbung zu vergleichen, bei denen die anlockenden Vorteile bereits als bloße „Kopfprämien" gezahlt werden. In solchen Systemen werden Produkte in die Systemstruktur hinein verkauft. Es geht den Abnehmern nicht um den Gebrauch eines nützlichen und hochwertigen Produkts, sondern allein darum, mit dem Erwerb des Produkts in das System eintreten zu können und die Möglichkeit zu erhalten, die für die Anwerbung weiterer Teilnehmer in Aussicht gestellten Vorteile zu erzielen. Dieser Umstand führt zu einer Wettbewerbsverfälschung, denn für den Erfolg des jeweiligen Produkts auf dem Markt sind seine Eigenschaften wie Art und Qualität nicht entscheidend.

Sind die Provisionen hingegen vom Absatz der Ware an Endverbraucher abhängig, können Provisionen nur erzielt werden, wenn die Abnehmer tatsächlich von den Vorteilen des Produkts überzeugt sind. Die Qualität der Ware entscheidet somit weiterhin über den Erfolg des Produkts auf dem Markt.

Die Umsatzabhängigkeit der Prämien führt darüber hinaus zu einem weiteren wesentlichen Unterschied zwischen Multi-Level-Marketing-Systemen und Pyramidensystemen: Im Multi-Level-Marketing-System werden die Prämien für die Anwerbenden aus den Beträgen finanziert, die das Unternehmen durch den Produktverkauf an Endverbraucher erwirtschaftet hat. Bei strafbaren Pyramidensystemen

---

[313] BGHSt 14, 152, 155; 30, 98, 101; Simon, S. 471.
[314] S. o. Abschnitt C.III.

hingegen stammen die Kopfprämien aus den Geldern, die die Teilnehmer für ihren Eintritt in das System an den Betreiber gezahlt haben. Diese Teilnehmer haben hohe Eintrittsgelder zu zahlen oder oft minderwertige Ware zu übertsteuerten Preisen abzunehmen. Es besteht dabei die Gefahr, dass sie diese Investitionen durch den Erhalt von Prämien nicht kompensieren können. Eine Vorleistungspflicht in dieser Höhe kennt das Multi-Level-Marketing-System in seiner gebräuchlichen und dieser Arbeit zugrunde gelegten Form nicht. Zwar haben die Vertriebsrepräsentanten in einigen Multi-Level-Marketing-Unternehmen zu Beginn ihrer Tätigkeit Produkte oder eine Beratergrundausstattung zu erwerben. Da der Preis bei den Multi-Level-Marketing-Unternehmen üblicherweise hierfür jedoch nicht übermäßig hoch ist, kann der finanzielle Aufwand durch den Verkauf weniger Produkte ausgeglichen werden. Folglich ist die Gefahr des zweckverfehlten Mitteleinsatzes beim Multi-Level-Marketing-System nicht in dem Maße gegeben, wie es beim Pyramidensystem der Fall ist.

Zusammenfassend ist festzustellen, dass der Sinn und Zweck des § 16 Abs. 2 UWG dafür spricht, diejenigen Vertriebsformen, bei denen die Auszahlung der besonderen Vorteile von dem Produktabsatz der Angeworbenen an dritte Endverbraucher abhängig ist, vom Anwendungsbereich dieses Straftatbestandes auszunehmen. Da die übrigen Auslegungsmethoden zwar zum Teil das Verständnis nahe legen, dass der Tatbestand des § 16 Abs. 2 UWG eine Vergütung in Form von bloßen „Kopfprämien" erfordert, im Ergebnis aber zu keiner eindeutigen Klärung der aufgeworfenen Rechtsfrage gelangen, ist entscheidend auf die Auslegung nach dem Sinn und Zweck abzustellen. Das Multi-Level-Marketing-System erfüllt daher die Tatbestandsvoraussetzung des Veranlassens anderer zum Abschluss gleichartiger Geschäfte in seiner gebräuchlichen und dieser Arbeit zugrund gelegten Form nicht.

g) Ergebnis

Zwar kommen sowohl der Systembetreiber als auch alle anderen im Rahmen des Multi-Level-Marketing-Systems Anwerbenden durchaus als Täter einer strafbaren progressiven Kundenwerbung in Betracht, jedoch erfüllt dieses Vertriebssystem in seiner gebräuchlichen und dieser Arbeit zugrunde gelegten Form wesentliche Tatbestandsmerkmale des § 16 Abs. 2 UWG nicht.

Der an einem reinen Verkaufsgesprächs teilnehmende Kunde wird zwar als Verbraucher zur Warenabnahme veranlasst, er erhält jedoch die Ware, ohne dass ihm darüber hinaus besondere Vorteile in Aussicht gestellt werden. Dem Kunden, der im Rahmen eines kombinierten Verkaufs- und Anwerbgesprächs neben der

Warenabnahme einen Beratervertrag abschließt, werden besondere Vorteile in Gestalt von Provisionen für den Aufbau einer eigenen Vertriebsstruktur in Aussicht gestellt. Die Produkte des Unternehmens mit Ausnahme der Beratergrundausstattung erwirbt dieser Kunde als Verbraucher.

Einige Formen des Multi-Level-Marketings erfüllen den Tatbestand des § 16 Abs. 2 UWG aber bereits deshalb nicht, weil bei ihnen eine Tätigkeit als Vertriebsrepräsentant nicht vom vorherigen Warenerwerb abhängig ist und es bei diesen Systemen deshalb an der erforderlichen Kausalität zwischen der Warenabnahme und den besonderen Vorteilen fehlt.

Der Tatbestand erfasst das Multi-Level-Marketing in seiner gebräuchlichen und dieser Arbeit zugrunde gelegten Form aber ohnehin nicht, da die Provisionen nicht allein für das Anwerben weiterer Vertriebsrepräsentanten als bloße „Kopfprämien" gewährt werden, sondern in ihrer Höhe vom Umsatz der Angeworbenen an Endverbraucher abhängig sind. Dadurch wird die Tatbestandsvoraussetzung, dass die besonderen Vorteile für das Veranlassen anderer zum Abschluss gleichartiger Geschäfte gezahlt werden müssen, nicht erfüllt.

Aus diesen Gründen geht der überwiegende Teil der Literatur[315] im Ergebnis zu recht davon aus, dass das Multi-Level-Marketing in seiner gebräuchlichen Form den Tatbestand des § 16 Abs. 2 UWG nicht erfüllt. Nicht überzeugend ist diese Ansicht jedoch, soweit sie sich nicht auf die einzelnen Tatbestandsmerkmale des § 16 Abs. 2 UWG stützt. Auch sofern innerhalb dieser im Ergebnis richtigen Auffassung vertreten wird, es handele sich bei den umsatzabhängigen Provisionen aus dem Aufbau der eigenen Vertriebsstruktur weder um besondere Vorteile, noch seien diese kausal für die Warenabnahme, ist dem entgegenzutreten. Die in der Literatur vertretene gegenteilige Ansicht, die das Multi-Level-Marketing-System ohne nähere Begründung als einen Fall des § 16 Abs. 2 UWG einstuft,[316] ist hingegen abzulehnen.

Auch die Urteile der Landgerichte Offenburg[317] und Düsseldorf[318] sowie der Beschluss des OLG Hamm[319] gehen im Ergebnis richtigerweise davon aus, dass das Multi-Level-Marketing-System dem § 16 Abs. 2 UWG nicht unterfällt auch wenn

---

[315] S. o. Abschnitt D.II.1.b).
[316] S. o. Abschnitt D.II.1.b).
[317] S.o. Abschnitt D.II.1.a)ee).
[318] S. o. Abschnitt D.II.1.a)ff).
[319] S. o. Abschnitt D.II.1 a)gg).

der Begründung des OLG Hamm aus den dargelegten Gründen nicht gefolgt werden kann. Die Urteile der Landgerichte München I[320] und II[321] überzeugen hingegen nicht. Diese stellen darauf ab, dass der Vertriebsrepräsentant Provisionen in Abhängigkeit von den Umsätzen der von ihm Angeworbenen sowie der von diesen weiteren Angeworbenen erhält. Die Urteile verkennen jedoch, dass es sich hierbei nicht um Kopfprämien allein für das Akquirieren weiterer Personen, sondern um umsatzabhängige Vergütungen handelt, die den Tatbestand des § 16 Abs. 2 UWG gerade nicht erfüllen.

Einen Sonderfall des Multi-Level-Marketing-Systems hatte das Landgericht München II in seiner Entscheidung vom 25.01.1994[322] zu beurteilen. Hier erhielt der Vertriebsrepräsentant bereits allein für das Anwerben einen größeren Einkaufsrabatt. Zwar stellt sich dieser Rabatt somit letztlich als „Kopfprämie" dar; nach der Lebenserfahrung ist diese jedoch nicht kausal für einen mit der Abnahme von Waren verbundenen Eintritt in das System. Einen wenn auch geringeren Rabatt erhielt der Vertriebsrepräsentant nämlich auch, wenn er niemanden anwarb. Wesentlich größere Rabatte wurden darüber hinaus nicht für das Anwerben weiterer Personen, sondern als Mengenrabatte gewährt, die wie geprüft keine besonderen Vorteile im Sinne des § 16 Abs. 2 UWG darstellen. Weiterhin waren die Provisionen aus dem Aufbau der eigenen Vertriebsstruktur von den Umsätzen der angeworbenen Vertriebsrepräsentanten abhängig. Die allein für das Anwerben gewährten Einkaufsrabatte waren neben den übrigen in Aussicht gestellten Vergünstigungen eher unbedeutend, so dass sie kaum den Beweggrund für einen mit der Warenabnahme verbundenen Eintritt in das System darstellten.

III. Ergebnis des Abschnitts D.

Sowohl Schneeball- als auch Pyramidensysteme sind gemäß § 16 Abs. 2 UWG strafbare Vertriebssysteme. Multi-Level-Marketing-Systeme werden hingegen vom geltenden Straftatbestand der progressiven Kundenwerbung gemäß § 16 Abs. 2 UWG nicht erfasst.

---

[320] S. o. Abschnitt D.II.1.a)dd).
[321] S. o. Abschnitt D.II.1.a)bb) und cc).
[322] S.o. Abschnitt D.II.1. a)cc).

E. Untersuchung der Notwendigkeit einer Reform des § 16 Abs. 2 UWG

Dieser Teil der Arbeit beschäftigt sich nicht mehr wie der vorangegangene mit § 16 Abs. 2 UWG in seiner derzeitigen Fassung, sondern mit der Frage, ob dieser Straftatbestand einer Änderung bedarf. Hierbei wird zunächst der Frage nachgegangen, ob für die Existenz dieser Norm überhaupt eine Berechtigung besteht oder ob die Vorschrift ersatzlos gestrichen werden kann. In diesem Rahmen wird zunächst anhand der Haupterscheinungsformen progressiver Kundenwerbung geprüft, ob das Anwerben von Teilnehmern im Rahmen dieser Systeme sowohl strafwürdig als auch strafbedürftig ist und ob nicht ausreichender Schutz durch andere Strafvorschriften gewährt wird. Anschließend ist zu erörtern, ob auch das Multi-Level-Marketing strafbar sein sollte. Darüber hinaus ist zu untersuchen, wie § 16 Abs. 2 UWG im Hinblick auf das zuvor problematisierte Tatbestandsmerkmal des Verbrauchers[323] zu formulieren ist und ob bzw. inwiefern hinsichtlich der Strafbarkeit/Straflosigkeit von Multi-Level-Marketing eine Klarstellung im Wortlaut des § 16 Abs. 2 UWG erfolgen sollte.

I. Existenzberechtigung des § 16 Abs. 2 UWG

Wenn der Gesetzgeber ein Handeln unter Strafe stellen will, muss dieses strafwürdig und strafbedürftig sein.[324] Darüber hinaus ist für die Existenzberechtigung des § 16 Abs. 2 UWG erforderlich, dass andere Strafvorschriften keinen ausreichenden Schutz gewähren.

1. Die Strafwürdigkeit progressiver Kundenwerbung

Der Staat hat die Aufgabe, durch das Aufstellen von Rechtsnormen die Rechtsgüter des Einzelnen sowie das soziale Zusammenleben der Menschen innerhalb der Gesellschaft zu schützen. Die Ausgestaltung des Strafrechts zu diesem Zweck ist Aufgabe der Kriminalpolitik. Diese hat die bestehenden Straftatbestände auf ihre Berechtigung zu überprüfen sowie die staatliche Bestrafung bestimmter Verhaltensweisen anzuregen. Voraussetzung dafür, dass ein Straftatbestand bestehen bleibt bzw. geschaffen wird, ist, dass dieser ein strafwürdiges Verhalten zum Gegenstand hat. Daher kommt dem Begriff der Strafwürdigkeit bei der rechtspolitischen Untersuchung der Existenzberechtigung einer bestimmten Vorschrift beson-

---

[323] S. o. Abschnitt D.I.2.b).
[324] Otto, Grundkurs Strafrecht, § 1 Rn. 48 ff.; Jescheck/Weigend, Lehrbuch des Strafrechts AT, S. 50 f.; Günther, JuS 1978, 8, 12 f.; Gallwas, MDR 1969, 892, 894, nach dem sich der Begriff der Strafwürdigkeit aus „Strafe bedürfen" und „Strafe verdienen" zusammensetzt.

dere Bedeutung zu.[325] Nachfolgend soll dieser zunächst erläutert werden. Im Anschluss daran sind die Kriterien für die Strafwürdigkeit progressiver Kundenwerbung herauszuarbeiten und kritisch zu würdigen.

a) Der Begriff der Strafwürdigkeit

Die Vollstreckung von Strafe stellt einen schweren Eingriff in die Grundrechte des Verurteilten dar, denn er ist hierdurch in seiner Freiheit, seiner Persönlichkeitsentwicklung und seiner Würde betroffen.[326] Sowohl der Täter als auch seine Familienangehörigen werden durch die unmittelbaren und mittelbaren Folgen der Strafe stark belastet. Dem Bestraften droht durch die Verurteilung der Verlust des Arbeitsplatzes, weil der Arbeitgeber fürchtet, er oder sein Unternehmen könne selbst Opfer einer weiteren Straftat des Verurteilten werden. Auch wird der Arbeitgeber bei längerer Haft seines Mitarbeiters dessen Stelle neu besetzen. Freunde und Bekannte möchten nicht mit gesetzeswidrigen Taten konfrontiert werden und brechen den Kontakt zum Verurteilten ab. Diesem droht als Folge die soziale Isolation. Auch die Familienmitglieder des Verurteilten sind durch die Strafe oftmals stark betroffen. Nicht nur, dass sie die Tatsache, dass der Familienangehörige eine Straftat begangen hat, selbst psychisch verarbeiten müssen; oft ziehen sich ehemalige Freunde und Bekannte von der gesamten Familie zurück.

Diese weit reichenden Folgen machen deutlich, dass bei der Bestrafung eines Verhaltens stets der Grundsatz der Verhältnismäßigkeit und der grundrechtlich verbürgte Schutz der Menschenwürde zu beachten ist. Als Konsequenz daraus ist eine Strafvorschrift nur dann angemessen und ihre Existenz berechtigt, wo sie unerlässlich ist, um den Rechtsfrieden zu gewährleisten.[327] Strafwürdig ist ein Verhalten nur, wenn es wegen seiner Eignung, die sozialen Beziehungen innerhalb der Rechtsgesellschaft erheblich zu gefährden oder zu schädigen, sozialethisch zu missbilligen ist; lediglich für die Gesellschaft lästige oder vom Gesetzgeber unerwünschte Verhaltensweisen erfüllen diese Voraussetzung nicht und sind daher nicht strafwürdig.[328]

Je höher der Wert ist, den die Verfassung einem Rechtsgut beimisst, desto schneller wird die Strafwürdigkeit von Verhaltensweisen bejaht, die dieses Rechtsgut

---

[325] Meyer, ZStW 115 (2003), 249, 276.
[326] Otto, Gedächtnisschrift für Horst Schröder, 53, 54.
[327] Otto, Gedächtnisschrift für Horst Schröder, 53, 54.
[328] Otto, in: Großkommentar UWG, § 6c Rn. 11; Lackner, Festschrift für Wilhelm Gallas, 117, 118; Maiwald, Festschrift für Reinhart Maurach, 9, 22.

angreifen. Je geringer hingegen das Grundgesetz den Wert eines Rechtsgutes einstuft, desto höhere Anforderungen sind an die Strafwürdigkeit zu stellen. So werden an die Strafwürdigkeit von beeinträchtigenden Handlungen, die das Rechtsgut Leben betreffen, deutlich geringere Anforderungen gestellt als an die Strafwürdigkeit von Handlungen, die das Rechtsgut Eigentum beeinträchtigen.[329] Während beispielsweise sowohl die vorsätzliche als auch die fahrlässige Tötung strafbar ist, ist eine fahrlässige Sachbeschädigung nicht mit Strafe bedroht. Die Strafwürdigkeit eines Verhaltens wird somit durch die jeweils unter Strafe gestellten Handlungsweisen einerseits und die Folgen, die diese Handlungen für das geschützte Rechtsgut haben können, andererseits, also kurz gesagt durch den Handlungs- und den Erfolgsunwert bestimmt.[330] Wie bereits festgestellt soll § 16 Abs. 2 UWG dem Schutz von Verbrauchern und sonstigen Marktteilnehmern vor Willensbeeinflussung und Vermögensschäden infolge zweckverfehlter Mitteleinsätze, dem Schutz von Mitbewerbern vor Unternehmensbeeinträchtigungen durch unredliche Geschäftspraktiken sowie dem Schutz der Allgemeinheit vor einer Verfälschung des Wettbewerbs dienen. Hierbei handelt es sich nicht um Rechtsgüter von allerhöchstem Verfassungsrang; dennoch sind diese für das Funktionieren der Wirtschafts- und Sozialordnung unerlässlich. Ob nach Zugrundelegung dieser Ausführungen das Betreiben progressiver Kundenwerbung strafwürdig ist, wird nun im Einzelnen erörtert.

b) Kriterien für die Strafwürdigkeit der progressiven Kundenwerbung und Würdigung dieser Kriterien im Einzelnen

Insbesondere in der Literatur werden diverse Gründe für die Strafwürdigkeit der progressiven Kundenwerbung angeführt. Auch der Gesetzgeber nennt in der Gesetzesbegründung zur Schaffung des § 6c UWG a. F. Gesichtspunkte, die aus seiner Sicht das Erfordernis einer Strafnorm begründen. Diese Strafwürdigkeitskriterien sollen nun im Einzelnen betrachtet und anschließend im Hinblick darauf beurteilt werden, ob sie tatsächlich die Strafwürdigkeit progressiver Kundenwerbung begründen.

aa) Verschleierung von Risiken gegenüber Systemteilnehmern

Nach der Gesetzesbegründung zu § 6c UWG a. F. bezweckt der Straftatbestand der progressiven Kundenwerbung, den Abnehmer vor Täuschungen und Vermögensge-

---

[329] Günther, JuS 1978, 8, 13; Peters, ZStW 77 (1965), 470, 475.
[330] Langer, Festschrift für Harro Otto, 107, 111; Otto, Gedächtnisschrift für Horst Schröder, 53, 56.

fährdungen zu schützen. In psychologisch geschickter Weise seien eine Vielzahl von geschäftlich unerfahrenen Personen dazu gebracht worden, sich unter hohen Aufwendungen in Überschätzung ihrer eigenen Werbemöglichkeiten in eine Vertriebsorganisation als „Multiplikator" einspannen zu lassen.[331]

Auch in der Literatur wird die Existenzberechtigung des § 16 Abs. 2 UWG mit dem Schutz vor einer vermögensschädigenden Irreführung des Abnehmers begründet.[332] Der Teilnehmer eines Pyramidensystems werde über die Günstigkeit des Angebots, die Werbechancen und die Verkaufsmöglichkeiten irregeführt. Zum Teil werde ihm sogar die Möglichkeit des Aufbaus einer sicheren Existenz vorgespiegelt. Die Sozialschädlichkeit und damit die Strafwürdigkeit des Verhaltens liege daher in der Vorspiegelung des besonderen Vorteils einer Leistung, der in Wirklichkeit nicht gegeben sei, und damit in der Veranlassung zu einem vermögensschädigenden oder zweckverfehlten Mitteleinsatz.

Die Systeme progressiver Kundenwerbung basieren auf dem Prinzip, dass die Abnehmer weitere Kunden anwerben müssen, um finanzielle Vorteile zu erhalten. Die Anwerbenden sind daher darauf angewiesen, andere zum Eintritt in das System zu bewegen. Um ihr Ziel zu erreichen, müssen sie den Umworbenen das System so positiv wie möglich darstellen und negative Gesichtspunkte weitestgehend außer Betracht lassen. Würden sie ihre Werbeadressaten sorgfältig über die mit diesem System verbundenen Risiken aufklären und erläutern, dass lediglich die wenigsten Teilnehmer tatsächlich finanzielle Vorteile aus dem System erzielen, würde sich nach der Lebenserfahrung kaum jemand dafür entscheiden, an einem System progressiver Kundenwerbung teilzunehmen. Die Anwerbenden haben folglich gar kein Interesse, die geringen Gewinnchancen in diesem System aufzuzeigen. In einigen Fällen progressiver Kundenwerbung wird den Umworbenen eine lukrative Einnahmequelle in Aussicht gestellt, ohne dass eine Aufklärung über die mit dem System verbundenen Risiken erfolgt. Zumindest wird den Umworbenen in der Regel nicht erläutert, wie weit sich das System bereits ausgeweitet hat und wie viele Personen in das System investiert haben, ohne die in Aussicht gestellten Vorteile zu erhalten.[333] Zudem weisen die Anwerbenden zum Teil zwar auf das progressive Element des Systems hin, um einer Bestrafung wegen Betruges zu entgehen, und erläutern, dass es nicht jedem gelinge, weitere Teilnehmer zu akquirieren[334], konzentrieren sich im Rahmen ihrer Werbung aber regelmäßig ganz wesentlich auf die

---

[331] BT-Drucks. 10/5058, S. 38.
[332] Otto, Die strafrechtliche Bekämpfung unseriöser Geschäftstätigkeit, S. 121 ff.
[333] So auch Dreyer, in: Harte-Bavendamm/Henning-Bodewig, § 16 Rn. 31.
[334] Granderath, wistra 1988, 173, 174.

möglichen finanziellen Vorteile. Der Gesetzgeber und die Literaturstimmen haben insofern recht, dass die Umworbenen nicht fair und umfassend über die mit dem System verbundenen Risiken informiert werden. Selbst wenn die Anwerbenden finanzielle Risiken des Systems erwähnen, verschleiern sie diese, indem sie ausschließlich die positiven Aspekte und Chancen der Systeme progressiver Kundenwerbung betonen.

Allerdings sollten die Begriffe der Täuschung und der Irreführung an dieser Stelle vermieden werden, da es sich dabei um feststehende Rechtsbegriffe im Sinne des § 263 StGB und des § 5 UWG handelt, das hier beschriebene Strafwürdigkeitskriterium sich aber nicht zwingend mit diesen Begriffen deckt. Es kann nämlich auch dann vorliegen, wenn eine Täuschung im Sinne des § 263 StGB oder eine Irreführung im Sinne des § 5 UWG abzulehnen ist. Die Verfasserin benutzt daher in Bezug auf das Strafwürdigkeitskriterium den Begriff der Verschleierung.

Angelockt von den ausführlich dargestellten Vergünstigungen und Verdienstmöglichkeiten lassen sich die Umworbenen zu Investitionen in das System bewegen, weil ihnen das große Risiko und die hohe Wahrscheinlichkeit eines Verlustes zumindest in dem Moment, in dem sie sich für die Teilnahme an dem System entscheiden, nicht bewusst sind und sie von den Anwerbenden dazu veranlasst werden, die Vor- und Nachteile ihrer Entscheidung nicht gegeneinander abzuwägen. Viele Abnehmer entscheiden sich somit allein aufgrund der Aussicht auf einen Gewinn für die Abnahme des im Rahmen progressiver Kundenwerbung angebotenen Produkts, ohne dass dessen Qualität und Preis für die Entscheidung eine Rolle spielt. Es ist aufgrund der Tatsache, dass eine Aufklärung entweder gar nicht erfolgt bzw. zumindest das Ausmaß des finanziellen Risikos durch das In-Aussicht-Stellen von Chancen überspielt wird, von einer Verschleierung von Risiken auszugehen, durch welche die Abnehmer sowie die Mitbewerber benachteiligt werden und der Wettbewerb verzerrt wird.

Dieser Umstand allein reicht jedoch nicht aus, um die Strafwürdigkeit progressiver Kundenwerbung zu begründen. Zwar ist die beschriebene Verschleierung von Risiken durchaus verwerflich. Damit jedoch eine Bestrafung durch den Staat verhältnismäßig erscheint, müssen weitere Umstände hinzutreten. Dieser Gedanke ist bereits in anderen Strafvorschriften zum Ausdruck gekommen. So sind beispielsweise für eine Bestrafung wegen Betruges neben einer Täuschung ein Vermögensschaden des Getäuschten sowie die Bereicherungsabsicht des Täters erforderlich.

bb) Glücksspielcharakter durch mangelnde Einblicksmöglichkeit in das Vertriebssystem

Ein weiteres Argument, mit dem die Strafwürdigkeit der progressiven Kundenwerbung begründet wird, ist der vermeintliche glücksspielartige Charakter dieser Systeme. Der Gesetzgeber hat den Tatbestand des § 16 Abs. 2 UWG mit dem Schutz des Verbrauchers „vor glücksspielartiger Willensbeeinflussung" begründet.[335] Wer zu spät in das System einsteige, könne daraus keinen wirtschaftlichen Nutzen mehr ziehen. Da aber kein Kunde einen Überblick darüber habe, in welchem Stadium sich das System gerade befände, seien die Werbechancen mit einem erheblichen Risiko behaftet. Dieses Risiko verleihe der progressiven Kundenwerbung einen aleatorischen (glücksspielartigen) Charakter, der viele Kunden reize und damit die Gefährlichkeit der Werbeform für den einzelnen Kunden noch erhöhe.[336]

Dieses Argument hat in weiten Teilen der Literatur Zustimmung gefunden.[337] Das Verbot der progressiven Kundenwerbung sei auf solche Sachverhalte beschränkt, die gerade durch den Glücksspielcharakter geprägt seien. Durch die Pönalisierung der progressiven Kundenwerbung werde der Kunde davor geschützt, einen eigenen Beitrag in der Annahme zu leisten, damit einen völlig überdimensionalen, nur aus dem Zuschnitt als Glücksspiel erklärbaren Profit erlangen zu können.

Dieser Auffassung wird zum Teil mit der Begründung entgegengetreten, Schneeball- und Pyramidensysteme sprächen zwar das Gewinnstreben des potentiellen Systemteilnehmers an, nicht aber dessen Spieltrieb.[338] Die systembedingte Unsicherheit sei dem Teilnehmer bei der Warenabnahme gerade nicht bewusst. Im Gegenteil gehe der Abnehmer von einem sicheren Geschäft aus.

Der zuletzt genannten Meinung ist zuzustimmen. Richtig ist zwar, dass die Teilnehmer des Systems nicht wissen können, in welcher Progressionsstufe sich dieses in dem Moment ihres Eintritts befindet. Ein glücksspielartiger Charakter ist jedoch in vielen Fällen der progressiven Kundenwerbung nicht gegeben. Es kann nämlich in einer Vielzahl von Fällen nicht davon ausgegangen werden, dass sich die Teilnehmer für einen Eintritt in das System entscheiden, obwohl ihnen die diesem an-

---

[335] BT-Drucks. 10/5058, S. 39.
[336] BT-Drucks. 9/1707, S.14.; BT-Drucks. 8/2145, S. 12.
[337] Kramer, in: Ekey/Klippel/Kotthoff/Meckel/Plaß, § 16 Rn. 26; Bornkamm, in: Köhler/Bornkamm, § 16 Rn. 32; Dreyer, in: Harte-Bavendamm/Henning-Bodewig, § 16 Rn. 32; Piper, in: Piper/Ohly/Sosnitza, § 16 Rn. 33; Beater, § 26 Rn. 80; Alexander, WRP 2004, 407, 410.
[338] Krack, Festschrift für Harro Otto, 609, 614 f; Hansen, S. 168.

haftenden Risiken bewusst sind. Während der Spieler eines Glücksspiels weiß, dass seine Chancen auf den erhofften Gewinn nur sehr gering sind, hält es der Teilnehmer im System der progressiven Kundenwerbung – oftmals infolge der Verschleierung von Risiken seitens der Anwerbenden– in der Regel für einfach, neue Kunden für das System anzuwerben. Da die Systeme progressiver Kundenwerbung also nicht auf der Spielleidenschaft seiner Teilnehmer basieren und damit für diese kein Suchtpotential besteht, ist der vermeintliche glücksspielartige Charakter der progressiven Kundenwerbung in der Regel nicht gegeben. Dieser Gesichtspunkt lässt sich also nicht zur Begründung der Strafwürdigkeit der progressiven Kundenwerbung anführen.

cc) Überdimensionale Eingliederung von Laien in das Vertriebssystem

Teilweise wird die überdimensionale Eingliederung von Laien in das Vertriebssystem als Strafgrund für die progressive Kundenwerbung genannt.[339] Das System der progressiven Kundenwerbung sei nur über die Laienwerbung realisierbar, da es berufsmäßigen Mitarbeitern auf Dauer keine hinreichenden Erwerbschancen biete. Die Preise der im Wege der progressiven Kundenwerbung vertriebenen Produkte seien sehr hoch. Daher könnten die Waren nur bei Kunden abgesetzt werden, die über den Marktpreis nicht aufgeklärt seien. Nach einem Preisvergleich entschieden sich die Kunden in der Regel für preiswertere Konkurrenzprodukte. Daher seien die Verkäufer auf den Absatz insbesondere auf der Basis freundschaftlicher oder verwandtschaftlicher Beziehungen angewiesen.

Zudem könnten Laien die Risiken dieses Systems nicht durchschauen. Durch Irreführung über die Günstigkeit des Angebots und dessen Absatzmöglichkeiten würden sie dazu gebracht, sich für das System anwerben und dadurch als „Multiplikator" einsetzen zu lassen. Darüber hinaus führe der Laieneinsatz zu einer unerwünschten Kommerzialisierung privater Beziehungen.

Nach anderer Ansicht hingegen kann die Einbeziehung von Laien für sich genommen keine hinreichende Grundlage für die Existenz einer Strafnorm darstellen.[340] Die Eingliederung von Laien sei in vielen Bereichen etabliert. Im Bereich des Vertriebes von Bauspar- und Lebensversicherungsprodukten sei die Gewinnung von Neukunden über die Gewährung von Werbeprämien ebenso üblich wie im Bereich

---

[339] von Bubnoff, in: Leipziger Kommentar zum StGB, vor § 287 Rn. 3; Raube, S.19; Lampe, GA 1977, 33, 53; Grebing, wistra 1984, 169, 169.

[340] Bornkamm, in: Köhler/Bornkamm, § 16 Rn. 3; Beater, § 26 Rn. 82 f.; Krack, Festschrift für Harro Otto, 609, 615 ff.; Alexander, WRP 2004, 407, 411.

von Zeitschriftenabonnements. Die Eingliederung von Laien in den Vertrieb sei darüber hinaus sowohl für das Unternehmen als auch für die werbenden Laien selbst sinnvoll. Durch den Einsatz von Laienwerbern könnte das Unternehmen hohe Werbekosten vermeiden. Außerdem könnten Arbeitsplätze geschaffen werden. Insbesondere Frauen mit Kindern böte sich die Möglichkeit, neben der Kindererziehung Einkünfte zu erzielen und eine Aufgabe neben der Haushaltsführung wahrzunehmen. Die von der Laienwerbung gegebenenfalls ausgehenden Gefahren könnten wirkungsvoll durch die wettbewerbsrechtliche Generalklausel bekämpft werden.[341]

Nach einer anderen Meinung wird in Bezug auf die Strafwürdigkeit progressiver Kundenwerbung zwischen Schneeball- und Pyramidensystemen differenziert.[342] Hiernach führt die überdimensionale Eingliederung von Laien im Rahmen von Schneeballsystemen zwar zu einer gewissen Beunruhigung innerhalb etablierter Vertriebssysteme, diese sei jedoch nicht sozialgefährlich oder sozialschädlich, auch wenn sie das wirtschaftliche Leben und den privaten Verkehr belästigten. Daher sei in diesen Fällen die Einführung eines Bußgeldtatbestandes angemessen. Pyramidensysteme hingegen seien sozialschädlich, weil sie Laien zur Abnahme von Waren mit der falschen Behauptung verleiteten, die Waren seien so günstig oder von außergewöhnlicher Qualität, dass sie sie leicht weiterverkaufen könnten.

Zutreffend ist, dass bei den Systemen progressiver Kundenwerbung ganz überwiegend Laien als Werber eingesetzt werden. Dies ist auch in gewisser Hinsicht problematisch. Zum einen besteht das Risiko, dass die Umworbenen aufgrund fehlender Kenntnis durch den Laienwerber unzureichend und unsachlich beraten werden. Auf der anderen Seite ergeben sich Nachteile für den Laien selbst, da er aufgrund mangelnder kaufmännischer Erfahrung die Risiken seines Systembeitritts nicht einschätzen kann. Jedoch lässt sich dadurch allein noch nicht auf die Strafwürdigkeit der progressiven Kundenwerbung schließen. Die Eingliederung von Mitarbeitern ohne vorherige Ausbildung für diese Tätigkeit in ein Vertriebssystem ist in vielen Systemen gängige Praxis. In vielen Wirtschaftszweigen werden Laienwerber in das System eingebunden, insbesondere in Buchclubs und im Zeitschriftenvertrieb, im Versicherungsgewerbe sowie im Bauspar- und Kreditgewerbe, denn diese Einbin-

---

[341] Alexander, WRP 2004, 407, 411.
[342] Otto, in: Großkommentar UWG, § 6c Rn. 13; so auch Tiedemann, Festschrift für Walter Mallmann, 359, 365.

dung ermöglicht dem Unternehmen eine kostengünstige und effektive Kundenwerbung.[343]

Viele Menschen sind in der heutigen Zeit auf einen Nebenverdienst angewiesen. Besonders Frauen mit Kindern bietet die Laienwerbung in ihren unterschiedlichen Formen interessante Möglichkeiten, Arbeit und Familie miteinander zu vereinbaren. So bieten Versandhäuser schon seit vielen Jahren eine Tätigkeit als Sammelbesteller an. Die Sammelbesteller erhalten von den Versandhäusern Informationsmaterial, anhand derer sie Freunden und Verwandten, aber auch Fremden die von ihnen angebotenen Produkte näher bringen können. Konnten sie ihre Kunden vom Kauf der Ware überzeugen, nehmen sie Bestellungen entgegen und leiten sie an das Versandhaus weiter. Dieses liefert ihnen die bestellte Ware aus, die sie dann ihren Kunden aushändigen. Die Sammelbesteller sind darüber hinaus für die Entgegennahme des Kaufpreises sowie für Reklamationen zuständig. Sie erhalten Provisionen in Form eines gewissen Prozentsatzes auf ihren Gesamtumsatz.[344]

Auch die so genannte Partywerbung eröffnet vielen Menschen die Möglichkeit eines lukrativen Nebenverdienstes bei freier Zeiteinteilung. Im Rahmen einer privaten Veranstaltung präsentiert eine Beraterin die von dem Unternehmen vertriebenen Produkte, z. B. Haushaltswaren, Kosmetik oder Schmuck. Von der Vorführung profitiert zum einen die Beraterin, denn diese erlangt eine umsatzabhängige Provision, als auch die Gastgeberin, die ein Gastgeschenk erhält.[345] Diese Formen der Laienwerbung werden seit Jahrzehnten betrieben und sind aus strafrechtlicher Sicht grundsätzlich unbedenklich.

Auch die Tatsache, dass ein Laie die von den Systemen progressiver Kundenwerbung ausgehenden Gefahren nicht einschätzen kann, führt nicht zu einer Sozialschädlichkeit der Laienwerbung an sich. Sozialschädlich ist nämlich nicht die Person des Werbenden als Laie, sondern allenfalls das System, in dem der Laie eingesetzt wird. Eine erhöhte Sozialschädlichkeit, die die Ahndung der progressiven Kundenwerbung durch eine Strafnorm rechtfertigt, ist mit der Werbung durch Laien nicht verbunden. Zwar besteht, wie bereits ausgeführt, die Gefahr einer unzureichenden Aufklärung, jedoch ist das Verbot durch eine Strafnorm ein so einschneidendes Mittel, dass es lediglich als „ultima ratio" anzuwenden ist. Voraussetzung

---

[343] Köhler, in: Köhler/Bornkamm, § 4 Rn. 1.175; Althoff, S. 37 f.; Seeger, S. 35; Schmahl, S. 47.
[344] Heermann, in: MüKo UWG, § 4 Nr. 1 Rn. 569; Ulrich, Festschrift für Henning Piper, 495, 502 f.
[345] Ulrich, Festschrift für Henning Piper, 495, 505.

hierfür ist, dass der Grundsatz der Verhältnismäßigkeit gewahrt bleibt. Die negativen Auswirkungen des Laieneinsatzes in der Werbung sind allein aber nicht erheblich, so dass ein Verbot durch eine Strafnorm einzig aufgrund des Laieneinsatzes nicht angemessen ist.

dd) Die Erschließung des Marktes über den Verwandten- und Bekanntenkreis

Eng mit dem Strafwürdigkeitskriterium der überdimensionalen Eingliederung von Laien in das Vertriebssystem verknüpft ist das nächste Argument, das für die besondere Sozialschädlichkeit der progressiven Kundenwerbung angeführt wird: die Erschließung des Marktes über den Verwandten- und Bekanntenkreis. Im System der progressiven Kundenwerbung werden in vielen Fällen Produkte vertrieben, die auf dem herkömmlichen Markt nicht abgesetzt werden können. So würde beispielsweise niemand 60 Flaschen Motoröl mit Teflonzusatz, wie im obigen Beispiel[346], im Handel erwerben wollen. Die Laienwerber sind somit darauf angewiesen, ihre Waren an Freunde oder Verwandte zu verkaufen und diese für das System anzuwerben.

Teilweise wird in diesem Verhalten eine sozialschädliche Belastung verwandtschaftlicher oder freundschaftlicher Beziehungen gesehen.[347] Die Sozialschädlichkeit progressiver Kundenwerbung liege darin, dass die mit dem Vertriebsmittler verwandten und befreundeten Kunden bei Nichtabnahme der Waren für den wirtschaftlichen Misserfolg des Verkäufers verantwortlich gemacht würden. Bei Zweifeln an der Qualität der beworbenen Produkte käme es oft zu empfindlichen Reaktionen des Werbers. Um Streitereien zu entgehen, würden sich viele Käufer zum Kauf bereit erklären, nur um dem Verkäufer keine Absage erteilen zu müssen. Damit bestimmten aber nicht mehr Güte und Preiswürdigkeit der Ware das Geschäft, sondern die Rücksichtnahme auf verwandtschaftliche oder freundschaftliche Beziehungen.

Dieser Auffassung ist wird teilweise widersprochen.[348] Die Benutzung freundschaftlicher oder verwandtschaftlicher Beziehungen zum Absatz von Waren sei im Wirtschaftsleben weitgehend üblich, zum Beispiel hinsichtlich der Prämien für die Zuführung neuer Kunden bei Bausparkassen oder Versicherungen. Auch wenn vie-

---

[346] S.o. Abschnitt B.I.2.
[347] Lampe, GA 1977, 33, 51 f.
[348] Bruns, Festschrift für Horst Schröder, 273, 287; Krack, Festschrift für Harro Otto, 609, 616.

le Teilnehmer an einem System progressiver Kundenwerbung ihre Abnehmer unter Freunden, Nachbarn und Bekannten suchten und die sozialen Kontakte hierdurch belastet würden, führe dieser Umstand nicht zu einer Strafwürdigkeit dieser Systeme.

Richtig an der erstgenannten Meinung ist, dass sich der an einem System progressiver Kundenwerbung Teilnehmende in aller Regel zunächst an Verwandte, Freunde und Bekannte wendet. Damit besteht die Gefahr, dass sich der Umworbene nur aufgrund seiner persönlichen Beziehung zum Anwerbenden in das System einbinden lässt. Der Anwerbende könnte aufgrund seiner persönlichen Beziehung einen besonderen Druck auf den Umworbenen ausüben, dem sich dieser nicht zu entziehen vermag, will er nicht eine jahrelange Freundschaft oder den Familienfrieden gefährden. Erfolgt das Werbegespräch in privater Umgebung, ist diese Gefahr umso größer, da eine öffentliche Kontrolle dieses Gesprächs nicht stattfindet. Die Systeme progressiver Kundenwerbung können daher durchaus zu einer störenden Belastung der sozialen Beziehungen führen.

Diese Aspekte allein reichen jedoch nicht aus, um die Strafwürdigkeit progressiver Kundenwerbung zu begründen. Die Geschäftstätigkeit führt nicht nur im Bereich der progressiven Kundenwerbung zu einer Kommerzialisierung der Privatsphäre. Jeder Vertreter wendet sich bei dem Verkauf seines Produkts zunächst an Freunde, Verwandte und Bekannte, ebenso der Rechtsanwalt, der seine Kanzlei neu eröffnet hat.[349] Zwar besteht hierbei der Unterschied, dass das Ansprechen von Freunden und Verwandten lediglich den ersten Schritt darstellt, um sich einen weiten, nicht nur auf soziale Beziehungen beschränkten Kundenkreis aufzubauen, während bei den Systemen progressiver Kundenwerbung die Teilnehmer in der Regel überwiegend im Verwandten- und Bekanntenkreis gesucht werden. Eine Strafwürdigkeit dieser Systeme ergibt sich allein aus diesem Umstand jedoch nicht; es müssen vielmehr weitere gewichtige Umstände hinzutreten, um die Sozialschädlichkeit progressiver Kundenwerbung zu begründen.[350]

ee) **Geschäftemachen mit anderer Leute Arbeit**

Auch wird behauptet, die besondere Sozialschädlichkeit der progressiven Kundenwerbung ergebe sich daraus, dass die Anwerbenden ihren potentiellen Neukunden vorspiegelten, sie könnten ihr Geschäft mit der Arbeit anderer Leute machen.[351] Sie

---

[349] Vgl. Heermann, in: MüKo UWG, § 4 Nr. 1 Rn. 586.
[350] Im Ergebnis zustimmend Hansen, S. 152.
[351] Lampe, GA 1977, 33, 52.

riefen unrealistische kapitalistische Traumbilder hervor, die den vorherrschenden wirtschaftlichen Zielvorstellungen nicht entsprächen. Diese Vernachlässigung der Geschäftsmoral führe zu einer „Verwilderung der Geschäftssitten".

Klärungsbedürftig ist zunächst, inwiefern bei den Systemen der progressiven Kundenwerbung tatsächlich Gewinne durch andere Leute Arbeit erzielt werden sollen. Sowohl bei den Schneeball- als auch bei einigen Formen der Pyramidensysteme wird den Teilnehmern der Anreiz geboten, einen Gewinn allein aus der eigenen Anwerbung weiterer Teilnehmer zu erzielen. Dies ist jedoch noch nicht das Versprechen, Gewinne durch die Arbeit anderer zu erhalten, denn das Akquirieren ist eine eigene Leistung des Anwerbenden. Diese Systeme bieten daher keinen Anreiz dazu, ein Geschäft mit der Arbeit anderer zu machen. Andere Pyramidensysteme sind demgegenüber so aufgebaut, dass die Teilnehmer nicht nur für das eigene Anwerben weiterer Personen eine Prämie erhalten, sondern zusätzlich eine so genannte „Superprovision" für den Fall, dass die vom Teilnehmer Angeworbenen ihrerseits weitere Kunden anwerben.[352] Innerhalb solcher Systeme werden finanzielle Vorteile also zumindest zum Teil ohne weitere Leistung des ursprünglichen Anwerbenden, der die Superprovision erhält, also insofern durch die Akquisitionsarbeit anderer erzielt.

Fraglich ist, ob sich in diesen Fällen die Strafwürdigkeit dieser Systeme aus dem Versprechen, ein Geschäft mit der Arbeit anderer Leute zu machen, ergibt. Zunächst einmal ist festzustellen, dass die pyramidale Struktur, die auch die progressive Kundenwerbung in den zuvor genannten Fällen aufweist, in der Mehrheit aller Unternehmen anzutreffen ist. An der Spitze der Pyramide steht in der Regel der Firmeninhaber, dieser beschäftigt Bezirksleiter, Filialleiter und Angestellte ohne Führungsposition. Auch der Chef eines Unternehmens, der sich immer mehr aus dem Betrieb selbst zurückzieht, macht Gewinne mit anderer Leute Arbeit, nämlich mit der Arbeit seiner Angestellten. Dennoch besteht hier ein gravierender Unterschied zu den Systemen der progressiven Kundenwerbung. Während sich in den meisten Unternehmen der Firmeninhaber aus dem Verkauf oder der Produktion zurückzieht, um Organisations- oder Führungsaufgaben wahrzunehmen, ist die Tätigkeit dessen, dem es im System der progressiven Kundenwerbung gelungen ist, weitere Mitglieder anzuwerben, beendet. Er nimmt keine Führungsaufgaben wahr, sondern kann ohne eigenes Zutun an der Anwerbetätigkeit der von ihm geworbenen Mitglieder Geld verdienen. Dieses Ziel des Systems, einen Gewinn mit der

---

[352] Lampe, GA 1977, 33, 45.

Arbeit anderer Leute zu machen, ist verwerflich und führt zu einer Störung der Sozialordnung.

Es ist jedoch als alleiniger Grund für sich genommen wiederum nicht ausreichend, um die Strafwürdigkeit der progressiven Kundenwerbung zu begründen. Der Anreiz, einen Gewinn mit der Arbeit anderer zu machen ist nicht in dem Maße sozialschädlich, dass von ihm eine besondere Gefahr für die Angeworbenen ausgeht. Diese haben sich selbst vor der Ausnutzung durch andere zu schützen. Festzuhalten ist daher, dass einige Pyramidensysteme zwar einen Anreiz dazu bieten, Gewinne mit anderer Leute Arbeit zu machen, dieser Umstand für sich genommen jedoch den Einsatz von Strafe als Mittel „ultima ratio" nicht gebietet. Die Strafwürdigkeit der progressiven Kundenwerbung wird daher auch durch dieses einzelne Merkmal nicht begründet.

ff) Zielverlagerung

Als weiterer Gesichtspunkt für die Strafwürdigkeit progressiver Kundenwerbung wird angeführt, dass in diesen Systemen eine Zielverlagerung weg vom Warenabsatz und hin zur Ausweitung des Vertriebssystems stattfände.[353] Die Angeworbenen träten nicht in das Vertriebssystem ein, um eine von ihnen benötigte Ware zu erwerben, sondern allein um infolge der weiteren Ausdehnung des Systems Geld zu verdienen. Da die Hersteller keine Warenbewegung zum Endverbraucher mehr anstrebten, entfalle jede soziale Existenzberechtigung.

Diese Aussage trifft auf Schneeballsysteme lediglich in eingeschränktem Maße zu. Hier erhält der Teilnehmer mit seinem Eintritt in das System eine Ware, die er in der Regel erwerben und gebrauchen will.[354] Dabei wird er durch die Aussicht auf einen günstigen bzw. kostenlosen Erwerb zu Aufwendungen veranlasst, die er ohne sie nicht gemacht hätte. Zwar haben Schneeballsysteme das Ziel, das System durch den Verkauf von Produkten in die Systemstruktur hinein[355] immer weiter auszuweiten, jedoch tritt dabei der Absatz von Ware nicht vollkommen in den Hintergrund, so dass von einer Zielverlagerung nur mit Einschränkungen gesprochen werden kann.

---

[353] Lampe, GA 1977, 33, 53.
[354] So auch Lampe, GA 1977, 33, 54, der sich mit den Tatbestandsmerkmalen der verbotenen Ausspielung gemäß § 286 Abs. 2 StGB a. F. beschäftigt.
[355] S. o. Abschnitt B.I.4.

Anders liegt der Fall hingegen bei Pyramidensystemen. Diese Systeme sind im Gegensatz zu Schneeballsystemen ausschließlich auf eine Ausweitung des Systems und nicht auf einen Produktabsatz an Endkunden ausgelegt. Die Teilnehmer treten nicht in das System ein, weil sie ein Interesse an der zu erwerbenden Ware haben, sondern allein deshalb, um durch die Anwerbung weiterer Teilnehmer finanzielle Vorteile zu erzielen. Während andere Vertriebssysteme durch den Verkauf von Produkten an Endkunden einen gesellschaftlichen Nutzen erbringen, ist dies bei Pyramidensystemen nicht der Fall. Besonders deutlich wird dieser Umstand bei den Geldgewinnspielen. Da ein Interesse an der Ware nicht vorhanden ist, wird bei diesem Sonderfall des Pyramidensystems ganz auf den Erhalt von Ware verzichtet. Der Teilnehmer erlangt hier gegen die Zahlung eines Geldbetrages allein die Aussicht, durch das Anwerben weiterer Mitspieler einen Gewinn zu erhalten. Aus diesen Gründen mangelt es den Pyramidensystemen gänzlich an sozialer Existenzberechtigung.

Allein hieraus kann jedoch nicht auf die Strafwürdigkeit eines solchen Systems geschlossen werden. Die Pönalisierung eines Verhaltens darf nur bei besonders schweren Rechtsgutverletzungen erfolgen, die allein mit der beschriebenen und auch zu missbilligenden Zielverlagerung nicht einhergehen.

gg) Marktsättigung

Die Strafwürdigkeit der progressiven Kundenwerbung wird von einigen Stimmen in der Literatur mit der mit diesem Vertriebssystem verbundenen Marktsättigung begründet.[356] Die Systeme der progressiven Kundenwerbung seien darauf angelegt, dass jeder neue Systemteilnehmer weitere Teilnehmer anwerbe, so dass die Zahl der Mitglieder stetig anwachse. Dieser Umstand führe dazu, dass von Stufe zu Stufe eine zunehmende Marktverengung eintrete und der Markt bereits nach kurzer Zeit gesättigt sei. Kunden blieben am Ende der Kette „auf ihren Waren sitzen", ohne dass sie die Chance hätten, die versprochenen Vorteile zu erhalten.

Nach anderer Ansicht jedoch führt allein der Eintritt einer Marktverengung noch nicht zur Sozialschädlichkeit, denn eine Marktsättigung sei im alltäglichen Verkehr hinsichtlich einzelner Güter durchaus üblich.[357] Jedes auf den Absatz von Waren und Dienstleistungen gerichtete Verhalten ziele auf eine Verengung des jeweiligen

---

[356] Dreyer, in: Harte-Bavendamm/Henning-Bodewig, UWG, § 16 Rn. 31; Nack, in: Müller-Gugenberger/Bieneck, § 59 Rn. 44; Raube, S. 17; Többens, WRP 2005, 552, 553 f.
[357] Beater, § 26 Rn. 84; Raube, S. 18; Krack, Festschrift für Harro Otto, 609, 613; Hansen, S. 172

Marktes ab. Je gefestigter die Marktposition eines Anbieters sei, desto mehr sänken die Chancen der Mitbewerber, da die Nachfrage eines Produktes begrenzt sei. Ein Absatzsystem sei daher nicht bereits wettbewerbswidrig und strafwürdig, weil es erfolgreich sei und schließlich zur Sättigung des Marktes führe.

Festzustellen ist, dass der Vorgang der Marktverengung und Marktsättigung untrennbar mit unserer Wirtschaftsordnung verbunden ist. Während zum Beispiel noch vor wenigen Jahren ein großer Bedarf am Kauf eines Handys bestand, ist heute beinahe jeder mit mindestens einem Mobiltelefon ausgestattet. Die Hersteller sind darauf angewiesen, ihre Produkte stetig zu verbessern und die Funktionspalette auszuweiten, wollen sie dauerhaft Bestand auf dem Markt haben. So ist das Handy längst zu einem Multifunktionsgerät geworden, mit dem der Nutzer nicht nur telefonieren, sondern auch fotografieren, Musik hören oder im Internet surfen kann. Einfache Handys hingegen, mit denen der Nutzer lediglich telefonieren kann, haben auf dem Markt mittlerweile kaum noch eine Chance. Betriebswirte versuchen, den Punkt der Marktsättigung so genau wie möglich zu bestimmen, damit keine Überproduktion entsteht, und der Gewinn möglichst weit maximiert werden kann. Damit ist allein die Tatsache, dass das Angebot eines Produktes zu einer Sättigung des Marktes führt, nicht geeignet, die Strafwürdigkeit der progressiven Kundenwerbung zu begründen; es müssen weitere besondere Umstände hinzukommen, die eine Sozialschädlichkeit der progressiven Kundenwerbung hervorrufen.

c) **Die Gesamtbetrachtung der Strafwürdigkeitskriterien**

Obwohl die untersuchten Strafwürdigkeitskriterien – jedes für sich – nicht geeignet sind, die Strafwürdigkeit der Systeme progressiver Kundenwerbung zu begründen, könnte sich die Strafwürdigkeit durch Summierung der verschiedenen vorgenannten Kriterien und deren kausaler Verknüpfung miteinander ergeben.

aa) **Gesamtbetrachtung in Bezug auf Pyramidensysteme**

Pyramidensysteme werben oft mit der Möglichkeit, innerhalb von kurzer Zeit viel Geld zu verdienen oder sich gar eine Existenzgrundlage verschaffen zu können. Hiervon fühlen sich insbesondere mittellose oder langzeitarbeitslose Menschen angesprochen. Diese sehen die Chance, endlich wieder eine Aufgabe zu haben und die oftmals angestauten Schulden begleichen zu können. Diese Menschen werden durch das System zunächst dazu gedrängt, Produkte zu teuren Preisen zu erwerben, mögen die Preise auch nicht zwingend betrügerisch hoch sein. Um diese Ausgaben ausgleichen zu können, sind sie darauf angewiesen, weitere Kunden zu werben. Aufgrund dieser hohen Anfangsausgaben ist der psychische Druck oft so groß, dass die Verkäufer ihren Verwandten- und Bekanntenkreis mit allen Mitteln zum Eintritt in das System bewegen wollen. Dieses führt zu einer starken Belastung der verwandtschaftlichen und freundschaftlichen Beziehungen und ist mit der bloßen Werbung eines Neukunden für einen Buchclub, mit dem Ziel, eine Prämie zu erhalten, nicht vergleichbar. Mit dieser Belastung begibt sich der Verkäufer schließlich in die Gefahr sozialer Isolation. Teilnehmer von Pyramidensystemen sind in der Regel kaufmännisch unerfahrene Menschen, da sich diese besonders leicht von den Versprechungen der Systembetreiber oder anwerbenden Teilnehmer beeinflussen lassen.

Der Angeworbene kann zudem bei seinem Eintritt in das System nicht überblicken, in welchem Stadium der Marktverengung sich dieses befindet. Zwar führt fast jede Einführung eines Produkts auf Dauer zu einer Marktsättigung, jedoch erfolgt diese nicht so schnell wie bei Pyramidensystemen. Hier wächst die Zahl der neuen Mitglieder exponentiell an und der Markt bricht bereits nach kurzer Zeit zusammen. Dies geschieht besonders schnell, da die Verkäufer die neuen Mitglieder ausschließlich im Verwandten- und Bekanntenkreis suchen. Da sich viele Mitglieder des Systems untereinander kennen, ist gerade in ländlichen Gebieten die Zahl der potentiellen Neukunden schnell erschöpft. Während bei anderen Vertriebssystemen einer Marktsättigung durch stetige Weiterentwicklung und Verbesserung der Produkte entgegengewirkt wird, sind Pyramidensysteme auf eine Marktsättigung angelegt, in der es zwangsweise zu hohen finanziellen Verlusten auf Seiten der Teilnehmer kommt. Hierüber werden die Teilnehmer vor ihrem Eintritt in das System entweder nicht aufgeklärt oder sie werden durch geschickte Verschleierung der mit dem System verbundenen Risiken dazu veranlasst, ihre Bedenken beiseite zu schieben. Die Betreiber von Systemen progressiver Kundenwerbung profitieren gerade davon, dass Teilnehmer in das System investieren, um ihm beitreten zu können, im Gegenzug aber kein Geld ausgezahlt bekommen, da es ihnen nicht gelingt, weitere Personen zu akquirieren.

Pyramidensysteme dienen zudem nicht primär dem Verkauf von Produkten an Endverbraucher, sondern bezwecken ausschließlich, dass Waren in die Struktur des Systems hinein verkauft werden. Die Warenabnahme ist bei diesen Systemen stets Voraussetzung, um überhaupt die Möglichkeit auf einen finanziellen Gewinn zu erhalten. In vielen Fällen hat der Teilnehmer für das jeweilige Produkt überhaupt keine Verwendung, sondern er kauft die Ware allein aus der Motivation, durch das

Anwerben weiterer Personen wirtschaftliche Vorteile zu erlangen. Diese Zielverlagerung trägt zu der mit diesen Systemen verbundenen rasanten Marktsättigung bei. Denn während bei dem Warenverkauf an Endverbraucher diese die Produkte nach ihrem Verbrauch immer wieder beziehen, kauft im Pyramidensystem jeder Abnehmer das jeweilige Produkt nur ein Mal. Dabei erhofft er sich entweder, Gewinne ausschließlich durch die eigene Anwerbetätigkeit oder aber durch die Anwerbung der von ihm Akquirierten zu erzielen. Der Erhalt von Prämien dafür, dass die von ihnen Angeworbenen wiederum weitere Personen akquirieren, gibt den Teilnehmern einen Anreiz, ein Geschäft mit der Arbeit anderer zu machen, ein Umstand der die Strafwürdigkeit progressiver Kundenwerbung in einigen Fällen verstärkt. Progressive Kundenwerbung durch Pyramidensysteme ist daher aufgrund des Zusammenwirkens der einzelnen aufgeführten Kriterien, die sich gegenseitig bedingen und verstärken, strafwürdig.

bb) Gesamtbetrachtung in Bezug auf Schneeballsysteme

Im Unterschied zu Pyramidensystemen, bei denen es dem Erwerber ausschließlich auf den finanziellen Gewinn durch das Anwerben weiterer Personen ankommt, handelt der Teilnehmer eines Schneeballsystems in der Regel in der Absicht, die Ware für sich selbst zu gebrauchen, auch wenn er diese ohne die in Aussicht gestellten Vorteile nicht erworben hätte. Aus diesem Grund kann, wie zuvor ausgeführt, von einer Zielverlagerung nur in eingeschränktem Maße gesprochen werden, auch wenn bei Schneeballsystemen ebenso wie bei Pyramidensystemen die Produkte in die Struktur hinein verkauft werden. Darüber hinaus erhält der Teilnehmer eines Schneeballsystems Vorteile ausschließlich dafür, dass er selbst weitere Personen anwirbt. Diese Systeme bieten daher keinen Anreiz dazu, ein Geschäft mit der Arbeit anderer Leute zu machen.

Dieser Auffassung ist nicht zuzustimmen, denn Schneeballsysteme sind aufgrund des Zusammenwirkens der übrigen zuvor genannten Kriterien strafwürdig. Es besteht nämlich die Gefahr, dass der Abnehmer im Rahmen eines Schneeballsystems eine Ware nur in der Annahme eines verbilligten Erwerbs kauft. In der Hoffnung auf einen verbilligten oder gar preisfreien Erwerb der Ware lässt er sich dann auf ein Geschäft ein, das er ohne die Aussicht auf eine Vergünstigung nicht abgeschlossen hätte. Eine besondere Gefährlichkeit liegt in dem exponentiellen Wachstum des Systems, das zur Schädigung einer Vielzahl von Teilnehmern führt. Um den Kaufpreis erlassen zu bekommen, müssen die Käufer nämlich weitere Teilnehmer anwerben, ein Umstand, der auch die persönlichen Beziehungen im Bekannten- und Verwandtenkreis erheblich belastet. Ebenso wie bei Pyramidensystemen erwächst daraus nicht nur die Gefahr, dass es zu Streit im Bekannten- und Verwandtenkreis kommt, der in Extremfällen sogar zur Isolation des Abnehmers führen kann; darüber hinaus kommt es– insbesondere in ländlichen Gebieten – schnell zu einer Marktsättigung. Dies hat zur Folge, dass der Abnehmer keine weiteren Systemteilnehmer anwerben kann und er somit gegebenenfalls hohe Ausgaben tätigt, ohne die versprochenen Vorteile zu erhalten. Die Betreiber derartiger Systeme nutzen damit die Unwissenheit der Käufer aus, um Gewinne zu machen, die ihnen in einer regulären Markt- und Wettbewerbssituation nicht möglich wären, und nehmen ihren Geschäftspartnern die Möglichkeit, hinreichend zu hinterfragen, ob der Erwerb der Ware von ihren finanziellen Mitteln gedeckt wird. Daher besteht auch bei Schneeballsystemen die Gefahr eines zweckverfehlten Mitteleinsatzes aufgrund einer sozial zu missbilligenden Vorspiegelung tatsächlich nicht bestehender Verdienstmöglichkeiten.

cc) Ergebnis

Festzuhalten bleibt, dass sich die Sozialschädlichkeit der progressiven Kundenwerbung aus der Summierung unterschiedlicher Strafwürdigkeitskriterien und ihrer wechselseitigen Verstärkung bzw. Kausalität ergibt. Der Einsatz von Vertriebsrepräsentanten im Freundes- Verwandten- und Bekanntenkreis führt zu einer Schädigung sozialer Beziehungen bis hin zu der Gefahr sozialer Isolation. Durch die Verschleierung von Risiken und das zu einer schnellen Marktsättigung führende progressive Element im Zusammenhang mit dem Ziel, Produkte ausschließlich in die Vertriebsstruktur zu verkaufen und diese damit auszuweiten, wird der Systemteilnehmer finanziell geschädigt. Zwar werden die Umworbenen in einigen Fällen progressiver Kundenwerbung über die Gefahr, keine weiteren Teilnehmer zu finden, in gewisser Weise aufgeklärt, um den Betrugstatbestand auszuschließen, jedoch wird dieses Risiko geschickt verschleiert. Die Tatsache, dass diese Systeme einen Anreiz zum Geschäftemachen mit der Arbeit anderer bieten, ist verwerflich und trägt, je nach Ausgestaltung des Systems, zu deren Sozialschädlichkeit bei. Die Betreiber von progressiver Kundenwerbung setzen ihre Mitmenschen bewusst diesen Gefahren aus, um sich an deren finanziellen Schaden zu bereichern und missbrauchen das Gewinnstreben oder die wirtschaftliche Notsituation eines anderen für den eigenen Gewinn. Ein solches Verhalten ist so sozialschädlich, dass die Strafe ein angemessenes Mittel zum Schutz vor den von diesen Systemen ausgehenden Gefahren darstellt. Progressive Kundenwerbung ist aus diesen Gründen strafwürdig.

2. Strafbedürftigkeit progressiver Kundenwerbung

Weitere Voraussetzung für die Existenzberechtigung einer Strafnorm ist die Strafbedürftigkeit des von ihr erfassten Verhaltens. Die Strafe muss das einzig mögliche Mittel sein, um die Gesellschaftsordnung gegen Angriffe der betreffenden Art hinreichend zu schützen. Während die Strafwürdigkeit wesentlich durch die Wertung der Sozialschädlichkeit eines Verhaltens bestimmt wird, umfasst die Strafbedürftigkeit vorrangig das Zweckmoment staatlicher Strafe. Ein strafwürdiges Verhalten ist daher dann nicht strafbedürftig, wenn andere, weniger gravierende Eingriffe als die Pönalisierung des Verhaltens, die einen besseren oder zumindest den gleichen Erfolg versprechen, zur Verfügung stehen.[358] Fraglich ist, ob die negativen Auswirkungen progressiver Kundenwerbung bereits durch weniger einschneidende bestehende zivilrechtliche oder öffentlich-rechtliche Vorschriften verhindert werden können.

a) Schutz durch zivilrechtliche Vorschriften

Zu untersuchen ist, ob nicht schon die bestehenden zivilrechtlichen Vorschriften einen ausreichenden Schutz vor den von der progressiven Kundenwerbung ausgehenden Gefahren bieten.

aa) §§ 8, 9 UWG i. V. m. §§ 3, 4, 5 UWG

Wer eine nach § 3 UWG oder § 7 UWG unzulässige geschäftliche Handlung vornimmt, kann gemäß § 8 Abs. 1 UWG auf Beseitigung und bei Wiederholungsgefahr auf Unterlassung sowie gemäß § 9 UWG auf Schadensersatz in Anspruch genommen werden. Diese wettbewerbsrechtlichen Ansprüche können auch im einstweiligen Rechtsschutz geltend gemacht werden.[359] Unlauter im Sinne von § 3 UWG und damit unzulässig sind insbesondere die im Anhang zu § 3 Abs. 3 UWG aufgeführten geschäftlichen Handlungen gegenüber Verbrauchern sowie die in § 4 UWG und § 5 UWG beschriebenen Handlungen. Hier kommt eine unlautere geschäftliche Handlung nach Ziffer 14 des Anhangs zu § 3 Abs. 3 UWG, nach § 4 Nr. 1 und 2 UWG sowie nach § 5 UWG in Betracht.

---

[358] Jescheck/Weigend, Lehrbuch des Strafrechts, AT, S. 50 f.
[359] OLG München, wistra 1986, 34 ff.; Raube, S. 34.

(1) Unlautere geschäftliche Handlung

Im Anhang zu § 3 Abs. 3 UWG werden unzulässige geschäftliche Handlungen im Sinne des § 3 UWG aufgezählt. Ziffer 14 nennt hier ausdrücklich die Schneeball- und Pyramidensysteme. Daher sind die Systeme der progressiven Kundenwerbung in ihrer Ausprägung der Schneeball- und Pyramidensysteme unlautere geschäftliche Handlungen.

Darüber hinaus ist nach § 4 Nr. 1 UWG eine geschäftliche Handlung unlauter, die geeignet ist, die Entscheidungsfreiheit der Verbraucher oder sonstigen Marktteilnehmer durch unangemessenen unsachlichen Einfluss zu beeinträchtigen. Dies ist der Fall, wenn die Beeinflussung des Kunden so nachhaltig ist, dass dieser bei Anlegung eines objektiven Maßstabs nicht mehr imstande ist, Vor- und Nachteile eines Angebots ausreichend kritisch zu würdigen, so dass die Rationalität der Verbraucherentscheidung vollständig in den Hintergrund tritt.[360] Im Rahmen der progressiven Kundenwerbung wird den Umworbenen regelmäßig suggeriert, sie könnten mit Leichtigkeit neue Kunden anwerben und in Kürze große finanzielle Gewinne erzielen.[361] Die Anwerbenden bezeichnen das Akquirieren weiterer Personen entweder ausdrücklich als einfach und verschweigen die Tatsache, dass es aufgrund der Progression immer schwieriger wird neue Kunden zu finden, oder aber es gelingt ihnen, durch das geschickte Einwirken auf den Umworbenen dessen Zweifel am Erfolg des Systems zu zerstreuen. Hierzu bedienen sie sich vielfach psychologischer Tricks[362]; beispielsweise berichten sie ausführlich von Personen, die durch die Teilnahme am System viel Geld erhalten haben und führen ihnen die Vorzüge eines Lebens im Wohlstand vor Augen. Durch geschicktes Verhalten werden die Umworbenen schließlich dazu veranlasst, Bedenken gegen das System beiseite zu schieben. Da sie nicht überblicken können, wie viele Menschen an dem System bereits teilgenommen haben, überschätzen sie ihre Werbemöglichkeiten und zahlen meist erhebliche Summen für den Eintritt in ein System, das ihnen von Anfang an keine realisierbaren Verdienstmöglichkeiten bietet. Das Anwerben anderer im Rahmen progressiver Kundenwerbung ist daher unlauter gemäß § 4 Nr. 1 UWG.

Auch ist die progressive Kundenwerbung eine unlautere geschäftliche Handlung im Sinne des § 4 Nr. 2 UWG. Geschäftliche Unerfahrenheit liegt vor, wenn eine Per-

---

[360] Piper, in: Piper/Ohly/Sosnitza, § 4 Rn. 1/12.
[361] Vgl. Dreyer, in: Harte-Bavendamm/Henning-Bodewig, § 16 Rn. 29; Bläse, S. 145.
[362] Vgl. BT-Drucksache 10/5058, S. 38.

son nicht die Kenntnis von den rechtlichen Anforderungen und den wirtschaftlichen Auswirkungen von Verträgen in einer Marktwirtschaft hat, die von einem durchschnittlich informierten, aufmerksamen und verständigen Durchschnittsverbraucher zu erwarten ist.[363] Diejenigen, die im Rahmen progressiver Kundenwerbung versuchen, weitere Teilnehmer zu gewinnen, wenden sich vor allem an Personen, die sie aus ihrem privaten Umfeld kennen. Es handelt sich bei den Umworbenen daher regelmäßig um Menschen, die keine Erfahrung im Vertrieb gesammelt haben. Diese sind jedoch nicht zwangsweise geschäftlich unerfahren im Sinne des § 4 Nr. 2 UWG, denn es ist davon auszugehen, dass ihre Kenntnisse dem eines durchschnittlich informierten, aufmerksamen und verständigen Durchschnittsverbrauchers entsprechen. Dies wäre lediglich nicht der Fall, wenn die Anwerbenden sich vorzugsweise an ältere, lese- schreib- oder sprachunkundige oder aber an psychisch kranke Menschen sowie an Kinder und Jugendliche wenden würden.[364] Dafür, dass die Anwerbenden weitere Teilnehmer vornehmlich in diesen Kreisen suchen, bestehen aber keinerlei Anhaltspunkte.

Die Systeme progressiver Kundenwerbung könnten jedoch die Leichtgläubigkeit von Verbrauchern ausnutzen. Ein Verbraucher ist leichtgläubig, wenn er aufgrund mangelnden Urteilsvermögens nicht in der Lage ist, die Vor- und Nachteile eines Geschäfts richtig einzuschätzen und gegeneinander abzuwägen und aus diesem Grund geneigt ist, den Behauptungen des Werbenden ungeprüft Glauben zu schenken. Beurteilungsmaßstab ist wiederum der durchschnittlich informierte, aufmerksame und verständige Verbraucher, bezogen auf die angesprochene Gruppe.[365] Für den Begriff des Ausnutzens kommt es darauf an, dass sich der Werbende die eingeschränkte Rationalität der Nachfrageentscheidung des Umworbenen bei der Verfolgung seiner kommerziellen Interessen absichtlich zunutze macht.[366] Da die Umworbenen als durchschnittliche Verbraucher keinen Überblick über den Stand der Progression des Systems haben und sie daher einen wesentlichen Umstand des jeweiligen Systems nicht kennen, sind sie nicht in der Lage, die Vor- und Nachteile ihrer Teilnahme realistisch einzuschätzen. Daher lassen sie sich von den Anwerbenden umso leichter von den vermeintlichen Verdienstmöglichkeiten des Systems überzeugen. Diesen Umstand machen sich die Anwerbenden zunutze. Indem sie sich in Ihrem Werbegespräch wesentlich auf die finanziellen Möglichkeiten konzentrieren, die das System bietet, bewegen sie die Umworbenen dazu, hohe Geld-

---

[363] Köhler, in: Köhler/Bornkamm, § 4 Rn. 2.23.
[364] Beispiele für geschäftliche Unerfahrenheit: Scherer, in: Fezer, UWG, § 4-2 Rn. 172 ff. und Rn. 228 ff.
[365] Köhler, in: Köhler/Bornkamm, § 4 Rn. 2.48.
[366] Piper, in: Piper/Ohly/Sosnitza, § 4 Rn. 2/4.

beträge in der Hoffnung auf einen wirtschaftlichen Vorteil in das System zu investieren. Die Akquirierenden nutzen daher die Leichtgläubigkeit von Verbrauchern aus, so dass sie gemäß § 4 Nr. 2 UWG unlauter handeln.[367]

Schließlich wirbt der im System der progressiven Kundenwerbung Tätige unter Umständen auch irreführend nach § 5 UWG[368]. Eine geschäftliche Handlung ist irreführend, wenn sie unwahre Angaben enthält oder sonst zur Täuschung geeignete Angaben über die in § 5 Abs. 1 Ziffer 1-7 genannten Umstände enthält. Gegenstand des Irreführungstatbestandes des UWG ist die Werbung mit irreführenden Angaben. Angaben im Sinne des § 5 UWG sind Tatsachenangaben, das heißt inhaltlich nachprüfbare Angaben über geschäftliche Verhältnisse.[369] Er umfasst alle Aussagen, die nach der Verkehrsauffassung für den Kaufentschluss der potentiellen Kunden wesentlich sind.[370] Eine Irreführung ist jedenfalls dann gegeben, wenn der Anwerbende Unzutreffendes über die Qualität der Produkte behauptet.

Zum Teil erklären die Anwerbenden den Umworbenen auch, es sei leicht neue Teilnehmer zu gewinnen und klären sie nicht über die mit dem System verbundenen Risiken auf. Die Behauptung, weitere Teilnehmer könnten mit Leichtigkeit akquiriert werden, könnte eine Tatsachenbehauptung sein. Diese ist von einem Werturteil abzugrenzen, bei dem die Äußerung einer objektiven gerichtlichen Beweisführung nicht zugänglich ist, sondern allein eine innersubjektive Bewertung enthält.[371] Werbeaussagen enthalten für sich allein keine täuschungsgeeigneten Tatsachen, soweit offensichtlich überzogene und einseitig positive Aussagen im Rahmen einer Risikoverteilung der Selbstverantwortung des Getäuschten zugeschrieben werden. Ihnen wird im allgemeinen Verständnis auch dann, wenn sie Tatsachenaussagen enthalten, nur geringer Wahrheitsanspruch beigemessen.[372] Bei der progressiven Kundenwerbung im Sinne des § 16 Abs. 2 UWG verhält es sich jedoch anders. Hier wird den Teilnehmern vielfach im Hinblick auf die angeblich guten Absatzmöglichkeiten versprochen, sich eine Existenzgrundlage verschaffen zu können. Diese Aussagen gehen über eine bloße Anpreisung hinaus. Wer behauptet, die Absatzmöglichkeiten seien gut, gibt damit auch zu verstehen, dass für ein Produkt ein entsprechender Bedarf vorhanden ist. Tatsächlich hängen die Ver-

---

[367] So auch Köhler, in: Köhler/Bornkamm, § 4 Rn. 1.187; BT-Drucksache 16/10145, S. 33.
[368] zustimmend Köhler/Lettl, WRP 2003, 1019, 1053.
[369] Bornkamm, in: Köhler/Bornkamm, § 5 Rn. 2.37; Reese, in: MüKo UWG, § 5 Rn. 146.
[370] Piper, in: Piper/Ohly/Sosnitza, § 5 Rn. 88.
[371] Lackner/Kühl, § 263 Rn. 5; Fischer, § 263 Rn. 9; der Tatsachenbegriff im Sinne des § 5 UWG entspricht dem im Sinne des § 263 StGB.
[372] Fischer, § 263 Rn. 10; Tiedemann, in: Leipziger Kommentar zum StGB, § 263 Rn. 13 f; Finger, ZRP 2006, 159, 160.

kaufsmöglichkeiten aber davon ab, in welchem Stadium sich das System befindet. Hat sich dieses bereits dahin ausgeweitet, dass der Markt für dieses Produkt gesättigt ist, bestehen von vornherein keine Absatzmöglichkeiten. Damit ist die Behauptung, es sei leicht, Abnehmer für ein Produkt zu finden, in den Fällen der progressiven Kundenwerbung einem Beweis zugänglich, so dass es sich um eine Tatsachenbehauptung und damit um eine Angabe im Sinn des § 5 UWG handelt.[373] Bei dieser Behauptung handelt es sich um eine objektiv unrichtige Angabe, die daher einen unrichtigen Eindruck vermittelt und irreführend ist.

Auch bei der fehlenden Aufklärung über die mit dem System verbundenen Absatzrisiken könnte es sich um eine irreführende Angabe handeln. Zwar ist Schweigen für sich allein keine Angabe, jedoch kann gemäß § 5a UWG durch das Verschweigen von Umständen eine Angabe irreführend werden. Dann müssten Umstände verschwiegen werden, die wesentlich, das heißt für den Erwerbsentschluss relevant sind und deshalb einer Aufklärungspflicht unterliegen.[374] Das ist hier der Fall. Die Möglichkeit, aus dem System progressiver Kundenwerbung einen wirtschaftlichen Vorteil zu erzielen, hängt ganz wesentlich vom Stand der Progression ab. Diese Tatsache ist für den Teilnahmeentschluss des Umworbenen entscheidend und unterliegt daher der Aufklärungspflicht.

Infolge der falschen Angabe, neue Teilnehmer könnten mit Leichtigkeit akquiriert werden, und des Verschweigens entscheidungserheblicher Angaben rufen die Anwerbenden beim Angesprochenen Fehlvorstellungen über den Gewinncharakter des Systems hervor. Progressive Kundenwerbung ist daher in diesen Fällen irreführend im Sinne des § 5 UWG und § 5a UWG.[375]

Probleme bestehen jedoch, wenn der Anwerbende den Umworbenen über die Risiken des Systems aufklärt und sich dieser angelockt von den in Aussicht gestellten Vorteilen, die ihm vom Anwerbenden auf geschickte Art und Weise vor Augen geführt werden, für eine Teilnahme am System entscheidet. Ein Verschweigen für den Entschluss wesentlicher Tatsachen liegt hierin nicht, denn dem Umworbenen werden schließlich die mit dem System verbundenen Risiken genannt, auch wenn sich der Werbende in seiner Darstellung ganz wesentlich auf die Vorteile, die dieses System bieten kann, konzentriert. Entscheidet sich der Umworbene für einen Eintritt in das System, weil er trotz Aufklärung die mit der Teilnahme am System verbundenen Vor- und Nachteile nicht sorgfältig abwägt und seine eigenen Wer-

---

[373] So auch Bläse, S. 145 f.
[374] Piper, in: Piper/Ohly/Sosnitza, § 5a Rn. Rn. 1.
[375] So auch Köhler, in: Köhler/Bornkamm, § 4 Rn. 1.187.

bemöglichkeiten überschätzt, ist eine Irreführung im Sinne des § 5 UWG in diesen Fällen abzulehnen, wenn auch ein solches System aufgrund der Verschleierung der geringen Vorteilsaussichten strafwürdig ist.[376] Die Werbung ist aber auch dann unlauter im Sinne von Ziffer 14 des Anhangs zu § 3 Abs. 3 UWG sowie von § 4 Nr. 1 und Nr. 2 UWG.

(2)   Hinreichender Schutz

Fraglich ist, ob die Vorschriften des UWG hinreichenden Schutz vor den Gefahren der progressiven Kundenwerbung gewähren. Dies ist aus zwei Gründen nicht der Fall:

Zum einen werden die wettbewerbsrechtlichen Verbote lediglich für den konkreten Verletzungsfall ausgesprochen, so dass der Veranstalter die Möglichkeit hat, sich diesen durch Abwandlung des Systems zu entziehen.[377] Zwar gilt das jeweilige Verbot auch für spätere Verletzungen, deren Kerngehalt mit dem konkret verbotenen Verhalten übereinstimmt, jedoch ist es dem Systembetreiber durch eine hinreichende Umgestaltung des Systems möglich, das System der progressiven Kundenwerbung aufrecht zu erhalten. Das wettbewerbsrechtliche Verbot läuft damit leer, so dass die Mitbewerber erneut gerichtliche Hilfe in Anspruch nehmen müssen. Da dieser Vorgang sehr zeitaufwändig ist, kann das System in der Zeit seines Bestehens einen enormen Schaden anrichten.

Zum anderen sind die aus dem UWG bestehenden Ansprüche in vielen Fällen progressiver Kundenwerbung nicht durchsetzbar. Meistens werden die Fälle der progressiven Kundenwerbung erst bekannt, wenn das System bereits zusammengebrochen ist, denn solange das System wächst, glauben die Angeworbenen an ihre guten Verdienstaussichten und machen keine Schadensersatzansprüche geltend. Ein Unterlassungsgebot kommt in diesem Fall zu spät, denn es fehlt regelmäßig an einem Vermögen, in das vollstreckt werden kann oder die Vollstreckung führt aufgrund der hohen Zahl der Anspruchsberechtigten zur Insolvenz.[378] Ein Ersatzanspruch steht gemäß § 9 UWG nur den Mitbewerbern zu und kann darüber hinaus oft nicht realisiert werden, weil die Veranstalter der progressiven Systeme häufig keinen festen Geschäftsbetrieb auf deutschem Boden haben und sich etwaigen

---

[376] S. o. Abschnitt E.I.1.b)aa).
[377] BT-Drucksache 10/5058, S. 38; 8/2145, S. 13; Bornkamm, in: Köhler/Bornkamm, § 16 Rn. 31; Nack, in: Müller-Gugenberger/Bieneck, § 59 Rn. 46; Raube, S. 34; Schlüchter, S. 124; Romanovszky, StWK 8/94, Gruppe 20, 427, 428; Grebing, wistra 1984, 169.
[378] BT-Drucksache 10/5058, S. 38; Schlüchter, S. 124; Romanovszky, StWK 8/94, Gruppe 20, 427, 428.

Nachforschungen der geschädigten Mitbewerber regelmäßig entziehen.[379] Die gegen den Systembetreiber bestehenden Ansprüche sind daher in einer Vielzahl von Fällen nicht durchsetzbar und für den Systembetreiber nicht mit einschneidenden Folgen verbunden. Dadurch ist der auf ihn ausgeübte Druck nicht so groß, dass er gezwungen wird, von dem Betreiben eines progressiven Systems Abstand zu nehmen.

Daher ist festzustellen, dass die wettbewerbsrechtlichen Vorschriften keinen umfassenden Schutz der Abnehmer, Mitbewerber und der Allgemeinheit vor den von der progressiven Kundenwerbung ausgehenden Gefahren bieten.

bb) § 826 BGB

Fraglich ist, ob die progressive Kundenwerbung durch die Vorschrift des § 826 BGB hinreichend unterbunden wird. Diese Norm gewährt dem angeworbenen Systemteilnehmer, der durch die Teilnahme an dem System einen Vermögensverlust erleidet, einen Schadensersatzanspruch gegen den Betreiber. Der Begriff der Sittenwidrigkeit im Sinne des § 826 BGB entspricht dem des § 138 BGB.[380] Das System der progressiven Kundenwerbung ist nach § 138 BGB sittenwidrig, aus den oben dargestellten Gründen sogar strafwürdig.[381] Der Initiator könnte dadurch, dass er sich bei Betreiben eines Systems progressiver Kundenwerbung einer Vielzahl von Schadensersatzansprüchen ausgesetzt sieht, dazu veranlasst werden, aufgrund dieser finanziellen Risiken, von seinem Vorhaben Abstand zu nehmen. Wie aber bereits ausgeführt, sind diese gegen ihn bestehenden Ansprüche oft nicht durchsetzbar, so dass die Risiken für den Initiator entsprechend gering sind. Er wird daher auch durch einen gegen ihn drohenden Schadensersatzanspruch gemäß § 826 BGB nicht von dem Betreiben eines solchen Systems abgehalten. Ein solcher Anspruch bietet daher keinen ausreichenden Schutz gegen die von den Systemen progressiver Kundenwerbung ausgehenden Gefahren.

cc) § 812 Abs. 1 Satz 1 Alt. 1 BGB

Ein Anspruch des Systemteilnehmers auf Rückgewähr des im Zusammenhang mit dem System der progressiven Kundenwerbung gezahlten Geldbetrages kann den Betreiber eines Systems progressiver Kundenwerbung ebenso wie ein Anspruch

---

[379] BT-Drucksache 8/2145, S. 13.
[380] Sprau, in: Palandt, § 826 Rn. 4.
[381] BGH, NJW 1979, 868 f.; BGH, NJW 1997, 2314 f.; OLG Köln, BB 1971, 1209, 1210; OLG München, wistra 1986, 34, 35; LG Rostock, Beschluss vom 11.11.1998, 1 T 38/98; AG Köln, Urteil vom 18.02.2004, 112 C 551/03; Ellenberger, in: Palandt, § 138 Rn. 87.

nach § 826 BGB aus den oben genannten Gründen nicht vom Initiieren eines solchen Systems abhalten. Daher bietet auch dieser Anspruch keinen hinreichenden Schutz vor den von diesen Systemen ausgehenden Gefahren für die Abnehmer, die Mitbewerber und die Allgemeinheit.

b) Schutz durch öffentlich-rechtliche Vorschriften

Zu untersuchen ist, ob durch öffentlich-rechtliche Vorschriften ein hinreichender Schutz vor den aus den Systemen der progressiven Kundenwerbung erwachsenden Nachteilen gewährt werden kann. In Betracht kämen hier ausschließlich Normen des Gewerberechts. So könnte eine Gewerbeuntersagung gemäß § 15 Abs. 2 GewO oder gemäß § 35 Abs. 1 GewO die Abnehmer, Mitbewerber und die Allgemeinheit hinreichend vor den Gefahren eines solchen Systems schützen. Voraussetzung einer Anwendung gewerberechtlicher Vorschriften ist, dass der Betrieb eines Gewerbes vorliegt. Der Gewerbebegriff der GewO umfasst eine selbständige, erlaubte, auf Dauer ausgeübte und auf Gewinnerzielung gerichtete Tätigkeit unter Ausschluss der freien Berufe.[382] Bei der progressiven Kundenwerbung könnte es an dem Merkmal des „Erlaubtseins" fehlen. Eine Tätigkeit ist jedenfalls dann nicht erlaubt, wenn sie generell, etwa durch Strafgesetze, verboten ist.[383] Die progressive Kundenwerbung ist durch das Strafgesetz des § 16 Abs. 2 UWG verboten. Diese Norm muss an dieser Stelle jedoch unberücksichtigt bleiben, da hier gerade untersucht wird, ob die Existenz des § 16 Abs. 2 UWG überhaupt berechtigt ist.

Die ganz überwiegende Auffassung sieht nicht nur die Tätigkeiten als nicht erlaubt an, die nicht vom Gesetzgeber ausdrücklich verboten sind, sondern auch solche Tätigkeiten, die den allgemein anerkannten sittlichen und moralischen Wertvorstellungen zuwiderlaufen und für die wegen ihrer generellen Sozialschädlichkeit nach der Überzeugung der Rechtsgemeinschaft eine Anwendung gewerberechtlicher Vorschriften, insbesondere der Gewerbeordnung, schlechthin nicht in Betracht kommt.[384] Die progressive Kundenwerbung ist aufgrund der Verschleierung von Risiken im Zusammenhang mit dem Kettenelement und aufgrund der Belastung sozialer Beziehungen als sozialschädlich einzustufen. Auch ist dieses System, wie zuvor erörtert, sittenwidrig. Es handelt sich bei der progressiven Kundenwerbung daher um ein sozial unwertiges und strafwürdiges System, so dass das Merkmal des

---

[382] BVerwGE 3, 178, 180; 14, 125, 125; Tettinger, in: Tettinger/Wank, § 1 Rn. 7 ff.
[383] Tettinger, in: Tettinger/Wank, § 1 Rn. 33.
[384] Kahl, in: Landmann/Rohmer, GewO I, Einl. Rn. 42 ff.; Friauf, § 1 Rn. 135; Tettinger, in: Tettinger/Wank, § 1 Rn. 35; Sprenger-Richter, in: Robinski, Gewerberecht, S. 31.

„Erlaubtseins" zu verneinen ist. Gewerberechtliche Vorschriften sind daher in Bezug auf die Systeme der progressiven Kundenwerbung nicht anwendbar.

c) **Ergebnis**

Im Ergebnis ist festzuhalten, dass weder zivilrechtliche noch öffentlich-rechtliche Vorschriften ausreichenden Schutz vor den von dem System der progressiven Kundenwerbung ausgehenden Gefahren gewähren. Aus diesem Grund besteht ein Bedürfnis, dieses sozialschädliche Vertriebssystem durch eine strafrechtliche Verbotsnorm zu untersagen.

3. Ausreichender Schutz durch bestehende Strafvorschriften

Die Existenz des § 16 Abs. 2 UWG ist darüber hinaus nur dann berechtigt, wenn nicht bereits bestehende strafrechtliche Vorschriften ausreichenden Schutz vor den Gefahren der progressiven Kundenwerbung bieten. Das durch § 16 Abs. 2 UWG unter Strafe gestellte Unrecht könnte bereits von den Straftatbeständen des § 263 StGB, der §§ 284 ff. StGB oder des § 16 Abs. 1 UWG vollständig erfasst sein, so dass die Norm des § 16 Abs. 2 UWG nicht erforderlich und ihre Existenz daher nicht berechtigt wäre.

a) **§ 263 StGB**

Ebenso wie § 16 Abs. 2 UWG schützt § 263 StGB vor der Irreführung durch einen anderen. Daher ist zu untersuchen, ob sich die Fälle der progressiven Kundenwerbung unter den Tatbestand des Betruges fassen lassen.

aa) **Täuschung**

Der Betrugstatbestand setzt eine Täuschung über Tatsachen voraus. Dies ist jede Einwirkung auf das Vorstellungsbild eines anderen, um eine Fehlvorstellung über Tatsachen hervorzurufen.[385] Zum einen ist eine Täuschung zu bejahen, wenn der Anwerbende unwahre Angaben über die Qualität der Produkte macht. Darüber hinaus täuscht der Akquirierende über die Absetzbarkeit der Produkte, wenn er darlegt, es sei leicht, Neukunden anzuwerben, ohne auf die Abhängigkeit des Systems von der Teilnehmerzahl hinzuweisen. Die Behauptung, Neukunden könnten mit Leichtigkeit angeworben werden, stellt nämlich wie bereits ausgeführt eine Tatsachenbehauptung dar. Verschweigt der Werber im Rahmen der Werbehandlung die

---

[385] Fischer, § 263 Rn. 14.

mit dem System verbundenen Risiken, so täuscht er konkludent durch aktives Tun[386] und wirkt derart auf die Vorstellung des Umworbenen ein, dass bei diesem der Eindruck entsteht, er könne durch den Eintritt in das System ohne Schwierigkeiten hohe Gewinne erzielen.[387] Folglich liegen sowohl in den unwahren Angaben über die Qualität der Ware als auch in der Behauptung, diese sei leicht abzusetzen, sowie in dem Verschweigen der mit dem System verbundenen Risiken Täuschungen über Tatsachen.

In einigen Fällen ist das Vorliegen einer Täuschung jedoch abzulehnen, nämlich dann, wenn die Werber sich auf grundsätzlich richtige, abstrakte Berechnungen stützen, ohne zu behaupten, dass diese hohen Verdienste von jedem Teilnehmer erzielt werden können.[388] Auch eine konkludente Täuschung ist abzulehnen, wenn der Anwerbende ausdrücklich „keine Garantie für den Eintritt des geschäftlichen Erfolges übernimmt".[389] Eine Täuschung liegt weiterhin dann nicht vor, wenn der Anwerbende den Geworbenen durch eine so genannte Rückversicherungsklausel über die Abhängigkeit des Systems von der Teilnehmerzahl und das damit verbundene Risiko aufklärt.[390] Sofern die Werbenden ihren potentiellen Neukunden weiterhin geschickt die Möglichkeit hoher Gewinne oder den kostenlosen Erwerb von Ware in Aussicht stellen und ihnen die Vorzüge eines erfolgreichen Lebens, unter Umständen veranschaulicht anhand des tatsächlichen Erfolges einzelner Teilnehmer, vor Augen halten, sind diese Vorteile für viele Menschen so verlockend, dass sie sich trotz der zuvor erfolgten Aufklärung über das damit verbundene Risiko für die Teilnahme an einem progressiven System entscheiden. Gerade Menschen mit finanziellen Problemen verdrängen die mit diesem System verbundenen Risiken in der Hoffnung auf einen Gewinn. Damit gelingt es den Akquirierenden in vielen Fällen durch die Art und Weise ihrer Darstellung, auf der einen Seite eine den Betrug ausschließende Aufklärung vorzunehmen, auf der anderen Seite aber auch die Angeworbenen dazu zu veranlassen, Bedenken gegenüber ihren Verdienstmöglichkeiten schnell beiseite zu schieben. Eine Strafbarkeit der Anwerbenden wegen Betruges scheidet in diesen Fällen mangels einer Täuschungshandlung aus.

---

[386] Bläse, S. 146.
[387] S. o. Abschnitt E.I.2.a)aa)(1).
[388] Finger, ZRP 2006, 159, 160.
[389] StA München I, wistra 1986, 36, 37.
[390] Granderath, wistra 1988, 173, 174.

bb) Irrtum

In denjenigen Fällen, in denen eine Täuschung zu bejahen ist, müsste diese einen Irrtum verursachen. Irrtum ist jede unrichtige, der Wirklichkeit nicht entsprechende Vorstellung über Tatsachen.[391] Spiegelt der Anwerber dem potentiellen Neukunden vor, das Anwerben anderer sei einfach und der Verdienst damit sehr hoch und wird ihm diese Behauptung geglaubt, so irrt der Angeworbene aufgrund einer Täuschung des Anwerbers.

Im Einzelfall kann es aber an einem Irrtum des Angeworbenen fehlen, etwa wenn er über das mit der progressiven Kundenwerbung verbundene Risiko nicht irrt, sondern in Kenntnis dieses Risikos auf den Eintritt der von dem Werbenden versprochenen Absatz- und Verdienstmöglichkeiten hofft.[392]

cc) Vermögensverfügung

Der angeworbene Teilnehmer müsste aufgrund seines Irrtums über sein Vermögen verfügen. Dies ist jedes Tun, Dulden oder Unterlassen des Getäuschten, das bei diesem selbst oder bei einem Dritten unmittelbar zu einer Vermögensminderung im wirtschaftlichen Sinn führt.[393] Bei sämtlichen Formen der progressiven Kundenwerbung entrichtet der Angeworbene einen Geldbetrag, um an dem System teilnehmen zu können. Daher ist das Tatbestandsmerkmal der Vermögensverfügung bei allen Varianten der progressiven Kundenwerbung erfüllt.

dd) Vermögensschaden

Im Zuge der Vermögensverfügung müsste ein Vermögensschaden eingetreten sein. Vermögensschaden im Sinne von § 263 StGB ist ein negativer Saldo zwischen dem Wert des Vermögens vor und nach der irrtumsbedingten Vermögensverfügung des Getäuschten.[394] Daher ist festzustellen, ob das durch die Vermögensverfügung Geleistete wirtschaftlich voll durch eine Gegenleistung ausgeglichen wird.

(1) Der Vermögensschaden im Rahmen der Schneeballsysteme

Bei den Schneeballsystemen kauft der Abnehmer Waren und bekommt diese durch das Anwerben weiterer Käufer zu einem vergünstigten Preis. In dem obigen Bei-

---

[391] Wessels/Hillenkamp, Strafrecht Besonderer Teil/2, Rn. 508.
[392] Fischer, § 263 Rn. 56.
[393] BGHSt 14, 170, 171; Wessels/Hillenkamp, Strafrecht Besonderer Teil/2, Rn. 514.
[394] BVerfG NStZ 1998, 506, 506; BGH 16, 220, 221; 30, 388, 389.

spielsfall[395] konnte eine Textilienzusammenstellung durch das Anwerben von fünf weiteren Abnehmern anstatt für 42,50 DM für 2,50 DM erworben werden. Gelang es dem Kunden nicht, fünf weitere Käufer zu werben, hatte er eine entsprechende (Teil-) Zahlung zu erbringen. Er wendete somit höchstens 42,50 DM auf, wenn er gar keinen Kunden warb. Im Gegenzug erhielt er die entsprechende Ware. Ein Vermögensschaden lässt sich deshalb bei solchen Systemen nur annehmen, wenn die Ware ihren Preis nicht wert ist.

(2) **Der Vermögensschaden im Rahmen der Pyramidensysteme**

Bei den Pyramidensystemen verpflichtet sich der Käufer meist zur Abnahme von großen Warenbeständen. Teilweise handelt es sich um minderwertige und schwer absetzbare Produkte. Häufig verpflichtet sich der Teilnehmer darüber hinaus zur Entrichtung von Seminargebühren. Hierfür erhält er Informationen und Unterlagen. Ein Vermögensschaden liegt grundsätzlich dann vor, wenn die erworbene Ware ihren Preis nicht wert ist. Dies ist sicherlich bei minderwertiger Ware der Fall. Die Schwierigkeit bei der Beurteilung des Vermögensschadens im Rahmen von Pyramidensystemen besteht aber oft darin, dass der Marktwert der Gegenleistung im Pyramidensystem, insbesondere der Wert von Seminaren, schwer zu ermitteln ist. Daher wird in Zweifelsfällen ein großzügiger Maßstab angewandt, so dass auch bei den Pyramidensystemen ein Vermögensschaden in vielen Fällen abgelehnt werden muss.[396]

(3) **Der persönliche Schadenseinschlag**

Festgestellt worden ist, dass ein Vermögensschaden durch die progressive Kundenwerbung nur dann hervorgerufen wird, wenn der Wert der Ware bzw. der Seminarleistungen hinter dem hierfür gezahlten Preis zurückbleibt, denn grundsätzlich ist für die Prüfung eines Schadens nur die objektive Sachlage maßgeblich.[397] Eine Ausnahme hiervon wird in den Fällen des so genannten „persönlichen Schadenseinschlags" gemacht. Danach kommt es auf den Wert der Vermögensverschiebung für die individuellen wirtschaftlichen Verhältnisse des Verfügenden an. Ein Vermögensschaden durch einen persönlichen Schadenseinschlag ist zu bejahen, wenn dem Opfer Mittel entzogen werden, die für die ordnungsgemäße Erfüllung seiner sonstigen Verbindlichkeiten sowie für eine angemessene Wirtschafts- und Lebensführung unerlässlich sind, wenn das Opfer zu weiteren vermögensschädi-

---

[395] S. o. Abschnitt B.I.1.; HansOLG Hamburg, MDR 1951, 492 ff.= BB 1951, 514 ff.
[396] So auch Bläse, S. 149.
[397] Fischer, § 263 Rn. 146; Satzger, in: Satzger/Schmitt/Widmaier, § 263 Rn. 138.

genden Maßnahmen genötigt wird oder wenn das Opfer die Gegenleistung nicht oder nicht in vollem Umfang zu dem vertraglich vorausgesetzten Zweck oder in anderer zumutbarer Weise verwenden kann.[398]

Im Schneeballsystem erhält der Erwerber die Möglichkeit, durch das Anwerben weiterer Abnehmer die Ware zu einem vergünstigten Preis zu bekommen. Er verpflichtet sich in der Regel nicht zur Abnahme großer Warenbestände zu hohen Preisen, sondern zum Erwerb einzelner Produkte, so dass die Zahlungsverpflichtungen in den meisten Fällen nicht existenzbedrohlich sind. Es ist daher davon auszugehen, dass der Teilnehmer eines Schneeballsystems in der Regel weder zu vermögensschädigenden Maßnahmen genötigt noch in seiner Lebensführung beeinträchtigt wird.

Anders könnte der Fall hingegen bei den Pyramidensystemen liegen. Viele Menschen sehen in der Teilnahme an einem Pyramidensystem die Möglichkeit, hohe Gewinne zu erzielen. Hierfür verpflichten sie sich, große Warenbestände zu hohen Preisen abzunehmen. Besonders leicht sind Menschen in Geldnot für die Teilnahme an einem Pyramidensystem zu gewinnen. Diese sind oft bereit, sich zunächst einen Kredit aufzunehmen oder sich Geld bei anderen zu leihen, in der Hoffnung, den Leihbetrag in Folge hoher Gewinne schnell zurückzahlen zu können. Sollte die Verschuldung solche Ausmaße annehmen, dass der Angeworbene in seiner Existenz gefährdet wird, ist ein „persönlicher Schadenseinschlag" zu bejahen.

Festzuhalten ist somit, dass ein Vermögensschaden auch dann vorliegen kann, wenn der Wert der Ware oder der Seminarleistung dem dafür bezahlten Preis entspricht. Ein „persönlicher Schadenseinschlag" liegt vor, wenn sich der Teilnehmer in der Hoffnung auf einen Gewinn zu Zahlungen verpflichtet, die sein Kapital so weit übersteigen, dass er in seiner Existenz gefährdet ist. Ob ein Vermögensschaden bejaht werden kann, ist somit stark einzelfallabhängig.

ee) **Bereicherungsabsicht**

Der Tatbestand des Betruges setzt in subjektiver Hinsicht neben dem Vorsatz die Absicht voraus, sich oder einem Dritten einen rechtswidrigen Vermögensvorteil zu verschaffen. Zwischen dem Schaden und der Bereicherung des Täters muss eine Stoffgleichheit bestehen. Dies ist der Fall, wenn der Schaden des Verfügenden die

---

[398] BGHSt 16, 321, 326 ff.; Wessels/Hillenkamp, Strafrecht Besonderer Teil/2, Rn. 547; Arzt/Weber, 20/92 f.; Küper BT, S. 380; Rengier, BT/1, § 13 Rn. 76 ff.; Schmoller, ZStW 103 (1991), 92, 94 ff.; Fahl, JA 1995, 198 ff.

Kehrseite der Bereicherung des Täters darstellt.[399] Der Systembetreiber versucht, andere zu einem Eintritt in das System zu bewegen, damit er an diese seine Ware zu teuren Preisen verkaufen kann. Insofern will er sich direkt durch das von den angeworbenen Teilnehmern geleistete Geld bereichern. Die übrigen anwerbenden Systemteilnehmer möchten für das Akquirieren weiterer Personen vom Systembetreiber eine Kopfprämie erhalten. Diese ist nicht stoffgleich mit dem von den neu Angeworbenen für den Warenerwerb gezahlten Geld. Eine Stoffgleichheit zwischen Schaden und Vermögensvorteil besteht jedoch, wenn man auf die Drittbereicherungsabsicht abstellt. Die Anwerbenden beabsichtigen nämlich, nicht nur sich selbst, sondern auch den Systembetreiber zu bereichern. Dessen Vorteil korrespondiert wiederum mit dem Vermögensschaden des neu Angeworbenen.[400]

ff)   Ergebnis zu § 263 StGB

Die Fälle der progressiven Kundenwerbung werden nicht vollständig durch den Tatbestand des Betruges abgedeckt. Zwar handelt der Täter in der Regel mit Bereicherungsabsicht, jedoch sind die Merkmale des objektiven Tatbestands in vielen Fällen zu verneinen. Vielmals fehlt es bereits am Tatbestandsmerkmal der Täuschung; auch liegt ein Irrtum vereinzelt nicht vor. Darüber hinaus scheidet ein Vermögensschaden in der Regel aus, wenn die erstandene Ware ihren Preis wert ist. Der Tatbestand des § 263 StGB erfasst also nicht die progressive Kundenwerbung an sich, sondern nur einzelne vermögensschädigende Maßnahmen innerhalb dieses Systems. Betrug ist ein Vermögensdelikt, dass die vermögensschädigende Täuschung mit Strafe bedroht.[401] Der Unrechtsgehalt der progressiven Kundenwerbung geht jedoch darüber hinaus. Das Unrecht der progressiven Kundenwerbung liegt in Verbindung mit der Verschleierung von systemimmanenten Risiken insbesondere in dem progressiven Element, infolge dessen eine Marktsättigung erreicht wird. Hinzu kommt, dass mit der Werbung im privaten Freundes-, Verwandten- und Bekanntenkreis eine Schädigung sozialer Beziehungen verbunden ist. § 263 StGB gewährleistet keinen ausreichenden Schutz vor diesen von den Systemen der progressiven Kundenwerbung ausgehenden Gefahren.

b)   §§ 284 ff. StGB

Der Tatbestand des § 16 Abs. 2 UWG könnte von den so genannten Glücksspieltatbeständen der §§ 284 ff. StGB umfasst sein. Nach einhelliger Auffassung tritt

---

[399]   Fischer, § 263 Rn. 187; Satzger/Schmitt/Widmaier, § 263 Rn. 228.
[400]   Vgl. BGH, NJW 1961, 684 f.
[401]   Wessels/Hillenkamp, Strafrecht Besonderer Teil/2, Rn. 489.

eine Strafbarkeit gemäß §§ 284 ff. StGB hinter die Spezialnorm des § 16 Abs. 2 UWG zurück.[402] Die Existenz dieser Norm wäre jedoch nicht berechtigt, wenn sämtliche Fälle progressiver Kundenwerbung auch von den Glücksspieltatbeständen erfasst würden. Insbesondere von der älteren Rechtsprechung wurde eine Bestrafung desjenigen, der ein Schneeball- oder Pyramidensystem betreibt, nach den §§ 284 ff. StGB bejaht.[403] Da innerhalb dieser Tatbestände das Vorliegen einzelner Merkmale umstritten ist, sollen in dieser Arbeit sämtliche Voraussetzungen der Glücksspieltatbestände untersucht werden.

aa) Systematik der Tatbestände

Der Grundtatbestand der Glücksspieltatbestände ist § 284 StGB. Dieser stellt das öffentliche Glücksspiel ohne behördliche Erlaubnis unter Strafe. Als Glücksspiel ist ein Spiel anzusehen, bei dem die Entscheidung über Gewinn und Verlust nicht wesentlich von den Fähigkeiten und Kenntnissen und vom Grade der Aufmerksamkeit der Spieler bestimmt wird, sondern allein oder hauptsächlich vom Zufall.[404] Lotterie und Ausspielung sind Sonderformen des Glücksspiels, die in § 287 StGB besonders geregelt sind.[405] Um eine Lotterie handelt es sich, wenn eine Mehrzahl von Personen vertragsgemäß die Möglichkeit eröffnet wird, nach einem bestimmten Lotterieplan gegen ein bestimmtes Entgelt (Einsatz) die Chance auf einen Geldgewinn zu erlangen.[406] Eine Ausspielung liegt vor, wenn an Stelle von Geld Sachen oder andere geldwerte Vorteile gewonnen werden können.[407] Voraussetzung ist, wie bei der Lotterie, das Spielen nach einem vom Unternehmer einseitig festgelegten Spielplan.[408]

bb) Zufall

Allen Glücksspieltatbeständen ist gemein, dass der Gewinn oder Verlust des jeweiligen Teilnehmers vom Zufall abhängen muss. Als Zufall ist das Wirken einer un-

---

[402] Groeschke/Hohmann, in: MüKo StGB, § 287 Rn. 16; von Bubnhoff, in: Leipziger Kommentar zum StGB, § 287 Rn. 15; Eser/Heine, in: Schönke/Schröder, § 287 Rn. 13a; Hoyer; Arzt, Festschrift für Koichi Miyazawa, 519, 527 f.
[403] RGSt 34, 140 ff.; 34, 321 ff.; 34, 390 ff.; BGHSt 2, 79 ff.; 2, 139 ff.
[404] BGHSt 2, 274, 276; 36, 74, 75; BGH, NStZ 2003, 372, 373; Lackner/Kühl, § 284 Rn. 2; Wohlers, in: Kindhäuser/Neumann/Paeffgen, § 284 Rn. 8; Eser/Heine, in: Schönke/Schröder, § 284 Rn. 5.
[405] BGHSt 34, 171, 179; Lackner/Kühl, § 284 Rn. 4.
[406] Vgl. § 3 Abs. 3 Satz 1 Lotterie-Staatsvertrag; Fischer, § 287 Rn. 2; Rosenau, in: Satzger/Schmitt/Widmaier, § 287 Rn. 3.
[407] Vgl. § 3 Abs. 3 Satz 2 Lotterie-Staatsvertrag; Fischer, § 287 Rn. 3.
[408] Lackner/Kühl, § 287 Rn. 1; von Bubnhoff, in: Leipziger Kommentar zum StGB, § 287 Rn. 3; Groeschke/Hohmann, in: MüKo StGB, § 287 Rn. 5.

berechenbaren, der entscheidenden Mitwirkung der Beteiligten entzogenen Ursächlichkeit anzusehen.[409] In den Fällen der progressiven Kundenwerbung weitet sich die Zahl der Teilnehmer nach dem Prinzip der geometrischen Reihe aus. Dadurch wird es für den neuen Mitspieler umso schwerer, neue Teilnehmer zu gewinnen, je weiter das System bereits fortgeschritten ist. Zu Beginn solcher Systeme besteht auf dem Markt unter Umständen noch ein Bedarf an den vertriebenen Produkten, so dass es in diesem Zeitpunkt noch auf die Überzeugungskraft und das Geschick des Anwerbenden ankommen mag. Die Zahl der Angeworbenen und der Erfolg oder Misserfolg des Anwerbenden hängt dann noch von seinen persönlichen Fähigkeiten ab. Nach einer gewissen Zeit ist aufgrund der progressiven Ausweitung des Systems ein Anwerben anderer jedoch kaum noch möglich, egal wie geschickt sich der Anwerbende in Bezug auf das Gewinnen von Neuteilnehmern verhält. Sein Erfolg ist damit seinen persönlichen Fähigkeiten weitestgehend entzogen. Aus objektiver Sichtweise lässt sich damit eine Abhängigkeit des Systems vom Zufall feststellen, denn der Anwerbende weiß gerade nicht, in welchem Stadium der Progression sich das System bereits befindet.

Zu beachten ist jedoch, dass die Systemteilnehmer ein Anwerben anderer in der Regel für einfach halten. Das bedeutet, dass sie sich der Zufallsabhängigkeit gar nicht bewusst sind. Fraglich ist daher, ob eine Bestrafung nach den Glücksspieltatbeständen voraussetzt, dass die Abhängigkeit des Systems vom Zufall für den Mitspieler erkennbar ist. Der jeweilige Wortlaut der §§ 284 ff. StGB gibt auf diese Rechtsfrage keine Antwort. Daher ist zusätzlich der Sinn und Zweck dieser Strafvorschriften heranzuziehen. Dieser ist im Einzelnen strittig.

Nach Auffassung des Gesetzgebers liegt der Zweck der §§ 284 ff. StGB darin, eine übermäßige Anregung der Nachfrage nach Glücksspielen zu verhindern, durch staatliche Kontrolle einen ordnungsgemäßen Spielablauf zu gewährleisten, eine Ausnutzung des natürlichen Spieltriebs zu privaten oder gewerblichen Gewinnzwecken zu verhindern und einen nicht unerheblichen Teil der Einnahmen aus Glücksspielen (mindestens 25 %) zur Finanzierung gemeinnütziger oder öffentlicher Zwecke heranzuziehen.[410]

Dieser Auffassung hat sich ein großer Teil der Rechtsprechung und Literatur angeschlossen, jedoch werden innerhalb dieser Meinung verschiedene Einzelaspekte betont. So vertritt ein Teil der Rechtsprechung sowie der Literatur den Standpunkt,

---

[409] RGSt 62, 163, 165; Eser, in: Schönke/Schröder, § 284 Rn. 5; Lampe, JuS 1994, 737, 739.
[410] BT-Drucksache 13/8587, S.67.

dass die Glücksspieltatbestände die „wirtschaftliche Ausbeutung der natürlichen Spielleidenschaft des Publikums unter staatliche Kontrolle und Zügelung nehmen sollen"[411]oder dass das Vermögen der Spieler „vor einer leichtfertigenden Gefährdung durch den Inhaber sowie vor einer Ausbeutung durch andere zu schützen ist".[412]

Andere aber erblicken in den §§ 284 ff. StGB abstrakte Vermögensgefährdungsdelikte, die die Spielteilnehmer lediglich vor der Möglichkeit des Falschspiels anderer Spielteilnehmer schützen sollen. Nach dieser Auffassung geht es in den Glücksspieltatbeständen um die Absicherung eines ordnungsgemäßen Spielbetriebes.[413]

Die letztgenannte Ansicht greift zu kurz, da sie nur einen Teilaspekt der vom Glücksspiel ausgehenden Gefahren erfasst. Die hauptsächlichen negativen Auswirkungen des Glücksspiels entstehen aber nicht durch das Falschspielen anderer, sondern durch den Spieltrieb des einzelnen Teilnehmers sowie dessen Ausnutzung durch andere. Die §§ 284 ff. StGB sollen vor Gefahren schützen, die dem Vermögen des Spielers drohen. Diese sind insbesondere in dem eigenen Spieltrieb und der Ausnutzung dieser Spielleidenschaft durch andere zu erblicken. Spielen kann zu einer Sucht werden, die den Spieler ins soziale Abseits manövriert. Hierdurch wird nicht nur der Spieler selbst geschädigt, sondern auch seine Familie. Dem steht nicht entgegen, dass lediglich das Glücksspiel ohne behördliche Erlaubnis unter Strafe gestellt worden ist. Die Beschränkung der Strafbarkeit beruht auf der Erwägung, dass das Glücksspiel in eingeschränktem Maße betrieben werden kann, so lange der Staat die Kontrolle hierüber ausübt.[414]

Sollen die §§ 284 ff. StGB aber das Vermögen des Mitspielers vor einer Gefährdung zumindest auch durch seinen eigenen Spieltrieb, das heißt durch sich selbst, schützen, ist daraus zu folgern, dass dem Spielteilnehmer bewusst sein muss, dass er an einem Glücksspiel teilnimmt. Dem Mitspieler muss die Abhängigkeit seines Gewinns vom Zufall erkennbar sein, denn nur dann ist der die Suchtgefahr birgende Spieltrieb betroffen. Weiß der Mitspieler hingegen nicht, dass er an einem Glücksspiel teilnimmt, sondern beurteilt er die Erfolgsaussichten als von seinem

---

[411] RGSt 62, 385, 387; 65, 194, 195; BGHSt 11, 209, 210; BayObLG NStZ 1993, 491, 492; Volmer, GRUR 1953, 196, 197.
[412] Bläse, S. 136; Lampe, JuS 1994, 737, 741; ders., JR 1987, 384 f., Anmerkung zu BGHSt 34, 171; ähnlich Meurer/Bergmann, JuS 1983, 668, 671; Schmidt, ZStW 41 (1921), 609, 609.
[413] Hoyer, in: Systematischer Kommentar zum StGB, § 284 Rn. 1 ff.; Eser/Heine, in: Schönke/Schröder, § 284 Rn. 2c; Heine, wistra 2003, 441, 442.
[414] Vgl. BayObLG NJW 2004, 1057, 1058.

Geschick abhängig, scheidet eine Bestrafung nach den Glücksspieltatbeständen aus, da diese Konstellation vom Sinn und Zweck dieser Straftatbestände nicht erfasst ist.[415] Aus diesem Grund ist auch für § 287 StGB zu fordern, dass bei einer Lotterie sowie bei einer Ausspielung die Zufallsabhängigkeit des Erfolges aus dem Spielplan hervorgehen muss.[416]

Das Tatbestandsmerkmal des Zufalls setzt somit eine Erkennbarkeit desselbigen voraus. Bei dem System der progressiven Kundenwerbung ist die Abhängigkeit eines wirtschaftlichen Vorteils vom Zufall für den Teilnehmer aber in aller Regel nicht ersichtlich. Vielmehr denkt er, es sei leicht, andere zu einem Eintritt in dieses Vertriebssystem zu bewegen oder schiebt etwaige Bedenken gegen seinen Erfolg sofort beiseite. Daher scheidet eine Strafbarkeit gemäß § 284 ff. StGB in den meisten Fällen bereits aus diesem Grund aus.

cc)   **Einsatz**

Nach ganz herrschender Auffassung ist weitere Voraussetzung der Glücksspieltatbestände der Einsatz, durch den die Aussicht auf den Vorteil erlangt wird. Einsatz ist jede nicht unbeträchtliche Leistung, die in der Hoffnung auf Wiedererhalt bzw. Gewinn einer höherwertigen (etwa um die Einsätze der übrigen Mitspieler vermehrten) Leistung und mit dem Risiko des Verlustes an den Gegenspieler oder Veranstalter erbracht wird.[417]

Die ältere Rechtsprechung hat vereinzelt den Standpunkt vertreten, dass das Vorliegen eines Einsatzes nicht Voraussetzung des § 284 StGB sei. Es sei rechtlich ohne Bedeutung, so das Reichsgericht, ob der Spieler die Gefahr eines Verlustes trage, wenn nur der Gewinn vom Zufall abhängig sei.[418] Diese Meinung ist abzulehnen. § 284 StGB ist eine Strafnorm, die die Spieler vor Angriffen auf ihr Vermögen durch die Spieler selbst sowie durch andere schützen soll. Erlitten die Spieler durch die Teilnahme mangels Einsatzes keinen Vermögensverlust, bestünden auch nicht die durch das Glücksspiel verursachten Gefahren. Verliert ein Spieler nämlich seinen Einsatz, versucht er, diesen durch ein weiteres Spiel auszugleichen. Dieses Verhalten führt regelmäßig zu einer Vergrößerung seines finanziellen Ver-

---

[415] Bläse, S. 143 f.; so auch Volmer, GRUR 1953, 196, 198; Lampe, GA 1977, 33, 41 f.
[416] So auch RGSt 60, 385, 387; Fischer, § 287 Rn. 2; von Bubnhoff, in: Leipziger Kommentar zum StGB, § 287 Rn. 11; Otto, Jura 1997, 385, 386.
[417] BGHSt 34, 171, 176; von Bubnhoff, in: Leipziger Kommentar zum StGB, § 284 Rn. 11; Hoyer, in: Systematischer Kommentar zum StGB, § 284 Rn. 6; Hecker/Schmitt, in: Glücksspielrecht, § 284 StGB Rn. 10.
[418] RGSt 38, 204, 206 f; 64, 355, 360.

lustes und hoher Verschuldung, wodurch wiederum familiäre und freundschaftliche Beziehungen stark belastet werden. Zu dieser Kette von Problemen kommt es jedoch nicht, wenn der Spieler keinen Einsatz leistet. Die Spieler sind daher dann nicht schutzwürdig, wenn sie keinen Einsatz leisten, womit auch ein Grund für die Strafwürdigkeit in diesen Fällen nicht besteht. Der herrschenden Auffassung, die das Vorliegen eines Einsatzes als Tatbestandvoraussetzung des § 284 StGB fordert, ist daher zuzustimmen.

Fraglich ist, ob der an einem Schneeball- oder Pyramidensystem Teilnehmende einen Einsatz erbringt. Bei diesen Systemen zahlen die neu angeworbenen Teilnehmer einen bestimmten Betrag und erhalten ein bestimmtes Produkt bzw., was bei Pyramidensystemen in der Regel der Fall ist, ein Warenlager von Produkten. Ein äußerlich erkennbarer Einsatz für den Erhalt einer Gewinnchance liegt hierin nicht, sondern lediglich die Zahlung eines Kaufpreises für Ware. In diesem Kaufpreis könnte jedoch ein so genannter versteckter Einsatz enthalten sein. Ein solcher liegt vor, wenn der Einsatz äußerlich nicht erkennbar im Warenpreis mitenthalten ist, sich also der ausgelobte Kaufpreis aus dem tatsächlichen Wert der Ware und einem Einsatz zusammensetzt.[419] Fraglich ist, ob in dem Preis, den der Angeworbene bei Eintritt in das System für den Ersterwerb von Ware oder sonstigen Leistungen zahlt, ein solcher versteckter Einsatz zu sehen ist. Dies hängt insbesondere von der umstrittenen Frage ab, ob ein Einsatz nur dann gegeben ist, wenn sich der Spieler hierüber bewusst ist.

(1)   Die Meinung der älteren Rechtsprechung und eines Teils der Literatur

Die ältere Rechtsprechung und ein Teil der Literatur sehen einen Einsatz darin, dass der Kunde, der keinen weiteren Abnehmer wirbt, die Ware zu einem Preis erwirbt, der über dem Durchschnittspreis liegt. Der versteckte Einsatz ergibt sich nach dieser Ansicht aus der Differenz zwischen dem Wert der Ware und dem geleisteten Entgelt abzüglich der Gewinnspanne des Unternehmers.[420] Dem stehe nicht entgegen, dass dem Angeworbenen nicht bewusst ist, dass er einen Einsatz leistet, denn ein solches Bewusstsein sei nur beim Täter, nicht auch beim Spielteilnehmer zu verlangen.[421] Weiterhin liege ein Einsatz auch dann vor, wenn die Ware

---

[419]   BGHSt 2, 79, 84; 11, 209, 210; OLG Düsseldorf, NJW 1958, 760 f.; Raube, S. 58; Bläse, S. 135; Maurach/Schroeder/Maiwald, Strafrecht Besonderer Teil, § 44 Rn. 14; Volmer, GRUR 1953, 196, 197.
[420]   BGHSt 2, 79, 83 f.
[421]   OLG Düsseldorf, NJW 1958, 760 f.; Maurach/Schroeder/Maiwald, Strafrecht Besonderer Teil, § 44 Rn. 18, der das Vorliegen eines Einsatzes im Ergebnis offen lässt.

ihren Preis wert sei, denn im Gegensatz zu § 263 StGB komme es nicht darauf an, ob der Spieler für seine Zahlung ein gleichwertiges Äquivalent erhalten habe.[422]

(2) Die Meinung der neueren Rechtsprechung und eines Teils der Literatur

Die neue Rechtsprechung und der Großteil der Literatur vertreten den Standpunkt, dass bei den Schneeball- und Pyramidensystemen kein Einsatz getätigt werde. Insbesondere erfordere das Tatbestandsmerkmal des (versteckten) Einsatzes nämlich, dass sich auch der Teilnehmer hierüber bewusst sei.[423] Darüber hinaus sei die Aufspaltung des vom Unternehmer verlangten Entgelts in einen Kaufpreis und einen Einsatz für die Chance der Werbung unnatürlich. Von einem versteckten Einsatz könne außerdem nicht gesprochen werden, wenn die Gegenleistung ihren Preis wert sei.[424]

(3) Stellungnahme

Der zuletzt genannten Meinung ist zuzustimmen. An dem Merkmal des Einsatzes fehlt es bereits deshalb, weil den Spielern nicht bewusst ist, dass sie einen Geldbetrag mit dem Risiko des Verlustes entrichten. Sinn und Zweck der §§ 284 ff. StGB erfordern ein Bewusstsein des Spielers, dass er einen Einsatz für den Erhalt einer Gewinnchance und mit dem Risiko des Verlustes leistet. Der Sinn und Zweck der §§ 284 ff. StGB ist umstritten.[425] Festzustellen ist aber, dass die Glücksspieltatbestände zumindest auch das Vermögen des Mitspielers vor Vermögensverlusten aufgrund seines Spieltriebs schützen sollen. Daraus ist zu folgern, dass dem Spieler erkennbar sein muss, dass er einen Einsatz leistet, der ihm lediglich die Chance auf einen Gewinn eröffnet und das Risiko eines Verlustes birgt.

Die Teilnehmer handeln in aller Regel aber gerade nicht in dem Bewusstsein, für die Hingabe eines Geldbetrages eine bloße Gewinnchance zu erhalten. Sie gehen vielmehr von ihrem Erfolg und davon aus, es sei einfach neue Kunden zu gewinnen, sofern sie sich darum bemühten. Die Geldbeträge der Neukunden werden deshalb subjektiv nicht für die Chance eingesetzt, weitere Teilnehmer eventuell erfolgreich anwerben zu können, sondern für die vermeintliche Sicherheit eines finanziel-

---

[422] BGHSt 2, 79, 83 f.; Bläse, S. 136 f.; Raube, S. 41, 58 f., der den Begriff des versteckten Einsatzes jedoch ablehnt.
[423] OLG Frankfurt, wistra 1986, 31, 34.
[424] BGH, GA 1978, 332, 334; von Bubnhoff, in: Leipziger Kommentar zum StGB, vor § 287 Rn. 6; Bruns, Gedächtnisschrift für Horst Schröder, 273, 278.
[425] S.o. Abschnitt E.I.3.b)bb).

len Vorteils.[426] Das Bewusstsein über den (versteckten) Einsatz erfordert, dass der Spieler weiß, dass auf den Preis der Ware ein Betrag als Einsatz aufgeschlagen worden ist. Dem Spieler muss bekannt sein, dass er für die Chance eines Gewinns zunächst einen erhöhten Kaufpreis zahlt. Dass dem in den Fällen der progressiven Kundenwerbung so ist, ist nicht anzunehmen. Näher liegend ist eher, dass der Kunde davon ausgeht, einen Preis allein für die Ware und nicht für eine Gewinnchance zu zahlen. Dem Angeworbenen fehlt es daher am Bewusstsein, einen Geldbetrag für den Erhalt einer Chance auf einen Gewinn zu entrichten.

dd) Öffentlichkeit

Die Glücksspieltatbestände der §§ 284 ff. StGB setzen weiter voraus, dass das Glücksspiel öffentlich veranstaltet wird. Dies ist der Fall, wenn die Teilnahme nicht auf einen geschlossenen, durch konkrete außerhalb des Spielzwecks liegende Interessen verbundenen Personenkreis beschränkt wird, wenn vielmehr die Veranstaltung der Allgemeinheit, also einem unbestimmten, nicht durch persönliche Beziehungen verbundenen Personenkreis zugänglich ist.[427] Ob das Merkmal der Öffentlichkeit erfüllt ist, hängt von der Art und Weise ab, auf die neue Mitarbeiter angeworben werden.[428] Die Voraussetzung der Öffentlichkeit ist unproblematisch erfüllt, wenn die Spielteilnehmer auf frei zugänglichen Werbeveranstaltungen, durch Postwurfsendungen, durch Zeitungsannoncen oder Anzeigen im Internet angeworben werden.

Fraglich ist aber, ob das Merkmal der Öffentlichkeit auch dann erfüllt ist, wenn die Veranstaltungen, auf denen neue Teilnehmer angeworben werden sollen, nur gezielt geladenen Gästen offen stehen.[429] Vielfach findet bei den Systemen der progressiven Kundenwerbung die Anwerbung weiterer Teilnehmer ausschließlich im Verwandten- und Bekanntenkreis statt. Die Anwerbenden laden dann die von ihnen ausgesuchten Umworbenen zu Werbeveranstaltungen ein. Gegen die erforderliche Öffentlichkeit spricht in diesen Fällen, dass es gegebenenfalls nicht jedermann möglich ist, an den Veranstaltungen teilzunehmen und in das System einzutreten. Nach einer Ansicht in der Literatur findet dennoch auch bei Werbeveranstaltungen

---

[426] So auch OLG Frankfurt, wistra 1986, 31, 34.
[427] von Bubnhoff, in: Leipziger Kommentar zum StGB, § 284 Rn. 15; Groeschke/Hohmann, in: MüKo StGB, § 284 Rn. 12; Belz, S. 26; Füllkrug, Kriminalistik 1990, 101, 103; Füllkrug/Wahl, Kriminalistik 1984, 533, 534; Schild, NStZ 1982, 446, 448 f.
[428] Zum Tatbestandsmerkmal der Öffentlichkeit und den unterschiedlichen Werbeformen siehe Raube, S. 64 ff.
[429] Zweifelnd Grebing, wistra 1984, 169, 169.

mit geladenen Gästen ein öffentliches Glücksspiel statt.[430] Es sei nicht vorstellbar, dass eine solche Zusammenkunft weiteren Interessenten verwehrt bleibe, denn die Systeme lebten gerade davon, dass ständig neue Teilnehmer in das System eintreten. Es sei Aufgabe der Staatsanwaltschaft, durch intensive Ermittlungsarbeit darzulegen, dass die Werbeveranstaltungen trotz etwaiger Gästelisten weiteren Teilnehmern offen ständen.

Dieser Meinung ist zuzugestehen, dass es die Lebenserfahrung tatsächlich nahe legt, dass diejenigen, die ohne Einladung an einer solchen Werbeveranstaltung teilnehmen möchten, nicht abgewiesen werden und diese Zusammenkünfte damit öffentlich im Sinne der §§ 284 ff. StGB sind. Es kann jedoch nicht ohne weiteres unterstellt werden, dass sämtliche Werbeveranstaltungen, die im Rahmen progressiver Kundenwerbung abgehalten werden, jedermann zugänglich sind. Ob das Merkmal der Öffentlichkeit in diesen Fällen zu bejahen ist, ist einzelfallabhängig.

Neben der Einladung zu Werbeveranstaltungen erfolgt die Akquisition von Mitgliedern in einigen Fällen durch ein gezieltes Ansprechen seitens des Anwerbenden. Fraglich ist, ob in diesen Fällen das Merkmal der Öffentlichkeit erfüllt ist. Einige Stimmen verneinen dies.[431] Ein Glücksspiel werde nur dann öffentlich betrieben, wenn die Beteiligung daran beliebigen, mit den bisherigen Spielern in keiner Beziehung stehenden Personen aus dem Publikum in einer für sie erkennbaren Art und Weise zugänglich gemacht wird.[432] Das Anwerben durch gezieltes Ansprechen erfolgt im Rahmen der progressiven Kundenwerbung regelmäßig im Verwandten- und Bekanntenkreis der Teilnehmer. Freundschaftliche und familiäre Beziehungen sollen gezielt zu Anwerbezwecken fruchtbar gemacht werden, da sich die Umworbenen aufgrund der Nähebeziehung zum Anwerbenden eher dazu hinreißen lassen, ihm einen Gefallen zu tun und sie seinen Äußerungen mehr Glauben schenken als Fremden. Es handelt sich in den meisten Fällen des gezielten Ansprechens daher gerade nicht um Personen, die mit den bisherigen Teilnehmern in keiner persönlichen Beziehung stehen.

Nach anderer Ansicht schließt das gezielte Ansprechen von Einzelpersonen das Merkmal der Öffentlichkeit jedoch nicht aus.[433] Es sei nicht davon auszugehen,

---

[430] Bläse, S. 140 f.
[431] OLG Stuttgart, NJW 1964, 365, 366; StA München, wistra 1986, 36, 37; Grebing, wistra 1984, 169.
[432] OLG Stuttgart, NJW 1964, 365, 366.
[433] Raube, S. 66; Richter, WIK 1983, 196, 198.

dass der Anwerbende nur diejenigen anwerben will, die er anspricht, sondern es komme ihm darauf an, möglichst viele Teilnehmer anzuwerben.

Dieser Auffassung ist zuzustimmen. Der Teilnehmer eines progressiven Systems erhält umso mehr Vorteile, je mehr Menschen er für das System anwirbt. Dafür ist er in der Regel darauf angewiesen, die potentiellen Teilnehmer zunächst im Freundes- und Familienkreis zu suchen, da innerhalb seiner sozialen Beziehungen die Wahrscheinlichkeit eines Werbeerfolgs am höchsten ist. Der Kreis der Teilnehmer ist aber keinesfalls auf den privaten Kreis beschränkt. Vielmehr ist der Teilnehmer gewillt, grundsätzlich jeden anzuwerben, um die versprochenen Vorteile zu erhalten.

Festzuhalten bleibt damit, dass das Tatbestandsmerkmal der Öffentlichkeit je nach Ausgestaltung der Anwerbemöglichkeiten erfüllt ist. Dies ist bei öffentlichen Werbeveranstaltungen, Zeitungsannoncen, Postwurfsendungen, Anzeigen im Internet oder bei dem direkten Ansprechen des Werbenden der Fall. Ob Werbeveranstaltungen auch dann öffentlich sind, wenn geladene Gäste daran teilnehmen, hängt davon ab, ob auch ungeladene Gäste daran teilnehmen dürfen.

ee) **Tathandlung**

Tathandlung des § 284 StGB ist das Veranstalten oder Halten eines öffentlichen Glücksspiels sowie das Bereitstellen von Einrichtungen hierzu. Tathandlung des § 287 StGB ist das Veranstalten öffentlicher Lotterien oder Ausspielungen. Ein Glücksspiel veranstaltet, wer anderen die Möglichkeit der Beteiligung daran gewährt.[434] Halter ist, wer das Spiel leitet und/oder den äußeren Ablauf des Spielverlaufs eigenständig überwacht.[435] Nicht ausreichend für die Tathandlung des Haltens ist, dass die Spieleinrichtungen zur Verfügung gestellt werden, sondern es bedarf in Abgrenzung zur Tathandlung des Bereitstellens von Einrichtungen einer Tatherrschaft über das Spielgeschehen.[436] Einrichtungen zum Glücksspiel stellt bereit, wer sie den Spielern zugänglich macht, wer zum Beispiel Spieltische aufstellt, oder Spielkarten oder -marken ausgibt.[437]

---

[434] Eser, in: Schönke/Schröder, § 284 Rn. 12, § 287 Rn. 15; von Bubnhoff, in: Leipziger Kommentar zum StGB, § 284 Rn. 18; Lackner/Kühl, § 284 Rn. 11; Hoyer, in: Systematischer Kommentar zum StGB, § 284 Rn. 18.
[435] Eser, in: Schönke/Schröder, § 284 Rn. 13; Fischer, § 284 Rn. 20.
[436] Hecker, Schmitt, in: Glücksspielrecht, § 284 Rn. 21.
[437] von Bubnhoff, in: Leipziger Kommentar zum StGB, § 284 Rn. 20.

Bei sämtlichen Formen progressiver Kundenwerbung erfüllt der Systembetreiber als derjenige, der das System ins Leben ruft und hinter ihm steht die Tathandlung des Veranstaltens. Fraglich ist allein, ob dies lediglich für den Systembetreiber gilt oder auch für die anwerbenden Teilnehmer. Für Letzteres spricht zwar, dass jeder, der andere anwirbt, anderen die Möglichkeit der Beteiligung gewährt. Der Wortlaut des „Veranstalters" lässt jedoch darauf schließen, dass es sich hierbei um den Initiator des Systems handelt. Die weiteren Tathandlungen des Haltens sowie des Bereitstellens von Einrichtungen können gegebenenfalls im Einzelfall erfüllt sein. Die Tathandlungen stellen jeweils auf das Vorliegen von Spieleinrichtungen ab. Dies sind alle Gegenstände, die ihrer Natur nach geeignet oder dazu bestimmt sind, zu Glücksspielen benutzt zu werden.[438] In den Fällen progressiver Kundenwerbung wird dem Teilnehmer die Möglichkeit vorgespiegelt, einen Gewinn zu machen, indem er andere zum Eintritt in das System bewegt. Besondere Spieleinrichtungen setzt dieses System grundsätzlich nicht voraus. Je nach Ausgestaltung des Systems können im Einzelfall jedoch Spieleinrichtungen eingesetzt werden. Sollen die neuen Teilnehmer beispielsweise einen Bestellcoupon ausfüllen, wenn sie in das System eintreten, stellt der Anwerbende Spieleinrichtungen bereit, wenn er die Bestellcoupons an die Umworbenen austeilt. In diesem Fall verwirklicht neben dem Systembetreiber auch der einzelne Teilnehmer die Tathandlung des § 284 StGB.

ff) Spielplan

In Abgrenzung zu § 284 StGB ist Voraussetzung des § 287 StGB das Vorliegen eines Spielplans. Der Spielplan muss zwar nicht sämtliche Einzelheiten des Spielablaufs regeln, es müssen jedoch gewisse Mindestvoraussetzungen gegeben sein, damit ein Spielplan im Sinne des § 287 StGB vorliegt. So sind Regelungen zu den Bedingungen der Beteiligung, zu den ausgesetzten Gewinnen und zum System der Gewinnermittlung zwingend erforderlich.[439] Ebenfalls muss der Spielplan verbindlich die Höhe des Spieleinsatzes bestimmen.[440] Daher liegt kein Spielplan vor, wenn jeder Spieler die Höhe seines Einsatzes beliebig wählen kann.[441] Ob den Systemen der progressiven Kundenwerbung ein Spielplan zugrunde liegt, ist umstritten.

---

[438] Fischer, § 284 Rn. 21.
[439] Wohlers, in: Kindhäuser/Neumann/Paeffgen, § 287 Rn. 3.
[440] Hoyer, in: Systematischer Kommentar zum StGB, § 287 Rn. 4; Belz, S. 80.
[441] Groeschke/Hohmann, in: MüKo StGB, § 287 Rn. 6.

(1) Verneinende Auffassung

Zum Teil wird das Vorliegen eines Spielplans verneint.[442] Zwar müssten Anzahl und Höhe der Gewinne nicht von vornherein feststehen, wenn der Spielplan zumindest die auszuschüttende Gewinnsumme verbindlich festlege. Der Veranstalter sei zur Festlegung der erforderlichen Angaben im Spielplan aber bereits deshalb nicht in der Lage, weil er die erst später eintretenden Mitspieler noch gar nicht kenne.

(2) Bejahende Auffassung

Die gegenteilige Auffassung wiederum widerspricht dieser Argumentation.[443] Bei den Systemen progressiver Kundenwerbung seien die Teilnahmebedingungen verbindlich geregelt. Darüber hinaus seien sowohl bei Schneeball- als auch bei Pyramidensystemen die Einsätze und ausgesetzten Gewinne ihrer Höhe nach bestimmt.

(3) Stellungnahme

Zu folgen ist der letztgenannten Ansicht. Unterstellt man das Vorligen eines Einsatzes,[444] so liegen auch die übrigen Voraussetzungen eines Spielplans vor. Der Veranstalter legt von vornherein fest, welche Ware zu welchem Preis zu erwerben ist und welche Vergünstigung der Teilnehmer für das Anwerben anderer erhält. Vielfach sieht der Verdienstplan auch so genannte Superprovisionen vor, die der Teilnehmer erhält, wenn die von ihm Angeworbenen wiederum andere akquirieren. Darüber hinaus stellt der Initiator ebenfalls regelmäßig Regelungen zur Art und Weise auf, auf die neue Teilnehmer akquiriert werden sollen, beispielsweise durch das Einladen zu organisierten Werbeveranstaltungen oder das Verteilen von Bestellcoupons. Folglich sind sämtliche Teilnahmebedingungen und Verdienstmöglichkeiten bei Eintritt des Teilnehmers in das System festgelegt. Damit ist das Vorliegen eines Spielplanes zu bejahen.

gg) Ergebnis zu §§ 284 ff. StGB

Die Systeme der progressiven Kundenwerbung erfüllen die Tatbestände der §§ 284 ff. StGB nicht vollständig. Die Tatbestandsmerkmale des Zufalls und des

---

[442] Raube, S. 73 f.
[443] Bläse, S. 142.
[444] Zwar wurde das Vorliegen eines Einsatzes bereits verneint, jedoch ist hier dieses Tatbestandsmerkmal zu unterstellen, denn das Ablehnen eines Spielplans aufgrund des fehlenden Einsatzes wäre ein Zirkelschluss.

Einsatzes liegen in der Regel nicht vor, da es den Teilnehmern am nötigen Bewusstsein fehlt. Auch das Merkmal der Öffentlichkeit ist in einigen Fällen der progressiven Kundenwerbung abzulehnen. Zudem ist zwar das Handeln des Systembetreibers, nämlich das Veranstalten, von den §§ 284 ff. erfasst; das Handeln der einzelnen Systemteilnehmer erfüllt die Tathandlung der §§ 284 ff. jedoch nur im Einzelfall. Ist ein System progressiver Kundenwerbung aber erst einmal in Gang gesetzt worden, läuft es auch ohne das Zutun des Betreibers durch das stetige Anwerben der Teilnehmer weiter, so lange der Betreiber die Gewinne ausschüttet. Um die Systeme der progressiven Kundenwerbung wirksam zu unterbinden, müssen die Strafverfolgungsbehörden daher auch gegen die anwerbenden Systemteilnehmer vorgehen können. Die Glücksspieltatbestände bieten folglich keinen hinreichenden Schutz vor der von den Systemen der progressiven Kundenwerbung ausgehenden Gefahren.

c)   § 16 Abs. 1 UWG

Die Fälle der progressiven Kundenwerbung könnten bereits vom Tatbestand des § 16 Abs. 1 UWG erfasst sein. Dies könnte zur Folge haben, dass für eine Existenz des § 16 Abs. 2 UWG kein Bedürfnis mehr besteht.

Nach § 16 Abs. 1 UWG ist strafbar, wer in der Absicht, den Anschein eines besonders günstigen Angebots hervorzurufen, in öffentlichen Bekanntmachungen oder in Mitteilungen, die für einen größeren Kreis von Personen bestimmt sind, durch unwahre Angaben irreführend wirbt.

aa)   Angaben

Der Werbende müsste Angaben gemacht haben. Der Begriff der Angaben umfasst nur inhaltlich nachprüfbare Aussagen tatsächlicher Art. Reine Werturteile fallen hingegen nicht darunter.[445] Wie bereits im Zusammenhang mit § 5 UWG sowie mit § 263 StGB ausgeführt,[446] ist die Behauptung, es sei leicht, Abnehmer für ein Produkt zu finden, in den Fällen der progressiven Kundenwerbung einem Beweis zugänglich und damit eine Tatsache, so dass es sich hierbei um Angaben im Sinne des § 16 Abs. 1 UWG handelt. Auch Aussagen über Art, Qualität und Preisgestaltung der Produkte sind Angaben gemäß § 16 Abs. 1 UWG.

---

[445]   Bornkamm, in: Köhler/Bornkamm, § 16 Rn. 8; Matutis, § 16 Rn. 4; Schwarz, S. 47.
[446]   S. o. Abschnitte E.I.2.a)aa)(1) und E.I.3.a)aa)(1).

bb) Irreführend und unwahr

Ob eine Werbung irreführend ist, hängt davon ab, welchen Eindruck die unwahre Angabe beim durchschnittlich informierten, verständigen und aufmerksamen Verbraucher erweckt.[447] Die Eignung zur Irreführung reicht aus.[448] Irreführend ist eine Werbeaussage, wenn sie bei den Angehörigen des anvisierten Empfängerkreises Fehlvorstellungen über den Inhalt bzw. die Richtigkeit der betreffenden Informationsentäußerung ausgelöst werden (können), die deren zukünftige (Markt-) Entscheidungen in diesem Themenbereich richtungsmäßig (meist positiv, selten negativ oder neutral) vorprägen, beeinflussen oder sogar leiten (können).[449] Auch durch Verschweigen eines wesentlichen Umstands kann eine unwahre und zur Irreführung geeignete Angabe gemacht werden; derjenige, der durch Weglassen wesentlicher Umstände eine unwahre Angabe macht, handelt in der Regel durch positives Tun.[450]

Der Begriff der Unwahrheit ist umstritten. Nach der heute überwiegenden Auffassung sind unwahre Angaben solche, deren tatsächlicher Inhalt nicht mit der objektiven Wahrheit übereinstimmt.[451]

Die frühere Rechtsprechung und überwiegende Ansicht im Schrifttum stellte zur Beantwortung der Frage, ob eine Angabe wahr oder unwahr sei, demgegenüber auf die Sicht der angesprochenen Verkehrskreise ab. Nach diesem subjektiven Verständnis sind solche Angaben als unwahr anzusehen, die von einem nicht unerheblichen Teil des angesprochenen Verkehrskreises bzw. von der (verständigen) Durchschnittsauffassung der Adressaten in einer der Wirklichkeit nicht entsprechenden Weise verstanden werden.[452]

---

[447] Dreyer, in: Harte-Bavendamm/Henning-Bodewig, § 16 Rn. 10.
[448] Rengier, in: Fezer, UWG, § 16 Rn. 77.
[449] Brammsen, in: MüKo UWG, § 16 Rn. 25; Hecker, S. 308.
[450] Bornkamm, in: Köhler/Bornkamm, § 16 Rn. 12.
[451] BGH, WRP 2002 1432, 1433 scheint von einem objektiven Verständnis das Bgriffs „unwahr" auszugehen; OLG Stuttgart, GRUR 1981, 750; Brammsen, in: MüKo UWG, § 16 Rn. 32; Bornkamm, in: Köhler/Bornkamm, § 16 Rn. 10; Piper, in: Piper/Ohly/Sosnitza, § 16 Rn. 9; Lehmler, UWG, § 16 Rn. 11; Dreyer, in: Harte-Bavendamm/Henning-Bodewig, § 16 Rn. 9; Rengier, in: Fezer, UWG, § 16 Rn. 61 ff.; Gruhl, in: Müller-Gugenberger/Bieneck, § 60 Rn. 21; Schwarz, S. 81; Grebing, wistra 1982, 83, 89; Többens, WRP 2005, 552, 553.
[452] RGSt 40, 439, 439 f; 41, 161, 162; OLG Braunschweig, GRUR 1956, 502, 503; Ebert-Weidenfeller, in: Achenbach/Ransiek, S. 132; Schlussas, S. 195; Lampe, Festschrift für Richard Lange, 455, 461, nach dessen Auffassung die Worte „unwahr" und „zur Irreführung geeignet" sinnidentisch sind; Otto, WM 1988, 729, 734; Lehmann, GRUR 1987, 199, 212; Tiedemann, ZStW 86 (1974), 990, 1022.

Zwar ist es für die Beurteilung der Zulässigkeit von Werbeaussagen nach dem Zivilrecht durchaus üblich, auf sie Sicht der angesprochenen Verkehrskreise abzustellen, im Strafrecht steht dem jedoch der Bestimmtheitsgrundsatz aus Art. 103 Abs. 2 GG sowie aus § 1 StGB entgegen. Nach dieser Vorschrift kann eine Tat nur bestraft werden, wenn die Strafbarkeit gesetzlich bestimmt war, bevor die Tat begangen wurde. Der Bestimmtheitsgrundsatz soll sicherstellen, dass jedermann vorhersehen kann, welches Verhalten mit Strafe bedroht ist.[453] Es ist aber nur dann von vornherein erkennbar, welche Handlung strafbar ist, wenn nicht auf die Verkehrsauffassung, sondern auf die objektive Wahrheit abgestellt wird.[454] Eine Irreführung der Angeworbenen ist dem Täter daher nur dann zurechenbar, wenn er mit objektiv unwahren Angaben geworben hat, da dann die stattgefundene Irreführung für ihn vorhersehbar und damit vermeidbar gewesen wäre.[455]

Zum anderen gebietet auch das Verständnis anderer Strafvorschriften eine Bestimmung der unwahren Angaben aus objektiver Sicht.[456] Im StGB finden sich diverse Vorschriften, die das Tatbestandsmerkmal der „unrichtigen Angaben" voraussetzen, zum Beispiel § 264 Abs. 1 Nr. 1 und 4, § 264a Abs. 1 Nr. 2 und § 265b Abs. 1 Nr. 1 lit. b). Auch bei diesen Vorschriften ist ein objektiver Maßstab anzulegen und nicht auf die Sichtweise der angesprochenen Verkehrskreise abzustellen.[457] Dass das StGB von „unrichtigen Angaben" und nicht von „unwahren Angaben" spricht, gebietet keine andere Auslegung. Darüber hinaus spricht auch die systematische Auslegung für ein objektives Verständnis des Begriffs „unwahre Angaben". § 16 Abs. 1 UWG setzt voraus, dass die Angaben sowohl unwahr als auch zur Irreführung geeignet sind. Wäre der Begriff der Unwahrheit subjektiv zu beurteilen und damit eine objektiv wahre Angabe auch unwahr im Sinne des § 16 Abs. 1 UWG, wenn sie den angesprochenen Verkehrskreisen einen falschen Eindruck vermittelt, dann hätte der Begriff der Unwahrheit die gleiche Bedeutung wie der Begriff der Eignung zur Irreführung und wäre somit überflüssig. Die Aufnahme des Begriffs unwahr zeigt aber, dass er anders zu verstehen ist als die Eignung zur Irreführung.[458]

---

[453] Fischer, § 1 Rn. 1.
[454] So auch Lehmler, UWG, § 16 Rn. 11; Piper, in: Piper/Ohly/Sosnitza, § 16 Rn. 9; Tiedemann, Wettbewerb und Strafrecht, S. 34.
[455] So auch Schwarz, S. 81.
[456] So auch Bornkamm, in: Köhler/Bornkamm, § 16 Rn. 11.
[457] Tiedemann, in: Leipziger Kommentar zum StGB, § 264 Rn. 78, § 264a Rn. 54, § 265b Rn. 68. Fischer, § 264 Rn. 23; § 264a Rn. 14; § 265b Rn. 28.
[458] So auch Hernández, S. 184.

Soweit die Werbenden behaupten, es sei leicht, weitere Teilnehmer für das System zu gewinnen oder unzutreffende Aussagen über Art, Qualität oder Preisgestaltung der zu vertreibenden Produkte machen, handelt es sich um eine irreführende Werbung durch unwahre Angaben. Behauptet der Anwerbende, es bestünden gute Chancen, andere zu akquirieren, und klärt er nicht darüber auf, dass die Werbung bei der früher oder später eintretenden Marktverengung immer aussichtsloser wird, stellt dies eine bewusst unwahre und zur Irreführung geeignete Angabe dar, indem der Werbende einen für den Erfolg der Werbung ganz wesentlichen Umstand verschweigt.

Ebenso wie beim Betrug scheidet eine Strafbarkeit in einigen Fällen jedoch aus. Weisen die Werbenden auf die Progression hin und treffen die dargestellten Gewinnberechnungen grundsätzlich zu, kommt eine Strafbarkeit gemäß § 16 Abs. 1 UWG in der Regel nicht in Betracht, denn dann handelt es sich nicht um eine unwahre Angabe. Insoweit kann an dieser Stelle auf die Ausführungen zum Betrug verwiesen werden.

cc) Öffentlichkeitsrahmen

§ 16 Abs. 1 UWG setzt darüber hinaus voraus, dass die Werbung in öffentlichen Bekanntmachungen oder Mitteilungen, die für einen größeren Personenkreis bestimmt sind, veröffentlicht wird. Öffentliche Bekanntmachungen sind Veröffentlichungen, die sich an einen grundsätzlich unbegrenzten Personenkreis, also an jedermann wenden.[459] Die Möglichkeit der Kenntnisnahme genügt.[460] Mitteilungen für einen größeren Personenkreis richten sich nicht an die Allgemeinheit, sondern an einen bestimmten Teil der Öffentlichkeit.[461] Ob das Anwerben beim System der progressiven Kundenwerbung durch öffentliche Bekanntmachungen oder durch Mitteilungen, die für einen größeren Kreis von Personen bestimmt sind, erfolgt, hängt davon ab, auf welche Art und Weise neue Teilnehmer akquiriert werden.

---

[459] RGSt 63, 107, 110; Otto, in: Großkommentar UWG, § 4 Rn. 83; Rengier, in: Fezer, UWG, § 16 Rn. 80; Hérnandez, S. 174; Gribkowsky, S. 38; Pfeiffer, Festschrift für Otfried Lieberknecht, 207, 211.
[460] Bornkamm, in: Köhler/Bornkamm, § 16 Rn. 13.
[461] Diemer, in: Erbs/Kohlhaas, § 16 UWG Rn. 82.

(1) Akquisition durch frei zugängliche Werbeveranstaltungen, Postwurfsendungen, Zeitungsannoncen oder Inserate im Internet

Grundsätzlich handelt es sich um öffentliche Bekanntmachungen, wenn die Anwerbenden durch frei zugängliche Werbeveranstaltungen, Postwurfsendungen, Zeitungsannoncen oder Inserate im Internet neue Teilnehmer suchen.

(2) Akquisition durch Werbeveranstaltungen, die nur geladenen Gästen offen stehen

Soweit die Akquisition durch Werbeveranstaltungen erfolgt, die sich an geladene Gäste richten, liegt eine öffentliche Bekanntmachung dann nicht vor, wenn Ungeladene an einem solchen Treffen nicht teilnehmen dürfen. Mag es auch die Lebenserfahrung nahe legen, dass grundsätzlich alle Erschienenen an der Veranstaltung teilnehmen dürfen, kann hiervon nicht ohne weiteres ausgegangen werden. Ob in diesen Fällen das Tatbestandsmerkmal einer öffentlichen Bekanntmachung vorliegt, hängt vom Einzelfall ab.

Sollte die Teilnahme an der Werbeveranstaltung ungeladen Erschienenen verwehrt bleiben, könnte es sich aber um Mitteilungen handeln, die für einen größeren Kreis von Personen bestimmt sind. Nach herrschender Auffassung dürfen die Mitteilungen für einen größeren Personenkreis individuell weder begrenzt noch begrenzbar sein, sondern müssen eine nach Zahl und Persönlichkeit im Voraus unbestimmte und unbegrenzte Mehrheit von Personen bilden.[462] Nach dieser Ansicht handelt es sich bei einer Werbeveranstaltung nur für geladene Gäste nicht um Mitteilungen, die für einen größeren Personenkreis bestimmt sind.

Andere Stimmen hingegen vertreten den Standpunkt, dass eine Mitteilung auch dann für einen größeren Personenkreis bestimmt sei, wenn dieser individuell bestimmt sei.[463] Die gegenteilige Interpretation dieses Tatbestandsmerkmals enge den Anwendungsbereich des § 16 Abs. 1 UWG unzulässig ein. Die Mitteilung an einen größeren Kreis von Personen sei nicht ein spezieller Fall einer öffentlichen Bekanntmachung, sondern stehe gleichberechtigt neben ihr. Damit wolle der Gesetz-

---

[462] Otto, in: Großkommentar UWG, § 4 Rn. 85; Rengier, in: Fezer, UWG, § 16 Rn. 81; Bornkamm, in: Köhler/Bornkamm, § 16 Rn. 14; Gruhl, in: Müller-Gugenberger/Bieneck, § 60 Rn. 13; Ebert-Weidenfeller, in: Achenbach/Ransiek, S. 134; Hecker, S. 326; Pfeiffer, Festschrift für Otfried Lieberknecht, 207, 211 f.

[463] Dreyer, in: Harte-Bavendamm/Henning-Bodewig, § 16 Rn. 15; Hernández, S. 175 f.; Otto, GRUR 1979, 90, 101, der in Großkommnetar UWG, § 4 Rn. 85 mittlerweile die gegenteilige Ansicht vertritt.

geber klarstellen, dass bestimmte irreführende Angaben nur dann unter Strafe gestellt würden, wenn sie sich an mehr als an einen zahlenmäßig unbedeutenden Teil des Publikums richteten. Ein großer Kreis von Personen könne demnach sowohl dadurch angesprochen werden, dass eine Mitteilung öffentlich geschehe, daneben aber auch dadurch, dass eine erhebliche Zahl individueller Personen die Mitteilung erhalte.[464] Da es dem Systembetreiber sowie den sonstigen Anwerbenden darauf ankommt, möglichst viele neue Teilnehmer für das System zu gewinnen, ist davon auszugehen, dass eine nicht unerhebliche Zahl von Umworbenen zu den Werbeveranstaltungen dieser Systeme eingeladen wird. In diesem Fall handelt es sich nach dieser Meinung bei Werbeveranstaltungen, die nur geladenen Gästen zugänglich sind, um Mitteilungen, die für einen größeren Personenkreis bestimmt sind.

Nach dem Wortlaut ist ein Personenkreis eine gegenüber der Allgemeinheit abgegrenzte Mehrzahl von Personen. Dass dieser Kreis in seiner Personenzahl unbegrenzt und unbestimmt sein muss, gebietet der Wortlaut des § 16 Abs. 1 UWG nicht. Vielmehr bedeutet ein „größerer Kreis von Personen" lediglich, dass es sich hierbei nicht um einen kleinen Kreis handeln soll. Ab welcher Personenzahl es sich um einen größeren Personenkreis handelt, lässt sich dem Gesetz nicht entnehmen. Die Zahl der Personen darf allerdings nicht so gering sein, dass es sich um einen überschaubaren Personenkreis handelt, dessen einzelne Mitglieder ohne besondere Feststellungen sofort zu bestimmen sind.[465] Die Kriterien „unbestimmt" und „unbegrenzt" sind typische Merkmale der öffentlichen Bekanntmachung. Mitteilungen für einen größeren Personenkreis sind aber gerade keine öffentlichen Bekanntmachungen. Die Tatbestandsmerkmale der öffentlichen Bekanntmachung und der Mitteilungen für einen größeren Kreis von Personen stehen unabhängig nebeneinander. Das deutet darauf hin, dass sich die Tatbestandsmerkmale unterscheiden. Ist ein Kreis aber unbestimmt und unbegrenzt, so handelt es sich hierbei bereits um eine öffentliche Bekanntmachung. Das Tatbestandsmerkmal „Mitteilungen, die für einen größeren Kreis von Personen bestimmt sind" verlöre seine eigenständige Bedeutung. Auch innerhalb der herrschenden Meinung nehmen einige Autoren an, dass bei einer begrenzten Gruppe eine Mitteilung vorliege, die für einen größeren Kreis von Personen bestimmt sei, wenn der Kreis sehr groß sei, da mit einer Weiterverbreitung an Außenstehende gerechnet werden müsse.[466] Dies ist bei einem Personenkreis, der eine nicht unerhebliche Anzahl von Personen erfasst, jedoch grundsätzlich der Fall. Mit einer Weitergabe muss lediglich bei Mitteilungen an

---

[464] Otto, GRUR 1979, 90, 101.
[465] So auch Fabricius, GRUR 1965, 521, 528.
[466] Rengier, in: Fezer, UWG, § 16 Rn. 82; Bornkamm, in: Köhler/Bornkamm, § 16 Rn. 14.

Einzelpersonen oder an zahlenmäßig begrenzte, engere Personenkreise nicht gerechnet werden. Auch in der Rechtsprechung wird teilweise vertreten, dass es sich bei Werbung im Rahmen von Veranstaltungen, an der in der Regel mehr als zehn Personen teilnehmen und die häufig durchgeführt werden, um Mitteilungen handelt, die für einen größeren Kreis von Personen bestimmt sind.[467]

Auch der Sinn und Zweck des § 16 Abs. 1 UWG spricht gegen das Erfordernis der Unbestimmtheit und Unbegrenztheit des größeren Personenkreises. Schutzzweck des § 16 Abs. 1 UWG ist der Mitbewerber- und der Verbraucherschutz sowie der Schutz der Allgemeinheit vor einem unverfälschten Wettbewerb.[468] Die Mitglieder eines begrenzten und bestimmten Personenkreises sind ebenso schutzwürdig wie diejenigen eines unbestimmten und unbegrenzten Kreises. Darüber hinaus ist die Werbung in einem begrenzten Kreis mit einer nicht unerheblichen Anzahl von Personen ebenfalls geeignet, den Wettbewerb zu verfälschen und die Mitbewerber mit unlauteren Methoden vom Markt zu verdrängen. Daher ist der überwiegenden Ansicht zu widersprechen und festzuhalten, dass es sich auch bei einem bestimmten und begrenzten Personenkreis um einen solchen im Sinne des § 16 Abs. 1 UWG handelt, sofern die Anzahl der Personen nicht unerheblich ist.

Somit sind auch Werbeaussagen in Veranstaltungen, die ausschließlich geladenen Gästen offen stehen, Mitteilungen, die für einen größeren Kreis von Personen bestimmt sind, sofern an diesen Veranstaltungen eine nicht unerhebliche Zahl von Personen teilnimmt. Dies dürfte nach Auffassung der Verfasserin ab einer Zahl von 15 Personen der Fall sein.

(3) Akquisition durch gezieltes Ansprechen einzelner Personen

Daneben kommt eine Akquisition durch gezieltes Ansprechen einzelner Personen in Betracht. Hierbei handelt es sich nicht um eine öffentliche Bekanntmachung, denn der Anwerbende richtet sich an Einzelpersonen und nicht an jedermann. Mag er auch grundsätzlich gewillt sein, jeden anzuwerben, so erfolgt dies in den Fällen eines gezielten Ansprechens, welches regelmäßig im Verwandten- und Bekanntenkreis der Anwerbenden stattfindet, nicht mittels einer öffentlichen Bekanntmachung, denn die nicht Angesprochenen erhalten keine unmittelbare Möglichkeit der Kenntnisnahme. Es könnte sich jedoch um Mitteilungen handeln, die für einen größeren Kreis von Personen bestimmt sind. Problematisch ist aber, dass die Informationen in der jeweiligen Situation immer nur einer Einzelperson zukommen und

---

[467] OLG Frankfurt, wistra 1986, 31, 33 f.
[468] S. o. Abschnitt C.III.

nicht mehreren Personen gleichzeitig. Es könnte sich daher auch um eine Mitteilung handeln, die lediglich für eine und nicht für einen größeren Kreis von Personen bestimmt ist.

Die frühere Rechtsprechung[469] bejahte das Vorliegen einer Mitteilung, die für einen größeren Kreis von Personen bestimmt war nur dann, wenn sie der Werbende gegenüber den einzelnen Adressaten wörtlich wiederholte. Die Rechtsprechung forderte Erklärungen „im gleichen sprachlichen Gewande", also in derselben Erscheinungsform. Eine Sinngleichheit reiche nicht aus, um den Tatbestand des § 4 UWG a. F. (§ 16 Abs. 1 UWG) zu erfüllen. Die bloße Absicht einer gleichartigen Behauptung reichte nach dieser Auffassung nicht aus. Hiernach handelt es sich bei der Werbung durch das Ansprechen von Einzelpersonen nur um Mitteilungen, die für einen größeren Personenkreis bestimmt sind, wenn diese jeweils wörtlich identisch wiederholt wird. Andernfalls liegt eine Mitteilung von Person zu Person vor, die nicht vom Tatbestand des § 16 Abs. 1 UWG umfasst ist. Dass der Anwerbende seine Äußerungen gegenüber jeder Person wortgleich wiederholt, ist äußerst unwahrscheinlich und darüber hinaus auch kaum nachweisbar.

Diese Ansicht ist in der Literatur teilweise zustimmend aufgenommen worden.[470] Eine Vielzahl von einzelnen, nacheinander abgegebenen Mitteilungen an einzelne, nacheinander angesprochene Kunden entspreche nicht dem Gegenstand des Wettbewerbsrechts. Schon die Mitteilung selbst sei nicht mehr an eine Gruppe gerichtet. Regelmäßig liege daher auch keine Eignung dafür vor, dass eine Teilöffentlichkeit ohne weiteres Zutun des Mitteilenden von ihr Kenntnis nehmen könne. Schließlich werde auch der Adressat der einzelnen Mitteilung in diesen Fällen nicht in seiner Zugehörigkeit zu einer Gruppe, sondern in seiner Eigenschaft als individuelle Person angesprochen.

Die neuere Rechtsprechung und überwiegende Ansicht in der Literatur verlangen demgegenüber nicht, dass der Werbende seine Aussage gegenüber jeder Einzelperson wörtlich wiederholt.[471] Vielmehr komme es darauf an, dass die Mitteilungen, falls sie nach und nach gegenüber einer größeren Zahl von Personen geäußert werden, nach Sinn und Inhalt übereinstimmten. Nach dieser Meinung handelt es sich

---

[469] RGSt 64, 247, 248; RG, HRR 1941, Nr.169.
[470] Fabricius, GRUR 1965, 521, 529.
[471] BGHSt 24, 272 ff.; OLG Frankfurt, GA 1977, 153, 154; OLG Köln, GA 1977, 188, 190; OLG Celle, NdsRpfl 1956, 210 f.; Rengier, in: Fezer, UWG, § 16 Rn. 85; Otto, in: Großkommentar UWG, § 4 Rn. 87; Grebing, wistra 1982, 83, 86; Otto, GRUR 1979, 90, 101; Otto, GRUR 1982, 274, 280; Tiedemann, ZStW 86 (1974), 990, 1024; Elster, GRUR 1930, 1093, 1095.

daher auch dann um Mitteilungen, die für einen größeren Kreis von Personen bestimmt sind, wenn die Akquisition durch das Ansprechen von vielen Einzelpersonen erfolgt.

Der letztgenannten Ansicht ist zuzustimmen. Der Wortlaut des § 16 Abs. 1 UWG verlangt lediglich eine Mitteilung, die für einen größeren Kreis von Personen bestimmt ist, nicht aber, dass diese den Personen auch zeitgleich zugeht. Die Auffassung des Reichsgerichts engt den Tatbestand des § 16 Abs. 1 UWG zu sehr ein und führt zu der Entstehung von Strafbarkeitslücken in den Fällen, in denen der Täter mit unwahren Angaben unter leichter Abänderung des Wortlauts irreführende Werbung betreibt. Eine Strafbarkeit gemäß § 16 Abs. 1 UWG dadurch, dass Einzelpersonen nacheinander angesprochen werden, wäre kaum denkbar, denn es ist praktisch so gut wie unmöglich, dass der Werbende bei einer Vielzahl von Personen seine Angaben Wort für Wort wiederholt. Die Adressaten einer sinn- und inhaltsgleichen unwahren Werbung sind aber ebenso schutzwürdig, wie diejenigen, gegenüber denen wörtlich übereinstimmende Werbeaussagen getätigt werden.

Folglich handelt es sich auch dann um Mitteilungen, die für einen größeren Kreis von Personen bestimmt sind, wenn die Anwerbenden eine Vielzahl einzelner Personen ansprechen, um diese für den Eintritt in das System progressiver Kundenwerbung zu gewinnen.

dd) Absicht, den Anschein eines besonders günstigen Angebots hervorzurufen

In subjektiver Hinsicht setzt der Tatbestand des § 16 Abs. 1 UWG die Absicht des Täters voraus, den Anschein eines besonders günstigen Angebots zu erwecken. Der Täter muss anstreben, den Anschein eines besonders günstigen Angebots hervorzurufen, um so die Kunden zum Kauf anzulocken.[472] Im Rahmen der Schneeballsysteme stellt der Anwerbende den Umworbenen in Aussicht, den Kaufpreis ganz oder zum Teil erlassen zu bekommen, wenn er dem System weitere Kunden zuführt. Im Pyramidensystem bewegt er die Werbeadressaten mit der Aussicht auf einen wirtschaftlichen Gewinn zum Warenerwerb. Der Anwerbende setzt diese Vorteile bewusst als Lockmittel ein, um das Warenangebot in besonders günstigem Licht erscheinen zu lassen. Er handelt damit in der Absicht, den Anschein eines besonders günstigen Angebots hervorzurufen.

---

[472] Bornkamm, in: Köhler/Bornkamm, § 16 Rn. 17; Piper, in: Piper/Ohly/Sosnitza, § 16 Rn. 16.

ee) Ergebnis zu § 16 Abs. 1 UWG

Festzuhalten ist, dass die Fälle der progressiven Kundenwerbung lediglich in Einzelfällen vom Tatbestand der strafbaren Werbung gemäß § 16 Abs. 1 UWG erfasst werden. Voraussetzung hierfür ist, dass die Anwerbenden bestimmte irreführende und unwahre Angaben über Art, Qualität oder Preisgestaltung der Produkte machen oder über die mit der Progression des Systems verbundenen Probleme nicht aufklären, sondern das Akquirieren anderer als einfach darstellen. Darüber hinaus ist der Tatbestand des § 16 Abs. 1 UWG nur erfüllt, wenn die Werbung in der erforderlichen Öffentlichkeit verbreitet wird. So gelingt es den Anwerbenden vielfach, den Tatbestand des § 16 Abs. 1 UWG auszuschließen, indem sie einerseits die Umworbenen zwar über die mit dem System verbundenen Risiken aufklären, diese andererseits aber durch ein geschicktes Werbeverhalten zu einer Teilnehme an dem jeweiligen System bewegen. Da die von diesen Systemen ausgehenden Gefahren der Verschleierung von finanziellen Risiken in Verbindung mit dem progressiven Element jedoch über die von § 16 Abs. 1 UWG erfassten Einzelfälle hinausgehen, werden die Abnehmer, Mitbewerber und die Allgemeinheit durch die Strafnorm des § 16 Abs. 1 UWG nicht ausreichend vor den negativen Auswirkungen dieser Systeme geschützt. Folglich ist das gesamte System progressiver Kundenwerbung durch eine Spezialnorm unter Strafe zu stellen.

4. Ergebnis

Es ist festzustellen, dass das System der progressiven Kundenwerbung sowohl strafbedürftig als auch strafwürdig ist. Das von der progressiven Kundenwerbung ausgehende Unrecht wird auch nicht durch die Straftatbestände des § 263 StGB, der §§ 284 ff. StGB oder des § 16 Abs. 1 UWG abgedeckt. Die Existenz des § 16 Abs. 2 UWG ist daher berechtigt.

II. Die Strafwürdigkeit des Multi-Level-Marketing-Systems

Die vorangegangenen Ausführungen haben gezeigt, dass progressive Kundenwerbung aufgrund des Zusammenspiels mehrerer Kriterien strafwürdig und gemäß § 16 Abs. 2 UWG strafbar ist. Um festzustellen, ob das Multi-Level-Marketing-System ebenso wie Schneeball- und Pyramidensysteme strafwürdig ist, ist zu untersuchen, ob es die zu den Schneeball- und Pyramidensystemen herausgearbeiteten Strafwürdigkeitskriterien ebenfalls aufweist und sich aus dem Zusammenwirken der gegebenen Kriterien die Strafwürdigkeit auch dieses Vertriebssystems ergibt.

1. Verschleierung von Risiken gegenüber Systemteilnehmern

Ein gewichtiges Merkmal, das die Strafwürdigkeit der progressiven Kundenwerbung begründet, ist die Gefahr, dass den Umworbenen die mit dem verbundenen Risiken verschleiert werden. Da diese Systeme sehr kurzlebig sind und es bereits nach kurzer Zeit unmöglich ist, weitere Teilnehmer zu finden, entscheiden sich die Umworbenen nur dann für einen Eintritt in das System, wenn ihnen die damit verbundenen Risiken entweder verschwiegen oder zumindest trotz erfolgter Aufklärung derart verschleiert werden, dass sie ihnen bei ihrem Systembeitritt nicht bewusst sind.

Fraglich ist, ob auch das Multi-Level-Marketing-System die Gefahr einer solchen Verschleierung von Risiken birgt. Zunächst einmal ist festzustellen, dass im Multi-Level-Marketing-System nur geringe finanzielle Risiken bestehen. Der Vertriebsrepräsentant im Multi-Level-Marketing-System muss in aller Regel keine oder nur geringe Geldbeträge investieren, um eine Tätigkeit als Vertriebsrepräsentant aufnehmen zu können. Hat er zu Beginn seiner Tätigkeit eine Beratergrundausstattung erworben, kann er diese meist zurückgeben, wenn er seine Vertriebstätigkeit aufgibt. Auch werden die neu Angeworbenen allenfalls zur Abnahme einer geringen Warenmenge verpflichtet, nicht aber zum Kauf eines teuren Warenlagers.

Die bestehenden Risiken werden dem Umworbenen grundsätzlich auch nicht verschleiert. Derjenige Vertriebsrepräsentant, der sich eine eigene Vertriebsstruktur aufbauen möchte, wirbt andere potentielle Vertriebspartner regelmäßig mit dem Hinweis auf die Aussicht auf eine attraktive Tätigkeit an, die mit guten Verdienstchancen verbunden ist. Die Verdienstmöglichkeit erläutert er anhand des Marketing-Plans des Unternehmens, für das er tätig ist. Grundsätzlich ist davon auszugehen, dass diese Berechnungen der Wahrheit entsprechen. Auch im Rahmen der Schneeball- und Pyramidensysteme sind die dargestellten Gewinnmöglichkeiten meist rechnerisch richtig, aufgrund der Progression jedoch nicht realisierbar. Über diesen Umstand werden die Umworbenen aber erst gar nicht aufgeklärt oder durch psychologische Tricks dazu bewegt, ihre Bedenken gegen einen Eintritt in das System beiseite zu schieben.

Im Multi-Level-Marketing-System hingegen sind die aus dem Marketing-Plan errechneten Verdienste grundsätzlich realisierbar. Dem Umworbenen wird erklärt, wie hoch seine Handelsmarge ist und welche Provisionen er erhalten kann, wenn die von ihm Angeworbenen eine bestimmte Umsatzsumme erreichen. Das Multi-Level-Marketing-System ist im Gegensatz zu den Systemen progressiver Kundenwerbung nicht darauf angelegt, dass jeder Vertriebsrepräsentant weitere Mitarbeiter anwirbt; einige Vertriebspartner beschränken sich auf den Warenverkauf. Lediglich ein geringer Teil der Abnehmer wird selbst zu Vertriebsrepräsentanten, so dass das Element der Progression nur in eingeschränktem Maße besteht und daher nicht zu unrealistischen Absatzmöglichkeiten führt.

Zwar ist es nicht ausgeschlossen, dass unseriöse Multi-Level-Marketing-Unternehmen ihren Vertriebspartnern Hoffnungen auf unrealistische Gewinne machen oder sie unrichtig über Art, Qualität und Preisgestaltung der Produkte informieren, mit der Folge, dass die Waren entgegen den Versprechungen auf dem Markt nicht absetzbar sind. Ein solches Verhalten ist für das Multi-Level-Marketing-System jedoch nicht systemtypisch, sondern lediglich einzelfallbezogen. Die Strafwürdigkeit des Multi-Level-Marketings durch die Verschleierung von Risiken ist daher nicht begründet.

2. Überdimensionale Eingliederung von Laien in das Vertriebssystem

Zu untersuchen ist, ob im Multi-Level-Marketing-System, ebenso wie in Schneeball- und Pyramidensystemen, hauptsächlich Laien als Vertriebsrepräsentanten in das System integriert werden. Als Laie wird in der deutschen Sprache jemand bezeichnet, der auf einem bestimmten Gebiet keine Fachkenntnisse hat.[473] Richtig ist, dass die Vertriebsrepräsentanten ganz überwiegend keine vorherige kaufmännische Ausbildung besitzen, da ein Eintritt in das Multi-Level-Marketing-System nicht von einer bestimmten Ausbildung abhängig ist, sondern grundsätzlich jedem offen steht. Die Vertriebsrepräsentanten beginnen ihre Tätigkeit beim Multi-Level-Marketing-Unternehmen in der Regel, ohne sich zuvor Kenntnisse auf diesem Vertriebssektor verschafft bzw. Erfahrungen in diesem Bereich gesammelt zu haben. Diejenigen, die als neu angeworbene Vertriebstriebsrepräsentanten ihre Tätigkeit bei dem Multi-Level-Marketing-Unternehmen aufnehmen, sind daher als Laien zu bezeichnen.

Ist die Vergütung der Anwerber aber von den Umsätzen der Angeworbenen abhängig, hat dies zur Folge, dass der Anwerber ein Interesse an einer möglichst erfolgreichen Tätigkeit der von ihm Angeworbenen hat. Er wird die von ihm Angeworbenen daher betreuen, fördern und schulen. Diese Schulungen werden sich zum einen mit der Qualität und den Eigenschaften der angebotenen Produkte beschäftigen und den Vertriebsrepräsentanten zum anderen auch Verkaufsstrategien nahe

---

[473] Duden, Das Fremdwörterbuch, S. 584.

bringen. Das bedeutet, dass die Vertriebsrepräsentanten zwar zu Beginn ihrer Tätigkeit Laien sind, im System jedoch nicht allein gelassen werden. Eine Ausbildung der Laienwerber erfolgt in den Systemen progressiver Kundenwerbung im Unterschied zu den Multi-Level-Marketing-Systemen entweder gar nicht oder aber mit anderer Zweckrichtung. Sollte eine Schulung im Rahmen der Systeme progressiver Kundenwerbung überhaupt stattfinden, ist diese nämlich nicht wie im Multi-Level-Marketing-System auf das Wissen über die vertriebenen Produkte gerichtet, sondern ausschließlich darauf, den Teilnehmern Methoden zu vermitteln, mit denen es ihnen gelingt, weitere Personen für das System anzuwerben.

Bei denjenigen Systemen der progressiven Kundenwerbung, in denen der Anwerbende keine Superprovision für die Anwerbeaktivitäten der jeweils von ihm Akquirierten erhält, wie es hauptsächlich bei Schneeballsystemen, zum Teil aber auch bei Pyramidsystemen der Fall ist, haben die Anwerbenden überhaupt kein Interesse daran, die von ihnen Angeworbenen auszubilden, denn sie haben selbst von deren Erfolgen keinerlei Vorteile.

Den Systemen der progressiven Kundenwerbung und den Multi-Level-Marketing-Systemen ist daher gemein, dass in beiden Vertriebssystemen ganz überwiegend Laien eingesetzt werden. Ein gravierender Unterschied des Multi-Level-Marketing-Systems zu den illegalen Schneeball- und Pyramidsystemen besteht aber darin, dass die Laien im Multi-Level-Marketing-System für ihre Tätigkeit in dem Unternehmen ausgebildet werden, so dass sie mit zunehmender Zeit Fachkenntnisse hinsichtlich der Warenbestellung und des Warenverkaufs sowie der Eigenschaften der angebotenen Produkte erwerben. Von einem Laieneinsatz kann daher nur in eingeschränktem Maße gesprochen werden.

3. Die Erschließung des Marktes über den Verwandten- und Bekanntenkreis

Ebenso wie bei der progressiven Kundenwerbung erfolgt beim Multi-Level-Marketing-System eine Erschließung des Marktes zunächst über den Verwandten- und Bekanntenkreis. Die Vertriebsrepräsentanten wenden sich zuerst an Freunde, Verwandte und Bekannte, um die von ihnen vertriebenen Produkte absetzen zu können. Gerade zu Beginn ihrer Tätigkeit sind sie unsicher oder scheuen sich, fremde Menschen anzusprechen. Auch kennen sie ihre Freunde und Bekannte näher und können daher besser beurteilen, bei wem sie die größten Absatzchancen haben.

Den Vertriebsrepräsentanten wird regelmäßig empfohlen, eine Liste mit sämtlichen Namen ihrer sozialen Kontakte etwa im Bereich der Arbeit, Sport oder Nachbarschaft zu führen. Dabei sollen sie die in der Liste aufgeführten Menschen wiederum nach etwaigen Interessenten befragen.[474] Auf diese Art und Weise werden die Vertriebsrepräsentanten im Multi-Level-Marketing-System nach und nach nicht mehr im eigenen Verwandten- und Bekanntenkreis tätig, sondern wenden sich auch an Fremde. Dieser Umstand beseitigt jedoch nicht die Tatsache, dass auch das Multi-Level-Marketing-System ebenso wie das System der progressiven Kundenwerbung zumindest zu Beginn darauf ausgerichtet ist, insbesondere im Verwandten-, Bekannten- und Freundeskreis zu werben. Insofern ist das Multi-Level-Marketing-System also mit Schneeball- und Pyramidensystemen vergleichbar.

4. Geschäftemachen mit anderer Leute Arbeit

Bei den Systemen progressiver Kundenwerbung trägt zum Teil auch das Ausnutzen anderer für den eigenen finanziellen Vorteil zur Strafwürdigkeit dieser Systeme bei, wenn die Anwerbenden Superprovisionen darauf erhalten, dass die von ihnen Akquirierten wiederum andere für das System anwerben. Fraglich ist, ob das Multi-Level-Marketing-System den Vertriebsrepräsentanten ebenfalls einen Anreiz dazu bietet, Geschäfte mit der Arbeit anderer zu machen. Diejenigen, die ausschließlich im Verkauf tätig sind, erzielen ihre Gewinne aus der Handelsmarge. Ihr Erfolg ist allein von ihrer Verkaufstätigkeit abhängig, so dass das Multi-Level-Marketing System in dieser Hinsicht keinen Anreiz bietet, ein Geschäft mit der Arbeit anderer Leute zu machen.

Etwas anderes könnte sich hingegen aus den versprochenen Provisionen für den Aufbau einer eigenen Vertriebsstruktur ergeben. Hier werden Provisionen für den Umsatz der jeweils angeworbenen Vertriebrepräsentanten ausgezahlt. Das bedeutet, dass der Anwerber umso mehr verdient, je mehr die von ihm Angeworbenen verkaufen. Dieser Umstand ist aber jedenfalls nicht verwerflich, solange der Anwerbende, wie der Chef eines jeden Unternehmens, mit anderen Aufgaben, wie etwa der Koordination der Vertriebsabläufe oder der Schulung von Mitarbeitern, beschäftigt wird. Teilweise wird behauptet, dass der Anwerbende dauerhaft mit zeitintensiven Schulungs- und Betreuungsaufgaben betraut ist. Gerade wegen dieser Tätigkeiten bliebe ihm kaum Zeit für den Verkauf. Die in Aussicht gestellten Provisionen seien daher eine Entlohnung für die Schulungsmaßnahmen.[475] Tatsäch-

---

[474] Althoff, S. 90 ff.
[475] Brammsen, in: MüKo UWG, § 16 Rn. 93; so auch Otto/Brammsen, WiB 1996, 281, 289 f.; Brammsen/Leible, BB 1997, Beilage 10 zu Heft 32, 1, 7 f.

169

lich mag es einzelne Multi-Level-Marketing-Systeme geben, in denen sämtliche Anwerbenden dauerhaft Schulungs-, Führungs- und Koordinationsaufgaben wahrnehmen. Es ist jedoch davon auszugehen, dass in vielen Systemen nicht jeder Anwerbende eine Führungsposition einnimmt, denn schließlich können von der Vielzahl der Angeworbenen eines Multi-Level-Marketing-Unternehmens nicht alle in Führungspositionen gelangen. Es liegt daher nahe, dass die meisten Vertriebsrepräsentanten nur diejenigen schulen, die sie unmittelbar angeworben haben. Dies dürften nach der Lebenserfahrung nicht so viele Personen sein, dass die Anwerbenden ausschließlich mit Schulungsaufgaben beschäftigt sind.

Anzumerken ist, dass die Provisionen für den Umsatz der Angeworbenen dauerhaft gezahlt werden, die Schulungsaufgaben jedoch auf Dauer immer weniger Zeit in Anspruch nehmen dürften. Die Angeworbenen haben in der Regel selbst ein Interesse daran, sich eine eigene Vertriebsstruktur aufzubauen, um die in Aussicht gestellten Provisionen zu erhalten. Das bedeutet, dass sie immer selbständiger werden, je länger sie im Multi-Level-Marketing-Unternehmen tätig sind. Nach einer gewissen Zeit nehmen sie selbst Schulungsaufgaben wahr und benötigen die Betreuung der ihnen übergeordneten Stufe nicht mehr.[476] Die Anwerber profitieren aber nicht nur von den Verkäufen der von ihnen Angeworbenen, sondern von denen der gesamten „Downline", das heißt von den Umsätzen der von ihnen unmittelbar und mittelbar Akquirierten. Die Betreuung und Schulung der auf den unteren Stufen Angeworbenen einer Vertrieblinie obliegt jedoch regelmäßig nicht den Vertriebspartnern der höheren Stufen, sondern den in der Struktur jeweils unmittelbar über ihnen stehenden, das heißt, denjenigen, die sie unmittelbar angeworben haben. Daher ist festzustellen, dass das Multi-Level-Marketing-System grundsätzlich einen Anreiz dazu bietet, einen Gewinn mit der Arbeit anderer, nämlich mit den von den Angeworbenen sowie der gesamten Vertriebsstruktur getätigten Verkäufen zu machen. Dieser Anreiz wird allerdings dadurch abgeschwächt, dass der Vertriebsrepräsentant im Multi-Level-Marketing-System ebenfalls Gewinne aus dem eigenen Warenumsatz tätigt sowie – zumindest für einen gewissen Zeitraum – mit der Ausbildung und Schulung der von ihm Angeworbenen betraut wird.

5. Zielverlagerung

Zu untersuchen ist, ob das Multi-Level-Marketing-System, ebenso wie Pyramiden- und in eingeschränkter Form auch Schneeballsysteme auf eine Zielverlagerung ausgelegt ist, indem es nicht mehr primär den Absatz von Produkten an End-

---

[476] Vgl. LG München I, Urteil vom 06.07.1994, 1 HK O 19261/93.

verbraucher, sondern vorrangig die Ausweitung des Systems durch den Verkauf von Ware in das System bezweckt. Hiervon ist nicht ohne weiteres auszugehen. Das Multi-Level-Marketing-System bietet den Vertriebsrepräsentanten zwei Möglichkeiten, Geld zu verdienen: zum einen durch die Gewinne aus der Handelsmarge, zum anderen durch den Aufbau der eigenen Vertriebsstruktur. Der Produktabsatz an Endverbraucher wird dadurch sichergestellt, dass sämtliche Provisionen von dem Verkaufsvolumen der Angeworbenen an Endverbraucher abhängig sind. Das bedeutet, dass trotz der Möglichkeit, Gewinne durch die Anwerbung anderer für das System zu erzielen, eine Zielverlagerung in der Regel nicht stattfindet, da immer der Produktabsatz an Endverbraucher im Vordergrund steht. Zweck des Multi-Level-Marketing-Systems ist es also, möglichst viele Endabnehmer erreichen zu können.

Etwas anderes gilt bei Systemen progressiver Kundenwerbung, bei denen die Provisionen allein für die Anwerbung weiterer Teilnehmer als bloße „Kopfprämien" gezahlt werden. Diese Systeme reizen die Teilnehmer dazu an, mehr und mehr Mitarbeiter anzuwerben, um allein hierdurch Gewinne zu erzielen. Da diese „Kopfprämien" finanziert werden müssen, ist bei Pyramidensystemen jeder Teilnehmer in der Regel zur Abnahme von Waren oder sonstigen Leistungen zu teuren Preisen verpflichtet. Bei Schneeballsystemen werden die Produkte regelmäßig zu einem überhöhten Preis angeboten. Im Gegenzug erhält der Teilnehmer dieser Systeme dann die Möglichkeit, durch die Anwerbung anderer finanzielle Vorteile zu erhalten. Diese Systeme sind auf die Ausweitung der Vertriebsstruktur durch den Verkauf von Ware in das System hinein gerichtet. Das entspricht jedoch nicht dem Multi-Level-Marketing-System in seiner gängigen Form, die dieser Arbeit zugrunde gelegt wird und in dem sämtliche Vergütungen vom Produktabsatz an Endverbraucher abhängig sind.

Festzuhalten ist daher, dass die Multi-Level-Marketing-Systeme in ihrer Grundform auf den Verkauf von Waren an Endverbraucher gerichtet sind und eben nicht, wie Schneeball- und Pyramidensysteme, einen Verkauf in die Struktur hinein bezwecken. Sofern es im Einzelfall Systeme gibt, die dieses zu missbilligende Ziel lediglich unter dem Namen Multi-Level-Marketing verfolgen, handelt es sich hierbei um versteckte Schneeball- oder Pyramidensysteme und gerade nicht um eine Form von Multi-Level-Marketing.

6. Marktverengung

Fraglich ist, ob bei den Multi-Level-Marketing-Systemen ebenso wie bei illegalen Schneeball- und Pyramidensystemen eine Marktverengung bis hin zu einer Marktsättigung eintritt.

Das Multi-Level-Marketing-System bietet seinen Vertriebspartnern die Möglichkeit, sich durch den Aufbau einer eigenen Vertriebsstruktur eine zusätzliche Einnahmequelle zu verschaffen und ist mithin auf eine Expansion des Unternehmens angelegt. Dabei sind die hierfür versprochenen Provisionen so attraktiv, dass nicht wenige Vertriebsrepräsentanten gewillt sein werden, weitere Vertriebspartner für das System zu gewinnen. Dies hat zu Folge, dass die Anzahl der Vertriebsrepräsentanten stetig wächst, mit der Konsequenz, dass sich der Markt für die neuen Mitarbeiter immer weiter verengt. Je mehr Stufen ein Multi-Level-Marketing-System aufweist, desto schwerer ist es dann für die neuen Vertriebsrepräsentanten, sich einen Kundenstamm und eine eigene Vertriebsstruktur aufzubauen.

Beginnt beispielsweise jemand mit dem Aufbau eines Multi-Level-Marketing-Systems auf der ersten Stufe damit, dass er fünf Personen anwirbt und diese - hypothetisch – wiederum jeweils fünf Personen akquirieren, die dasselbe tun, so wären auf der 12. Stufe bereits 48.828.125 Menschen in diesem System tätig. Ein Anwerben weiterer Systemmitglieder innerhalb der Bundesrepublik Deutschland wäre den meisten Teilnehmern rein rechnerisch schon gar nicht mehr möglich. Je später ein Vertriebsrepräsentant daher seine Tätigkeit beim Multi-Level-Marketing-Unternehmen aufnimmt, desto mehr „Kollegen" hat er bereits. Daraus folgt, dass es für diejenigen, die zu einem späteren Zeitpunkt angeworben werden, sehr schwierig wird, sich eine eigene Vertriebsstruktur sowie einen Kundenstamm aufzubauen.

Zu beachten ist allerdings, dass eine Marktsättigung beim Multi-Level-Marketing-System wesentlich langsamer verläuft als bei den Systemen der progressiven Kundenwerbung. Die Werbung weiterer Vertriebsrepräsentanten ist beim Multi-Level-Marketing-System nicht die einzige Möglichkeit, um finanzielle Gewinne zu erzielen, sondern eine zusätzliche Option hierzu. Es ist daher davon auszugehen, dass viele Vertriebsrepräsentanten ihre Tätigkeit auf den Verkauf beschränken und keine weiteren Mitglieder akquirieren.

Zudem kommt zumindest bei Pyramidensystemen der jeweilige angeworbene Teilnehmer regelmäßig nicht weiter als Abnehmer in Betracht, denn er erwirbt die Ware meist nur, um durch den Eintritt in das System weitere Personen anwerben und dadurch wirtschaftliche Vorteile erhalten zu können. Daher nimmt er unter Umständen sogar Ware ab, für die er keine Verwendung hat oder deren Menge seine Verwendungsmöglichkeiten weit übersteigt. Im Multi-Level-Marketing-System hingegen ist es häufig der Fall, dass Endverbraucher zu Stammkunden der Multi-Level-Marketing-Unternehmen werden und, sofern es sich um Verbrauchsgüter handelt, die immer wieder bezogen werden, in regelmäßigen Abständen Produkte beim Multi-Level-Marketing-Unternehmen kaufen. Viele Abnehmer entscheiden sich dazu, nicht selbst als Vertriebsrepräsentant tätig zu werden, sondern beziehen die Produkte des Multi-Level-Marketing-Unternehmens als bloße Endkunden. Hinzu kommt, dass viele Multi-Level-Marketing-Unternehmen ihre Produkte stetig verbessern und weiterentwickeln. Die Marktverengung verläuft daher nicht wesentlich schneller als bei jedem anderen Unternehmen, das auf den Warenvertrieb ausgerichtet ist.

Nach alldem kann somit festgehalten werden, dass zwar auch das Multi-Level-Marketing-System auf eine steigende Teilnehmerzahl ausgelegt ist und daher grundsätzlich die Gefahr einer Marktverengung bzw. Marktsättigung besteht. Zum einen wird es für die Vertriebsrepräsentanten umso schwieriger, sich eine eigene Vertriebsstruktur aufzubauen, je größer das System bereits ist. Zum anderen wird auch der Warenabsatz schwieriger, je mehr Vertriebsrepräsentanten in dem jeweiligen System tätig sind. Diese Marktverengung erfolgt jedoch wesentlich langsamer als bei den illegalen Schneeball- und Pyramidensystemen, so dass keine Gefahr einer Marktsättigung besteht, die über den in unserem Wirtschaftssystem zwangsläufig eintretenden Prozess hinausgeht.

7. Glücksspielartiger Charakter des Systems

Ein glücksspielartiger Charakter ist bereits in Bezug auf die Systeme der progressiven Kundenwerbung abgelehnt worden, denn die an diesen Systemen Teilnehmenden halten das Anwerben weiterer Personen in der Regel für einfach und gehen von guten Verdienstmöglichkeiten aus.[477]

Das Multi-Level-Marketing weist einen glücksspielartigen Charakter erst recht nicht auf. Vielmehr ist davon auszugehen, dass der Verkaufs- und Anwerbeerfolg eines Vertriebspartners grundsätzlich nicht primär von Glück und Zufall, sondern vorrangig von seinen Eigenbemühungen und seiner Überzeugungskraft abhängig ist. Auch der Verdienst aus den Umsätzen der Angeworbenen hängt für den An-

---

[477] S.o. Abschnitt E.I.1.b)bb).

werbenden nicht hauptsächlich vom Zufall ab. Der Vertriebsrepräsentant hat die von ihm Akquirierten zunächst auszubilden und zu schulen, so dass er unmittelbar zu deren Verkaufserfolg beitragen kann.

8. Die Gesamtbetrachtung der Strafwürdigkeitskriterien

Die vorangegangene Untersuchung hat gezeigt, dass einige Kriterien, die zur Strafwürdigkeit progressiver Kundenwerbung beitragen, auch auf das Multi-Level-Marketing-System zutreffen. Die Strafwürdigkeit progressiver Kundenwerbung wird jedoch erst durch das Zusammenspiel sämtlicher Strafwürdigkeitskriterien begründet.[478] Zu untersuchen ist daher, ob sich aus einem Zusammenwirken der auf das Multi-Level-Marketing-System zutreffenden Kriterien eine Strafwürdigkeit auch dieses Systems ergibt.

Ebenso wie in den Systemen der progressiven Kundenwerbung wird den potentiellen Teilnehmern eines Multi-Level-Marketing-Systems in Aussicht gestellt, durch eine Teilnahme an diesem System einen wirtschaftlichen Gewinn zu erzielen. Darüber hinaus richtet sich auch das Multi-Level-Marketing-System an geschäftlich unerfahrene Personen, die sich den Markt zunächst über den eigenen Verwandten- und Bekanntenkreis erschließen. Diese Umstände allein führen zwar gegebenenfalls zu einer Belastung sozialer Beziehungen, lassen das Multi-Level-Marketing jedoch noch nicht als strafwürdig erscheinen. Auch die Tatsache, dass der Vertriebsrepräsentant im Multi-Level-Marketing-System die Möglichkeit erhält, durch das Anwerben weiterer Vertriebsrepräsentanten und den damit verbundenen Provisionen für deren Umsätze einen Gewinn mit der Arbeit anderer zu machen, ist nicht derart sozialschädlich, dass dieses System unter Strafe zu stellen wäre. Die Aussicht, einen Gewinn mit der Arbeit anderer machen zu können, erhalten die Vertriebsrepräsentanten nämlich, um weitere Mitarbeiter anzuwerben, wodurch das Multi-Level-Marketing-Unternehmen mehr Produkte an Endverbraucher absetzen kann.

Um die Strafwürdigkeit des Multi-Level-Marketing-Systems zu begründen, müsste, ebenso wie dies bei den Systemen der progressiven Kundenwerbung der Fall ist, eine Verschleierung über finanzielle Risiken verbunden mit einer Vermögensgefahr für die Teilnehmer sowie eine Zielverlagerung vom Produktabsatz hin zur Ausweitung der Systemstruktur hinzutreten. Dies ist beim Multi-Level-Marketing-System aber beides nicht der Fall. Die Vertriebsrepräsentanten sind nicht dazu ver-

---

[478] S. o. Abschnitt E.I.1.c).

pflichtet, hohe Summen in das System zu investieren und diese Leistung durch das Gewinnen weiterer Teilnehmer auszugleichen. Sie haben neben dem Verkauf lediglich die freiwillige Möglichkeit, andere anzuwerben und an deren Umsätzen zu partizipieren. Durch die wesentlich langsamere Marktsättigung – und eine Marktsättigung haftet unserem Wirtschaftssystem grundsätzlich an – ist das System nicht auf einen Zusammenbruch angelegt. Das Multi-Level-Marketing-System ist damit gerade nicht typischerweise mit Verlusten auf Seiten der Vertriebsrepräsentanten verbunden.

Auch bezweckt das Multi-Level-Marketing-System keine Zielverlagerung vom Warenabsatz hin zur Ausweitung der Systemstruktur. Während Pyramidensysteme allein auf eine Ausweitung der Vertriebsstruktur ausgelegt sind und auch bei Schneeballsystemen Produkte ausschließlich in die Struktur hinein verkauft werden, ist es Ziel im Multi-Level-Marketing-System, durch eine Ausweitung des Systems mehr Endverbraucher zu erreichen. Eine Zielverlagerung vom Warenabsatz hin zur Ausweitung des Vertriebssystems findet hier somit gerade nicht statt.

Festzuhalten ist damit, dass das Multi-Level-Marketing-System zwar Ähnlichkeiten mit den Systemen der strafbaren progressiven Kundenwerbung aufweist, sich die beiden Systeme aber ganz wesentlich in ihren Charaktereigenschaften unterscheiden. Es besteht kein Grund dafür, das Multi-Level-Marketing-System unter Strafe zu stellen, denn eine Sozialschädlichkeit ist mit diesem Vertriebssystem nicht verbunden. Dass der geltende § 16 Abs. 2 UWG das Multi-Level-Marketing-System nicht umfasst,[479] ist daher aus kriminalpolitischer Sicht geboten.

III. Neuformulierung des § 16 Abs. 2 UWG

Die bisherige Untersuchung hat gezeigt, dass – zumindest nach Ansicht der Verfasserin – Schneeball- und Pyramidensysteme dem Tatbestand des § 16 Abs. 2 UWG unterfallen, Multi-Level-Marketing-Systeme hingegen nicht, und dass dies aus kriminalpolitischer Sicht auch richtig ist. Dennoch soll im Rahmen dieser Dissertation noch untersucht werden, ob und inwiefern der Tatbestand des § 16 Abs. 2 UWG geändert werden sollte. Eine solche Änderung erscheint im Hinblick auf das zuvor problematisierte Tatbestandmerkmal des Verbrauchers erforderlich. Darüber hinaus ist auch im Hinblick auf die Straflosigkeit von Multi-Level-Marketing eine Klarstellung geboten.

---

[479] S. o. Abschnitt D.II.2.

1. Das Tatbestandsmerkmal der Verbraucher

Seit der UWG-Reform im Jahr 2004 setzt der Tatbestand des § 16 Abs. 2 UWG das Unternehmen voraus, Verbraucher zur Abnahme von Waren, Dienstleistungen oder Rechten zu veranlassen. In Bezug auf dieses Tatbestandsmerkmal ist umstritten, ob die Werbeadressaten eines Schneeball- bzw. eines Pyramidensystems die Verbrauchereigenschaft erfüllen.[480] Die vorangegangene Untersuchung hat gezeigt, dass die Werbeadressaten eines Schneeballsystems stets Verbraucher sind. Die im Rahmen eines Pyramidensystems Umworbenen sind Existenzgründer und nach Ansicht der Verfasserin als solche im Rahmen von § 16 Abs. 2 UWG zwar auch Verbraucher, da das Merkmal des Verbrauchers im Rahmen des Straftatbestands des § 16 Abs. 2 UWG einer modifizierten Auslegung im Hinblick auf Existenzgründungsgeschäfte bedarf.[481] Es ist jedoch fraglich, ob die Rechtsprechung dieser differenzierten Auslegung folgt. Sollte dies nicht der Fall sein, würden Pyramidensysteme zukünftig nicht mehr von § 16 Abs. 2 UWG erfasst, so dass eine Strafbarkeitslücke im Hinblick auf diese – vom Gesetzgeber für strafbedürftig gehaltenen – Systeme entstünde. Um dieser möglichen Strafbarkeitslücke abzuhelfen, sollte der Gesetzgeber die Vorschrift des § 16 Abs. 2 UWG so formulieren, dass das Anwerben im Rahmen von Pyramidensystemen eindeutig unter diesen Tatbestand zu fassen ist. Fraglich ist, durch welchen Wortlaut des § 16 Abs. 2 UWG dieses Problem gelöst werden könnte.

Vor der UWG-Reform 2004 stellte der Straftatbestand der progressiven Kundenwerbung anstelle des Verbrauchers auf den Nichtkaufmann ab. Zu dieser Formulierung sollte jedoch nicht zurückgekehrt werden, denn im UWG wird dieser handelsrechtliche Begriff ansonsten nicht verwendet.

Stattdessen empfiehlt es sich, den Tatbestand des § 16 Abs. 2 UWG offener zu formulieren und den Begriff der „Verbraucher" durch das Wort „andere" zu ersetzen. Im Rahmen der UWG-Reform im Jahr 2004 ging der Gesetzgeber davon aus, dass ein Gefährdungspotential durch die Systeme progressiver Kundenwerbung lediglich im Hinblick auf Verbraucher bestehe,[482] dass also ausschließlich Verbraucher als Werbeadressaten dieser Systeme in Betracht kommen. Dieser Gedanke ist zwar zutreffend, sofern man mit der oben dargestellten Auslegung den Umworbenen trotz seiner Stellung als Existenzgründer als Verbraucher einstuft, jedoch birgt er gerade die Gefahr der aufgezeigten Strafbarkeitslücke.

---

[480] S. o. Abschnitt D.I.2.
[481] S. o. Abschnitt D.I.2.b)cc)(2)(b)(cc)(χ).
[482] BT-Drucks. 15/1487, S. 26.

Mit der offenen Formulierung „andere" verliert das Problem der Existenzgründung dagegen seine Bedeutung für die Auslegung des § 16 Abs. 2 UWG, denn auch diese Fälle würden dann eindeutig vom Tatbestand der strafbaren progressiven Kundenwerbung umfasst.

Wird im Tatbestand des § 16 Abs. 2 UWG das Tatbestandsmerkmal der Verbraucher durch das Wort „andere" ersetzt, so schließt der Tatbestand auch das Anwerben von Unternehmern ein. Eine unsachgemäße Ausweitung des Tatbestandes ist mit dieser Formulierung jedoch nicht verbunden. Gemäß § 1 UWG dient das UWG dem Schutz der Mitbewerber, der Verbraucherinnen und Verbraucher sowie der sonstigen Marktteilnehmer vor unlauteren geschäftlichen Handlungen. Es schützt zugleich das Interesse der Allgemeinheit an einem unverfälschten Wettbewerb. Soweit durch den geänderten Wortlaut des § 16 Abs. 2 UWG nunmehr auch Unternehmer als Werbeadressaten einer strafbaren progressiven Kundenwerbung und als Abnehmer der im Rahmen der progressiven Kundenwerbung angebotenen Produkte in Betracht kommen, werden diese als „sonstige Marktteilnehmer" von § 16 Abs. 2 UWG geschützt.

Eine offenere Formulierung des § 16 Abs. 2 UWG ist daher geeignet, eine mögliche Strafbarkeitslücke im Hinblick auf das Anwerben im Rahmen von Pyramidensystemen zu schließen.

2. Klarstellung in Bezug auf das Multi-Level-Marketing-System

Die vorangegangenen Untersuchungen haben gezeigt, dass das Multi-Level-Marketing-System dem Tatbestand des § 16 Abs. 2 UWG in seiner derzeitigen Fassung nicht unterfällt und diese Vertriebsform auch nicht strafwürdig ist. Da in Rechtsprechung und Literatur jedoch Uneinigkeit über die Strafbarkeit von Multi-Level-Marketing herrscht, sollte der Gesetzgeber innerhalb der Norm des § 16 Abs. 2 UWG ausdrücklich klarstellen, dass Multi-Level-Marketing keine Erscheinungsform strafbarer progressiver Kundenwerbung ist. Weil in der Vergangenheit immer wieder Vertriebssysteme unter dem Namen Multi-Level-Marketing auf dem Markt auftraten, die nach ihrer Funktionsweise in Wahrheit aber ein System progressiver Kundenwerbung darstellten, sollte der Gesetzgeber durch eine Legaldefinition klären, wann und unter welchen Voraussetzungen es sich bei einem Vertriebssystem um ein legales Multi-Level-Marketing-System handelt. Die in dieser Arbeit zuvor entwickelte Definition ist zur Verwendung als Legaldefinition des Multi-Level-Marketing in § 16 Abs. 2 UWG nicht geeignet, denn sie dient dazu, Multi-Level-Marketing-Systeme generell zu beschreiben und weist in einigen

Merkmalen Gemeinsamkeiten mit den Systemen progressiver Kundenwerbung auf. Die Legaldefinition soll demgegenüber aber gerade der Abgrenzung des Multi-Level-Marketing-Systems zu den Systemen progressiver Kundenwerbung dienen. Daher soll sie nur Merkmale enthalten, in denen sie sich von diesen strafbaren Vertriebssystemen unterscheidet. Nachfolgend sollen zunächst noch einmal die maßgeblichen Unterschiede zwischen Multi-Level-Marketing-Systemen und den Systemen progressiver Kundenwerbung dargestellt werden, um anhand dieser Unterschiede eine Legaldefinition zu entwickeln, die klarstellt, dass bzw. unter welchen Voraussetzungen Multi-Level-Marketing keine Erscheinungsform strafbarer progressiver Kundenwerbung ist.

a) **Subjektive Komponente: Ausrichtung des Systems auf den Produktabsatz an Endverbraucher und nicht auf Warenabsatz in die Systemstruktur**

Sowohl im Schneeball- als auch im Pyramidensystem sollen Produkte ausschließlich in die Systemstruktur hinein verkauft werden. Die Betreiber von Systemen progressiver Kundenwerbung bieten Ware zu sehr hohen Preisen an. Im Gegenzug stellen sie ihren Kunden wirtschaftliche Vorteile in Aussicht, wenn diese weitere Abnehmer finden. Angelockt von diesen finanziellen Vergünstigungen entscheiden sich die Kunden für den Erwerb der Ware. Die von den Erstkunden weiteren Angeworbenen nehmen die Produkte wiederum primär ab, um ebenfalls die in Aussicht gestellten Vorteile zu erlangen. Durch diesen stetigen und ausschließlichen Absatz von Ware in die Systemstruktur sollen dem System ständig neue Abnehmer zugeführt werden, wodurch sich der Markt in kurzer Zeit derart verengt, dass die zuletzt Angeworbenen keine weiteren Abnehmer mehr finden.

Auch das Multi-Level-Marketing bezweckt durch das stetige Anwerben neuer Vertriebsrepräsentanten eine Ausweitung der Systemstruktur. Als Anreiz hierzu werden dem anwerbenden Vertriebsrepräsentanten Provisionen für den Aufbau einer eigenen Vertriebslinie gewährt. Im Unterschied zu den Systemen progressiver Kundenwerbung ist das Multi-Level-Marketing-System aber nicht nur darauf gerichtet, dass die Vertriebsrepräsentanten Waren erwerben; das Unternehmen bezweckt vielmehr insbesondere, den Produktabsatz an außerhalb des Systems stehende Endabnehmer durch eine Ausweitung der Verkäuferzahl zu steigern. Denn je mehr Verkaufsmitarbeiter an unterschiedlichen Orten Waren des Multi-Level-Marketing-Unternehmens anbieten, desto mehr Konsumenten können von dem Unternehmen erreicht werden. Verkäufe in die Struktur sollen nur in eingeschränktem Maß stattfinden, nämlich dann, wenn der Vertriebsrepräsentant das Produkt zum Eigengebrauch verwenden will und damit selbst Endverbraucher ist.

Aus diesen Gründen ist der Bestand des Multi-Level-Marketing-Systems im Gegensatz zu den Systemen progressiver Kundenwerbung auch nicht von einer stetigen Ausweitung der Systemstruktur abhängig. Da im Schneeball- und Pyramidensystem der Produktabsatz untrennbar mit dem Anwerben weiterer Personen verbunden ist, brechen diese Systeme sofort zusammen, falls es den Teilnehmern nicht mehr gelingt, weitere Interessenten zu akquirieren. Im Multi-Level-Marketing-System führt ein Ausbleiben weiterer Vertriebsrepräsentanten hingegen nicht zu einem Zusammenbruch des gesamten Systems, sondern lediglich dazu, dass der Produktabsatz an Endabnehmer nicht gesteigert werden kann und die zuletzt Angeworbenen keine Provisionen für den Aufbau ihrer eigenen Vertriebslinie erhalten. Sie erzielen jedoch weiterhin Gewinne aus der Handelsspanne.

Um das Interesse möglichst vieler Endverbraucher zu wecken, werden im Multi-Level-Marketing-System regelmäßig Produkte vertrieben, für die eine große Anzahl von Menschen eine Verwendung hat. Dies ist insbesondere bei Pyramidensystemen oft nicht der Fall. Hier handelt es sich vielfach um hochpreisige, minderwertige und schwer absetzbare Ware, wie zum Beispiel 60 Flaschen Motoröl mit Teflonzusatz zum Preis von fast 4.000 DM.[483] Da im Multi-Level-Marketing-System lediglich ein geringer Teil der Abnehmer selbst zum Vertriebsrepräsentanten und dadurch Teil der Struktur wird, wächst die Zahl der Vertriebsrepräsentanten auch nicht exponentiell an, so dass sich der Markt nicht derart schnell verengt, wie es bei der progressiven Kundenwerbung der Fall ist.

b)   Objektive Komponente: Umsatzabhängigkeit der Anwerbeprovisionen anstelle von Kopfprämien

In den Systemen progressiver Kundenwerbung wird jedem Teilnehmer für jeden weiteren Abnehmer, den er dem System zuführt, ein wirtschaftlicher Vorteil gewährt. Für den Betreiber ist der Warenabsatz im Wege progressiver Kundenwerbung trotz Zahlung dieser für den Umworbenen attraktiven Kopfprämien lohnenswert, da er die Ware durch den Einsatz der Prämien als Lockmittel zu sehr hohen Preisen anbieten kann. Da der Abnehmer im Pyramidensystem in der Regel kein Interesse an der Ware, sondern meist ausschließlich an den Vergünstigungen oder Verdienstmöglichkeiten hat, ist er verpflichtet, teure Ware abzunehmen, die er

---

[483]   S. o. Abschnitt B.I.2.

entweder überhaupt nicht benötigt oder die seinen Eigenbedarf in der Regel zumindest weit übersteigt. In vielen Fällen dieser Erscheinungsform progressiver Kundenwerbung kommt es daher zur Haltung eines Warenlagers durch den Angeworbenen.

Das im Multi-Level-Marketing-System verfolgte Ziel, einen möglichst großen Umsatz an Endverbraucher zu erzielen, wird hingegen nicht durch das Versprechen von Kopfprämien, sondern dadurch erreicht, dass den Vertriebsrepräsentanten eine Provision in Aussicht gestellt wird, wenn sie sich eine eigene umsatzstarke Vertriebsstruktur aufbauen. Dabei werden diese Provisionen in Abhängigkeit von den Umsätzen an Endverbraucher gewährt. Der Vertriebsrepräsentant erhält dadurch einen Anreiz, Mitarbeiter für das System zu akquirieren sowie diese zu betreuen und zu schulen, damit die von ihm Angeworbenen hohe Umsätze erzielen. Auf diese Art und Weise beschäftigt das System im Laufe der Zeit immer mehr qualifizierte Vertriebsrepräsentanten, wodurch wiederum mehr Produkte an Endverbraucher abgesetzt werden sollen. Die an die Anwerbenden ausgezahlten Provisionen finanziert das Multi-Level-Marketing-Unternehmen durch den Produktverkauf an Endverbraucher.

Es handelt sich folglich dann um ein legales Multi-Level-Marketing-System, wenn die für den Aufbau der eigenen Vertriebsstruktur gewährten Provisionen von den tatsächlichen Umsätzen der Angeworbenen an Endabnehmer abhängig sind, diese Umsätze also die Berechnungsgrundlage der Anwerbeprovisionen bilden. Da dieses Merkmal zu einer klaren Abgrenzung des Multi-Level-Marketing-Systems von den Systemen progressiver Kundenwerbung beiträgt, soll es in die Legaldefinition des Multi-Level-Marketing-Systems aufgenommen werden.

c) **Weitere Unterschiede zwischen Multi-Level-Marketing-Systemen und den Systemen progressiver Kundenwerbung**

Die zuvor beschriebenen Komponenten haben Auswirkungen, die das Multi-Level-Marketing-System weitgehend von den Systemen strafwürdiger progressiver Kundenwerbung unterscheiden. So werden die Angeworbenen im Multi-Level-Marketing-System beispielsweise von denjenigen, die sie akquiriert haben, betreut und ausgebildet. Da die Provisionen vom Multi-Level-Marketing-Unternehmen aus den Gewinnen durch den Warenverkauf an Endverbraucher finanziert werden, verpflichten sie ihre Vertriebsrepräsentanten nicht zur Abnahme einer großen Warenmenge zu teuren Preisen. Schließlich unterscheiden sich die Systeme auch in ihrem Wachstum und der damit einhergehenden Marktverengung. Diese Merkmale folgen jedoch unmittelbar aus der zuvor beschriebenen subjektiven und objektiven Komponente. Deshalb genügt es zur Abgrenzung von Multi-Level-Marketing-Systemen von den Systemen progressiver Kundenwerbung, diese beiden Komponenten in die Legaldefinition des Multi-Level-Marketing-Systems aufzunehmen.

3. Formulierungsvorschlag

Die vorangegangenen Ausführungen haben gezeigt, dass das Tatbestandsmerkmal des Verbrauchers durch die offenere Formulierung „einen anderen" zu ersetzen ist. Darüber hinaus ist festgestellt worden, dass sich die Grundform des Multi-Level-Marketing-Systems in seiner Zweckrichtung und seiner Funktionsweise ganz wesentlich von den Systemen progressiver Kundenwerbung unterscheidet. Wegen dieser Unterschiede ist das Multi-Level-Marketing-System straflos. Dies soll im Rahmen einer Legaldefinition des Multi-Level-Marketing-Systems in einem einzufügenden § 16 Abs. 2 Satz 2 UWG klargestellt werden. § 16 Abs. 2 sollte daher wie folgt lauten:

> Wer es im geschäftlichen Verkehr unternimmt, andere zur Abnahme von Waren, Dienstleistungen oder Rechten durch das Versprechen zu veranlassen, sie würden entweder vom Veranstalter selbst oder von einem Dritten besondere Vorteile erlangen, wenn sie andere zum Abschluss gleichartiger Geschäfte veranlassen, die ihrerseits nach der Art dieser Werbung derartige Vorteile für eine entsprechende Werbung weiterer Abnehmer erlangen sollen, wird mit Freiheitsstrafe bis zu zwei Jahren oder mit Geldstrafe bestraft. Vertriebssysteme, die nicht auf den Produktabsatz in die Struktur hinein, sondern auf den Produktabsatz an Endverbraucher ausgerichtet sind, und die ihren Vertriebsrepräsentanten zur Erreichung dieses Ziels Provisionen für das Anwerben weiterer Verkaufspersonen in Abhängigkeit von deren tatsächlichen Warenverkäufen an Endverbraucher gewähren (Multi-Level-Marketing-Systeme), werden von Satz 1 nicht erfasst.

IV. Ergebnis des Abschnitts E.

Sowohl Schneeball- als auch Pyramidensysteme sind aufgrund des Zusammenspiels mehrerer Kriterien und deren wechselseitiger Kausalität als strafwürdig einzustufen. Weder Vorschriften des Zivilrechts noch des öffentlichen Rechts erscheinen zur Unterbindung dieser Systeme geeignet. Auch werden sie regelmäßig nicht von anderen bestehenden Strafvorschriften erfasst. Aufgrund der ansonsten im

181

Hinblick auf die Systeme progressiver Kundenwerbung bestehenden Strafbarkeitslücke besteht für die Existenz des § 16 Abs. 2 UWG ein zwingendes Bedürfnis.

Multi-Level-Marketing-Systeme sind in ihrer Grundform hingegen nicht als strafwürdig einzustufen. Die für die Strafwürdigkeit progressiver Kundenwerbung herangezogenen Kriterien treffen auf sie nur zum Teil zu, ohne dass sich hieraus eine die Strafwürdigkeit begründende Sozialschädlichkeit dieser Systeme ergibt. Die Vorschrift des § 16 Abs. 2 UWG sollte daher klarstellen, dass sie Multi-Level-Marketing-Systeme nicht erfasst. Um eine missbräuchliche Verwendung des Begriffs Multi-Level-Marketing-System zu verhindern, sollte der Straftatbestand diesen Begriff selbst definieren. Darüber hinaus sollte der Gesetzgeber in dieser Strafnorm zur Verhinderung möglicher Strafbarkeitslücken den Begriff der Verbraucher durch das Wort „andere" ersetzen.

F. Zusammenfassung und Endergebnis

Diese Arbeit hat sich mit der Strafbarkeit verschiedener Vertriebssysteme – nämlich den Systemen progressiver Kundewerbung in Gestalt von Schneeball- und Pyramidensystemen einerseits sowie dem Multi-Level-Marketing-System andererseits – nach § 16 Abs. 2 UWG befasst. Nach einer Darstellung der untersuchten Systeme, der Entwicklung einer Definition für das Multi-Level-Marketing-System sowie einer Erörterung der Rechtsgrundlagen wurden die Strafbarkeit dieser Vertriebssysteme nach dem geltenden § 16 Abs. 2 UWG untersucht. In einem weiteren Teil wurde erörtert, ob eine Bestrafung des Anwerbens von Personen im Rahmen dieser Systeme aus kriminalpolitischer Sicht berechtigt ist bzw. wäre, ob ein solches Anwerben also strafwürdig, strafbedürftig und auch nicht von anderen bestehenden Strafvorschriften umfasst ist. Schließlich ist dem Gesetzgeber sowohl im Hinblick auf die Systeme progressiver Kundenwerbung als auch auf Multi-Level-Marketing-Systeme eine Änderung des § 16 Abs. 2 UWG vorgeschlagen worden. Die Ergebnisse dieser Arbeit lassen sich zu den folgenden Thesen zusammenfassen:

1. Haupterscheinungsformen der progressiven Kundenwerbung sind Schneeball- und Pyramidensysteme. Geldgewinnspiele sind ein Sonderfall der Pyramidensysteme. Diesen Systemen ist gemeinsam, dass sie ihre Teilnehmer dazu anreizen, dem System weitere Teilnehmer zuzuführen, was zu einer progressiven Ausweitung des jeweiligen Systems führt. Da jeder Abnehmer wiederum selbst Teil des Systems wird, werden bei den Systemen progressiver Kundenwerbung Waren ausschließlich in die Struktur hinein verkauft. Während im Schneeballsystem die Ware für den Erwerber von Bedeutung ist und es ihm auf den verbilligten oder preisfreien Erwerb dieser Produkte ankommt, spielt die Ware bei Pyramidensystemen eine untergeordnete, bei Geldgewinnspielen gar keine Rolle. Bei Pyramidensystemen geht es allein darum, mit dem Akquirieren weiterer Personen einen Gewinn zu erzielen. Beim Schneeballsystem schließt der neu Angeworbene den Vertrag über die Warenabnahme mit dem Systembetreiber, beim Pyramidensystem mit demjenigen, der ihn angeworben hat.

2. Das Multi-Level-Marketing-System ist eine mehrstufig gegliederte Sonderform des Direktvertriebs, in dem nicht notwendigerweise kaufmännisch vorgebildete Vertriebsrepräsentanten neben der Verkaufstätigkeit in dem jeweiligen Unternehmen die Möglichkeit haben, sich durch die Anwerbung weiterer Vertriebspartner eine eigene Vertriebsstruktur aufzubauen. Das Einkommen der Vertriebsrepräsentanten ist nicht betragsmäßig festgelegt, sondern abhängig von ihren

eigenen Umsätzen, dem Umsatzvolumen der von ihnen Angeworbenen sowie von den Umsätzen der gesamten ihnen nachgeordneten Vertriebsstruktur („Downline").

3. Sowohl Multi-Level-Marketing-Systeme als auch die Systeme progressiver Kundenwerbung nutzen den Weg des Direktvertriebs für den Warenabsatz, in dem sie überwiegend Menschen ohne vorherige kaufmännische Ausbildung im Verkauf einsetzen. Die Struktur des Multi-Level-Marketing-Systems weist große Ähnlichkeiten mit der Struktur des Pyramidensystems auf. Während bei den Systemen progressiver Kundenwerbung der Anwerbende einen Vorteil bereits allein für das Anwerben erhält, ist die Provision des Vertriebsrepräsentanten im Multi-Level-Marketing-System von den Umsätzen der von ihm Angeworbenen abhängig. Im Gegensatz zu den Systemen progressiver Kundenwerbung erfolgt ein Produktverkauf in die Struktur beim Multi-Level-Marketing-System nur vereinzelt.

4. § 16 Abs. 2 UWG dient als abstraktes Gefährdungs- und Unternehmensdelikt dem Schutz kollektiver Rechtsgüter und schützt die Verbraucher, die Mitbewerber sowie das Interesse der Allgemeinheit an einem leistungsfähigen Wettbewerb.

5. Sowohl Schneeball- als auch Pyramidensysteme sind strafbar nach § 16 Abs. 2 UWG. Die Werbeadressaten beider Systeme sind nach Auffassung der Verfasserin Verbraucher. Das Tatbestandsmerkmal des Verbrauchers ist bei Pyramidensystemen jedoch problematisch, denn die Warenabnahme im Rahmen dieser Systeme erfolgt zur Existenzgründung und Existenzgründer sind grundsätzlich als Unternehmer einzustufen. Die Anwendung von § 13 BGB im Rahmen des § 16 Abs. 2 UWG gebieten es im Hinblick auf den gesetzgeberischen Willen zu § 16 Abs. 2 UWG und auf die Ausgestaltung dieses Straftatbestandes als Unternehmensdelikt jedoch, den Existenzgründer in dem Zeitpunkt, in dem er lediglich umworben wird, ohne bereits ein Rechtsgeschäft abzuschließen, als Verbraucher anzusehen.

6. Das Multi-Level-Marketing-System erfüllt in seiner gebräuchlichen und dieser Arbeit zugrunde gelegten Form wesentliche Tatbestandsmerkmale des § 16 Abs. 2 UWG nicht. Der Tatbestand ist bei denjenigen Formen, bei denen eine Tätigkeit als Vertriebsrepräsentant nicht von einem vorherigen Warenerwerb abhängig ist, bereits deshalb nicht verwirklicht, weil es dann an der erforderlichen Kausalität zwischen Warenabnahme und den besonderen Vorteilen fehlt. Der Tatbestand des § 16 Abs. 2 UWG setzt darüber hinaus voraus, dass die Provisionen als bloße „Kopfprämien" allein für das Anwerben weiterer Vertriebsrepräsentanten

gezahlt werden. Dies ist im Multi-Level-Marketing-System aber nicht der Fall, denn dort sind die Provisionen in ihrer Höhe vom Umsatz der Angeworbenen durch Warenverkäufe an Endverbraucher abhängig.

7. Die Strafwürdigkeit von Schneeball- und Pyramidensystemen ergibt sich aus der Summierung unterschiedlicher Strafwürdigkeitskriterien und ihrer wechselseitigen Verknüpfung. Der Einsatz von nicht ausgebildeten Vertriebsrepräsentanten im Freundes- Verwandten- und Bekanntenkreis führt zu einer Schädigung sozialer Beziehungen bis hin zu der Gefahr sozialer Isolation. Durch die Verschleierung finanzieller Risiken und das zu einer schnellen Marktsättigung führende progressive Element im Zusammenhang mit dem Ziel, Produkte ausschließlich in die Vertriebsstruktur hinein zu verkaufen und diese damit auszuweiten, wird der Systemteilnehmer finanziell geschädigt. Dass diese Systeme einen Anreiz zum Geschäftemachen mit der Arbeit anderer bieten, ist verwerflich und trägt, je nach Ausgestaltung des Systems, zu deren Strafwürdigkeit bei.

8. Weder zivilrechtliche noch öffentlich-rechtliche Vorschriften gewähren ausreichenden Schutz vor den Gefahren durch progressive Kundenwerbung. Die gegen den Systembetreiber bestehenden Unterlassungs- und Schadensersatzansprüche können regelmäßig nicht durchgesetzt werden, da es aufgrund der Vielzahl von Ansprüchen an einem vollstreckbaren Vermögen in den meisten Fällen fehlt. Auch eine Gewerbeuntersagung kommt nicht in Betracht, da Schneeball- und Pyramidensysteme aufgrund ihrer Sozialschädlichkeit nicht unter den Gewerbebegriff fallen.

9. Schneeball- und Pyramidensysteme werden nur partiell von anderen Strafvorschriften erfasst. Sowohl der Tatbestand des Betruges gemäß § 263 StGB sowie derjenige der strafbaren Werbung gemäß § 16 Abs. 1 UWG erfassen das Handeln im Rahmen der progressiven Kundenwerbung nur in Einzelfällen und stellen das System als solches nicht unter Strafe. Der Unrechtsgehalt dieser Systeme geht jedoch über die erfassten Einzelfälle hinaus. Auch die Glücksspieltatbestände gemäß §§ 284 ff. StGB gewähren keinen Schutz vor den Gefahren progressiver Kundenwerbung. Die Tatbestandsmerkmale des Zufalls und des Einsatzes sind in der Regel nicht erfüllt, da es den Teilnehmern am nötigen Bewusstsein fehlt. Auch das Merkmal der Öffentlichkeit ist abzulehnen, wenn die Anwerbung auf Veranstaltungen erfolgt, die nur gezielt geladenen Gästen offen stehen und bei denen ungeladene Gäste abgewiesen werden. Darüber hinaus ermöglichen die §§ 284 ff. StGB keine Strafverfolgung der anwerbenden Systemteilnehmer. Eine solche ist

jedoch erforderlich, um die Systeme progressiver Kundenwerbung wirksam zu unterbinden. Insofern besteht für die Existenz des § 16 Abs. 2 UWG ein Bedürfnis.

10. Das Multi-Level-Marketing-System ist kein strafwürdiges Vertriebssystem. Im Gegensatz zu den Systemen progressiver Kundenwerbung birgt eine Tätigkeit als Vertriebsrepräsentant im Multi-Level-Marketing-System entweder gar keine oder nur geringe finanzielle Risiken. Diese werden dem Umworbenen aber nicht verschleiert. Auch eine Marktverengung erfolgt beim Multi-Level-Marketing-System wesentlich langsamer als bei Schneeball- und Pyramidensystemen. Während die Systeme der strafbaren progressiven Kundenwerbung auf eine Ausweitung der Vertriebsstruktur ausgelegt sind und Produkte ausschließlich in die Struktur hinein verkauft werden, ist es Ziel im Multi-Level-Marketing-System durch eine Ausweitung des Systems mehr Endverbraucher zu erreichen. Eine Zielverlagerung vom Warenabsatz hin zur Ausweitung des Vertriebssystems findet hier somit gerade nicht statt. Zwar werden im Multi-Level-Marketing-System ebenso wie in den Systemen progressiver Kundenwerbung zum einen überwiegend Laien eingesetzt, die den Markt hauptsächlich über ihren Bekannten- und Verwandtenkreis erschließen und zum anderen Geschäfte mit anderer Leute Arbeit gemacht, jedoch reichen diese Kriterien allein nicht aus, um die Strafwürdigkeit des Multi-Level-Marketing-Systems zu begründen.

11. Auch wenn nach Ansicht der Verfasserin die im Rahmen eines Schneeball- und Pyramidensystems Umworbenen Verbraucher sind, sollte zur Vermeidung einer Strafbarkeitslücke das Tatbestandsmerkmal der Verbraucher in § 16 Abs. 2 UWG durch das Wort „andere" ersetzt werden. Um klarzustellen, dass Multi-Level-Marketing-Systeme in ihrer Grundform nicht strafbar sind, sollte darüber hinaus der folgende § 16 Abs. 2 Satz 2 in das UWG integriert werden: „Vertriebssysteme, die nicht auf den Produktabsatz in die Struktur hinein, sondern auf den Produktabsatz an Endverbraucher ausgerichtet sind, und die ihren Vertriebsrepräsentanten zur Erreichung dieses Ziels Provisionen für das Anwerben weiterer Verkaufspersonen in Abhängigkeit von deren tatsächlichen Warenverkäufen an Endverbraucher gewähren (Multi-Level-Marketing-Systeme), werden von Satz 1 nicht erfasst."

12. Literaturverzeichnis

Achenbach, Hans; Ransiek, Andreas, Handbuch Wirtschaftsstrafrecht, 2. Auflage, Heidelberg 2008

Alexander, Christian, Die strafbare Werbung in der UWG-Reform, WRP 2004, 407 ff.

Althoff, Anne, Existenzgründung und Zweiteinkommen mit Multi-Level Marketing, 4. Auflage, Frankfurt/New York 1997

Averill, Mary; Corkin, Bud, Netzwek-Marketing, die Geschäfte der 90er Jahre, Wien 1995

Arzt, Gunther; Weber, Ulrich, Strafrecht Besonderer Teil, Bielefeld 2000

Arzt, Gunther, Lehren aus dem Schneeballsystem, Festschrift für Koichi Miyazawa, Baden-Baden 1995, S. 519 ff.

Bamberger, Heinz Georg; Roth, Herbert, Kommentar zum Bürgerlichen Gesetzbuch, Band 1, §§ 1-610; 2. Auflage, München 2007

Baumann, Jürgen; Weber, Ulrich; Mitsch, Wolfgang, Strafrecht Allgemeiner Teil, 11. Auflage, Bielefeld 2003

Baumbach, Adolf; Hopt, Klaus J., Handelsgesetzbuch, 33. Auflage, München 2008

Beater, Axel, Unlauterer Wettbewerb, München 2002

Belz, Axel, Das Glücksspiel im Strafrecht, Diss., Marburg 1993

Berz, Ulrich, Formelle Tatbestandsverwirklichung und materieller Rechtsgüterschutz, Habil., München 1996

Beyer, Walter E., Franchising als Instrument zur „Festigung der Marktstellung", Diss., Berlin 1988

Bläse, Joachim, Die strafrechtliche Erfassung von Schneeballsystemen, insbesondere Kettenbrief- und System der progressiven Kundenwerbung, Diss., Stuttgart 1997

Bockelmann, Paul, Strafrecht Besonderer Teil/1 (Vermögensdelikte), 2. Auflage, München 1982

Bonner Kommentar zum Grundgesetz, Gesamtherausgeber Rudolf Dolzer, Teil 10, Art. 89-104, Loseblattsammlung, Heidelberg, Stand Oktober 2009

Brammsen, Jörg; Leible, Stefan, Multi-Level-Marketing im System des deutschen Lauterkeitsrechts, BB 1997, Beilage 10 zu Heft 32

Brammsen, Jörg, Auf dem Weg zu einer europäischen Direktvertriebsrichtlinie? EWS 2001, 312 ff.

Bruns, Hans-Jürgen, Neue Gesichtspunkte in der strafrechtlichen Beurteilung der modernen progressiven Kundenwerbung, Gedächtnisschrift für Horst Schröder, München 1978, S. 273 ff.

Dietlein, Johannes; Hecker, Manfred, Glücksspielrecht, 1. Auflage, München 2008
Ruttig, Markus

Dreher, Meinrad, Der Verbraucher – Das Phantom in den opera des europäischen und des deutschen Rechts, JZ 1997, 167 ff.

Dreier, Horst, Grundgesetz, Kommentar, Band III, Art. 83-146, 2. Auflage, Tübingen 2008

Dreyer, Clemens; Kreß, Markus, Die führenden Network Marketing Unternehmen, Köln 2004

Duden, Der Duden in zwölf Bänden, Das Fremdwörterbuch, 9. Auflage, Mannheim, Leipzig, Wien, Zürich 2007

Ebbing, Frank, Strukturvertrieb oder Schneeballsystem? Zur Zulässigkeit des Multilevel Marketing im US-amerikanischen Recht, GRUR Int. 1998, 15 ff.

Ekey, Friedrich L.; Klippel, Diethelm; Kotthoff, Jost; Meckel, Astrid; Plaß, Gunda, Heidelberger Kommentar zum Wettbewerbsrecht, 2. Auflage, Heidelberg 2005

Elster, Alexander, Mündliche Mitteilungen und §§ 3, 4 UWG, GRUR 1930, 1093 ff.

Ensthaler, Jürgen, Gemeinschaftskommentar zum Handelsgesetzbuch mit UN-Kaufrecht, 7. Auflage, Neuwied 2007

Erbs, Georg; Kohlhaas, Max, Strafrechtliche Nebengesetze, Band 4, Loseblattsammlung, München, Stand Juli 2009

Erman, Bürgerliches Gesetzbuch, herausgegeben von Harm Peter Westermann, Band I, §§ 1 – 758, 12. Auflage, Köln 2008

Faber, Wolfgang, Elemente verschiedener Verbraucherbegriffe in EG-Richtlinien, zwischenstaatlichen Übereinkommen und nationalem Zivil- und Kollisionsrecht, ZEuP 1998, 854 ff.

Fabricius, Fritz, Die rechtliche Behandlung von Falschreklame durch Vertreterkollektive gemäß §§ 3, 4 UWG, GRUR 1965, 521 ff.

Fahl, Christian, Vermögensschaden beim Betrug, JA 1995, 198 ff.

Fezer, Karl-Heinz, Lauterkeitsrecht, Kommentar zum Gesetz gegen den unlauteren Wettbewerb (UWG), Band1: §§ 1-4, Band 2: §§ 5-22 UWG, 2. Auflage, München 2010

Finger, Thorsten, Strafbarkeitslücken bei so genannten Kettenbrief-, Schneeball- und Pyramidensystemen, ZRP 2006, 159 ff.

Fischer, Thomas, Strafgesetzbuch und Nebengesetze, 57 Auf-lage, München 2010

Frehrking, Daniel-Christian; Schöffski, Oliver, Strukturvertrieb von Finanzdienstleistungen, ZfB 1994, 571 ff.

Friauf, Karl Heinrich, Kommentar zur Gewerbeordnung – GewO, §§ 1-34e, Loseblattsammlung, Köln, Stand: Oktober 2009

Füllkrug, Michael; Wahl, Adolf, Kein Bargeld mehr auf dem Spieltisch, Kriminalistik 1984, 533 ff.

Füllkrug, Michael, Verbotenes Glück – kriminalistische Probleme bei der Bekämpfung des unerlaubten Glücksspiels, Kriminalistik 1990, 101 ff.

Gallwas, Hans-Ullrich, Strafnormen als Grundrechtsproblem, MDR 1969, 892 ff.

Geerds, Friedrich, Zur Problematik der strafrechtlichen Deliktstypen, Festschrift für Karl Engisch, Frankfurt am Main, S. 406 ff.

Granderath, Peter, Strafbarkeit von Kettenbriefaktionen!, wistra 1988, 173 ff.

Grebing, Gerhardt, Die Strafbarkeit zur progressiven Kundenwerbung und der Wirtschaftsspionage im Entwurf zur Änderung des UWG, wistra 1984, 169 ff.

Grebing, Gerhardt, Strafrecht und unlauterer Wettbewerb – zur Reform des § 4 UWG, wistra 1982, 83 ff.

Gribkowsky, Gerhard, Strafbare Werbung (§ 4 UWG), Diss., Pfaffenweiler 1989

Günther, Hans-Ludwig, Die Genese eines Straftatbestandes, Eine Einführung in Fragen der Strafgesetzgebungslehre, JuS 1978, 8 ff.

Hannemann, Susanne, Vertrieb von Finanzdienstleistungen; Einsatz von Maklern, Handelsvertretern und Franchise-Systemen, Diss., Wiesbaden 1993

Hansen, Britta, Legitimation und Reichweite der §§ 284 ff. StGB und § 16 II UWG – Glücksspiel und progressive Kundenwerbung, Aachen 2010

Harte-Bavendamm, Henning; Henning-Bodewig, Frauke, Gesetz gegen den unlauteren Wettbewerb, München 2009

Hartlage, Bernd, Progressive Kundenwerbung – immer wettbewerbswidrig?, WRP 1997, 1 ff.

Hecker, Bernd, Strafbare Produktwerbung im Lichte des Gemeinschaftsrechts, Habil., Tübingen 2001

Heine, Günter, Oddset-Wetten und § 284 StGB, wistra 2003, 441 ff.

Hérnandez, Héctor, Strafrechtlicher Vermögensschutz vor irreführender Werbung – § 4 UWG, Diss., Heidelberg 1999

Heymann, Ernst, Handelsgesetzbuch, Band 4, §§ 343 – 475h, 2. Auflage, Berlin 2005

Jakobs, Günther, Strafrecht Allgemeiner Teil, 2. Auflage, Berlin, New York 1991

Jescheck, Hans-Heinrich; Weigend, Thomas, Lehrbuch des Strafrechts, Allgemeiner Teil, 5. Auflage, Berlin 1996

Joecks, Wolfgang, Anleger- und Verbraucherschutz durch das 2. WiKG, wistra 1986, 142 ff.

Juris Praxiskommentar UWG, herausgegeben von Eike Ullmann, 1. Auflage, Saarbrücken 2006

Kaub, Erich, Franchise-Systeme in der Gastronomie, Diss., Saarbrücken 1980

Kellermann, Markus, Der deutsche Verbraucherbegriff – Eine Würdigung der streitigen Einzelfälle, JA 2005, 546 ff.

Kindhäuser, Urs; Neumann, Ulfrid; Paeffgen, Hans-Ullrich, Strafgesetzbuch, Band 2, §§ 146-358, 2. Auf age, Baden-Baden 2005

Köhler, Helmut; Bornkamm, Joachim, Gesetz gegen den unlauteren Wettbewerb, 28. Auflage, München 2010

Köhler, Helmut; Lettl, Tobias, Das geltende europäische Lauterkeitsrecht, Der Vorschlag für eine EG-Richtlinie über unlautere Geschäftspraktiken und die UWG-Reform, WRP 2003, 1019 ff.

Koller, Ingo; Roth, Wulf-Henning; Morck, Winfried, Handelsgesetzbuch, 6. Auflage, München 2007

Krack, Ralf, Legitimationsdefizite des § 16 Abs. 2 UWG, Festschrift für Harro Otto, Köln, Berlin, München 2007, S. 609 ff.

Kühn, Richard; Ruetsch Keller, Brigitte, Strukturvertrieb als neuer Vertriebswerg, Alternative Vertriebswege, herausgegeben von Tomczak, Torsten / Belz, Christian / Schögel, Markus / Birkhofer, Ben, St. Gallen 1999

Kulke, Ulrich, Kurzkommentar zu BGH, Beschluss vom 24.2.2005, III ZB 36/04, EWiR 2005, 781 f.

Küper, Wilfried, Strafrecht Besonderer Teil, 7. Auflage, Heidelberg 2008

Lackner, Karl, § 13 StGB – eine Fehlleistung des Gesetzgebers?, Festschrift für Wilhelm Gallas, Berlin, New York 1973, S. 117 ff.

Lackner, Karl; Kühl, Kristian, Strafgesetzbuch, Kommentar, 26. Auflage, München 2007

Lampe, Ernst-Joachim, Strafrechtliche Probleme der „progressiven Kundenwerbung", GA 1977, 33 ff.

Lampe, Ernst-Joachim, Falsches Glück – BayObLG, NJW 1993, 2820, JuS 1994, 737 ff.

Lampe, Ernst-Joachim, Strafrechtlicher Schutz gegen irreführende Werbung, Festschrift für Richard Lange, Berlin 1976, S. 455 ff.

Landmann, Robert; Rohmer, Gustav, Gewerbeordnung, Band I, Loseblattsammlung, München, Stand: Mai 2009

Langer, Winrich, Die tatbestandsmäßige Strafwürdigkeit, Festschrift für Harro Otto, Köln, Berlin, München 2007, S. 107 ff.

Larenz, Karl; Wolf, Manfred, Allgemeiner Teil des Bürgerlichen Rechts, 9. Auflage, München 2004

Larenz, Karl; Canaris, Claus-Wilhelm, Methodenlehre der Rechtswissenschaft, 3. Auflage, Berlin, Heidelberg, New York 1995

Lehmann, Michael, Die UWG-Neuregelungen 1987 – Erläuterungen und Kritik, GRUR 1987, 199 ff.

Lehmler, Lutz, UWG, 1. Auflage, Neuwied 2007

Leible, Stefan, Multi-Level-Marketing ist nicht wettbewerbswidrig!, WRP 1998, 18 ff.

Leipziger Kommentar, Strafgesetzbuch, Kommentar, herausgegeben von Burkhard Jähnke, Heinrich Wilhelm Laufhütte, Walter Odersky, Band 7, §§ 264-302, 11. Auflage, Berlin 2005; Band 1, §§ 1-31, 12. Auflage, Berlin 2007

Lettl, Tobias, Der Schutz der Verbraucher nach der UWG Reform, GRUR 2004, 449 ff.

Maiwald, Manfred, Zum fragmentarischen Charakter des Strafrechts, Festschrift für Reinhart Maurach, Karlsruhe 1972, S. 9 ff.

Martinek, Michael, Franchising, Habil., Heidelberg 1987

Mäsch, Gerald; Hesse, Katharina, Multi-Level-Marketing im straffreien Raum, GRUR 2011, 10 ff.

Matutis, Cornelius, UWG, Praktikerkommentar zum Gesetz gegen den unlauteren Wettbewerb, Berlin 2005

Maurach, Reinhart; Schroeder, Friedrich-Christian Maiwald, Manfred, Strafrecht Besonderer Teil, Teilband 1, 10. Auflage, Heidelberg 2009

Maurach, Reinhart; Zipf Heinz, Strafrecht Allgemeiner Teil, Teilband 1, 8. Auflage, Heidelberg 1992

Meyer, Frank Strafbarkeit und Strafwürdigkeit von „Stalking" im deutschen Recht, ZStW 115 (2003), 249 ff.

Meyer, Klaus; Möhrenschläger, Manfred, Möglichkeiten des Straf- und Ordnungswidrigkeitenrechts zur Bekämpfung unlauteren Wettbewerbs, Wirtschaft und Verwaltung 1982, 21 ff.

Micklitz, Hans-W.; Monazzahian, Bettina; Rößler, Christina, Door to door selling – Pyramid selling – Multi Level Marketing, Conntract No. A0/7050/98/000156, A study commissioned by the European Commission, final report

Mülbert, Peter O., Der (zukünftige) Gesellschafter – stets ein Verbraucher? Festschrift für Walther Hadding, Berlin 2004, S. 575 ff.

Müller-Gugenberger, Christian; Münster, Bieneck, Klaus, Wirtschaftsstrafrecht, 4. Auflage, Köln, 2006

von Münch, Ingo; Kunig, Philip, Grundgesetz Kommentar, Band 3, Art. 70-146, 5. Auflage, München 2003

Münchener Kommentar, Strafgesetzbuch, herausgegeben von Roland Hefendehl und Olaf Hohmann; Band 4, §§ 263-358 StGB, §§ 1-8, 105, 106 JGG, München 2006; Band 1, §§ 1-51, München 2003

Münchener Kommentar, Bürgerliches Gesetzbuch, herausgegeben von Franz Jürgen Säcker und Roland Rixecker, Band 1, Allgemeiner Teil, 1. Halbband, §§ 1-240, AGB-Gesetz, 5. Auflage, München 2006

Münchener Kommentar, Handelsgesetzbuch, herausgegeben von Karsten Schmidt, Band 1, §§ 1-104, 2. Auflage, München 2005

Münchener Kommentar, Lauterkeitsrecht, herausgegeben von Peter W. Heermann und Günter Hirsch, Band 1, §§ 1-4 UWG, München 2006, Band 2, §§ 5-22 UWG, München 2006

Nestoruk, Igor, Strafrechtliche Aspekte des unlauteren Wettbewerbs, Diss., Heidelberg 2003

Nordemann, Axel; Nordemann, Jan Bernd; Nordemann, Wilhelm, Wettbewerbsrecht Markenrecht; 10. Auflage, Baden-Baden 2004

Olesch, Norbert, § 16 II UWG: Ein Schiff ohne Wasser, WRP 2007, 908 ff.

Otto, Harro, Grundkurs Strafrecht, Allgemeine Strafrechtslehre, 7. Auflage, Berlin 2004

Otto, Harro, Wirtschaftliche Gestaltung am Strafrecht vorbei – dargestellt am Beispiel des § 6c UWG, Jura 1999, 97 ff.

Otto, Harro, „Geldgewinnspiele" und verbotene Schneeballsysteme nach § 6c UWG, wistra 1997, 81 ff.

Otto, Harro, Strafwürdigkeit und Strafbedürftigkeit als eigenständige Deliktskategorien, Gedächtnisschrift für Horst Schröder, München 1978, S. 53 ff.

Otto, Harro, Die strafrechtliche Bekämpfung unseriöser Geschäftstätigkeit, Lübeck 1990

Otto, Harro, Gewerbliche Lottospielgemeinschaften als Lotterie, Jura 1997, 385 ff.

Otto, Harro, Die Reform des strafrechtlichen Schutzes vor unwahrer Werbung – Dargestellt am Problem der Bekämpfung unwahrer Werbung für Adressbücher u.ä. Verzeichnisse –, GRUR 1979, 90 ff.

Otto, Harro, Die Reform des strafrechtlichen Schutzes gegen irreführende Werbung, GRUR 1982, 274 ff.

Otto, Harro, Strafrechtliche Aspekte der Anlagenberatung, WM 1988, 729 ff.

Otto, Harro; Brammsen, Jörg, Progressive Kundenwerbung, Strukturvertriebe und Multi-Level-Marketing, WiB 1996, 281 ff.

Palandt, Otto, Bürgerliches Gesetzbuch, 69. Auflage, München 2010;
 Bürgerliches Gesetzbuch, 67. Auflage, München 2008

Peters, Karl, Beschränkung der Tatbestände im besonderen Teil, ZStW 77 (1965), 470 ff.

Piper, Henning; Ohly, Ansgar, Sosnitza, Olaf, Gesetz gegen den unlauteren Wettbewerb, 5. Auflage, München 2010

Pfeiffer, Gerd, Strafbare Werbung (§ 4 UWG), Festschrift für Otfried Lieberknecht, München 1997, S. 207 ff.

Prasse, Christian, Uneingeschränkte Inhaltskontrolle von AGB bei Franchiseverträgen, ZGS 2002, 354 ff.

Prasse, Christian, Existenzgründer als Unternehmer oder Verbraucher? – Die neue Rechtsprechung des BGH, MDR 2005, 961 ff.

Raube, Ralf, Strafrechtliche Probleme der progressiven Kundenwerbung unter besonderer Berücksichtigung von Kettenbriefen, Diss., Pfaffenweiler 1995

Reineke, Björn; Howaldt, Kai, Strukturvertrieb: Erfahrungen, Herausforderungen und ein Vorgehensmodell, Alternative Vertriebswege, herausgegeben von Tomczak, Torsten / Belz, Christian / Schögel, Marcus / Birkhofer, Ben, St. Gallen 1999

Rengier, Rudolf, Strafrecht Besonderer Teil I, Vermögensdelikte, 11. Auflage, München 2009

Richter, Hans, Kettenbriefe und Schneeballsysteme, WIK 1983, 196 ff; 1984, 12 ff.

Robinski, Severin, Gewerberecht, 2. Auflage, München 2002

Röhricht, Volker; Graf von Westphalen, Friedrich, Handelsgesetzbuch, 3. Auflage, Köln 2008

Romanovszky, Bernd, Verbotene Werbung, Neue Bestimmungen im UWG, StWK Heft 8 vom 29.04.1994, Gruppe 20, S.427 ff.

Roxin, Claus, Strafrecht Allgemeiner Teil, Band I, 4. Auflage, München 2006

Rudolphi, Hans-Joachim, Die verschiedenen Aspekte des Rechtsgutsbegriffs, Festschrift für Richard M. Honig, Göttingen 1970, S. 151 ff.

Sachs, Michael, Grundgesetz Kommentar, 5. Auflage, München 2009

Satzger, Helmut; Schmitt, Bertram; Widmaier, Gunter, Strafgesetzbuch Kommentar, 1. Auflage, Köln 2009

Scharfenorth, Stephan, Erfolgreich im Strukturvertrieb: Grundlagen, Karriereschritte und Vertriebspraxis, 1. Auflage, Wiesbaden 2004

Schild, Wolfgang, Die Öffentlichkeit der Lotterie des § 286 StGB, NStZ 1986, 446 ff.

Schlüchter, Ellen, Zweites Gesetz zur Bekämpfung der Wirtschaftskriminalität, Heidelberg 1987

Schlussas, Martin, Möglichkeiten und Grenzen der Vertragsaufhebung bei irreführender Werbung, Diss., Mainz 1985

Schmahl, C. H., Multi Level Marketing, Erläuterung des Multi Level Marketing und Eingliederung in den wirtschaftlichen Kontext mit Darstellung der Chancen und Risiken für Unternehmen, Networker und Konsumenten durch Multi Level Marketing als alternativer Vertriebskanal, Aachen 2006

Schmidt, Eberhard, Das Gesetz gegen das Glücksspiel vom 23. Dezember 1919, ZStW 41 (1921), 609 ff.

Schmidt, Karsten, Handelsrecht, 5. Auflage, Köln, Berlin, Bonn, München 1999

Schmidt, Karsten, Verbraucherbegriff und Verbrauchervertrag – Grundlagen des § 13 BGB, JuS 2006, 1 ff.

Schmidt-Bleibtreu, Bruno; Hofmann, Hans; Hopfauf, AxelGG, Kommentar zum Grundgesetz, 11. Auflage, Köln, München 2008

Schmoller, Kurt, Ermittlung des Betrugsschadens bei Bezahlung eines marktüblichen Preises, ZStW 103 (1991), 92 ff.

Schönke, Adolf; Schröder, Horst, Strafgesetzbuch, 27. Auflage, München 2006

Schultze, Jörg-Martin; Wauschkuhn, Ulf, Spenner, Katharina; Dau, Carsten, Der Vertragshändlervertrag, 4. Auflage, Frankfurt am Main 2008

Schwarz, Volker, Die strafrechtliche Erfassung irreführender Werbung, Diss., Tübingen 2001

Seeger, Barbara, Das Network-Marketing-Konzept, Chancen und Risiken eines Vertriebswegs, Diplomarbeit, Hamburg 2007

Simon, Eric, Gesetzesauslegung im Strafrecht, Diss., Berlin 2005

Skaupy, Walther, Franchising, Handbuch für Betriebs- und Rechtspraxis, 2. Auflage, München 1995

Soergel, Hs. Th., Bürgerliches Gesetzbuch, Band 2a, §§ 13, 14, 126a-127, 194-225, 13. Auflage, Stuttgart 2002

Staub, Hermann, Handelsgesetzbuch, Großkommentar, herausgegeben von Claus-Wilhelm Canaris, Mathias Habersack, Carsten Schäfer, 2. Band, §§ 48 - 104, 5. Auflage, Berlin 2008

Staudinger, Kommentar zum Bürgerlichen Gesetzbuch mit Einführungsgesetz und Nebengesetzen Einleitung zum BGB; Buch 1, Allgemeiner Teil, §§ 1-14; Verschollenheitsgesetz; Neubearbeitung, Berlin 2004

Stratenwerth, Günter, Zum Streit der Auslegungstheorien, Festschrift für Oscar Adolf Germann, Bern 1969, S. 257 ff.

Suhr, Christian, Zur Begriffsbestimmung von Rechtsgut und Tatobjekt im Strafrecht, JA 1990, 303 ff.

Systematischer Kommentar zum Strafgesetzbuch, herausgegeben von Hans-Joachim Rudolphi und Eckhard Horn, §§ 1-27 und §§ 267-358 Loseblattsammlung, München/Unterschleißheim, Stand September 2009

Tettinger, Peter, J.; Wank, Rolf, Gewerbeordnung, 7. Auflage, München 2004

The Summit Group, Multi-Level Marketing, The definitive guide to America's top MLM companies, Fort Worth 1994

Thieme, Jan, Was ist eigentlich Direktvertrieb?, Die führenden Network Marketing Unternehmen, Hrsg. Dreyer, Clemens; Kreß, Markus, Köln 2004, S. 14 ff.

Thume, Karl-Heinz, Multi-Level-Marketing, ein sittenwidriges Vertriebssystem?, WRP 1999, 280 ff.

Tiedemann, Klaus, Wirtschaftskriminalität – ein Fall organisierter Kriminalität?, Festschrift für Walter Mallmann, Baden-Baden 1978, S. 359 ff.

Tiedemann, Klaus, Wettbewerb und Strafrecht, Karlsruhe, Heidelberg 1976

Tiedemann, Klaus, Nebenstrafrecht einschließlich Ordnungswidrigkeitenrecht (Wettbewerbsrecht), ZStW 86 (1974), 990 ff.

Tiedemann, Klaus, Strafrecht in der Marktwirtschaft, Festschrift für Walter Stree und Johannes Wessels, Heidelberg 1993, S. 527 ff.

Tiedemann, Klaus, Wirtschaftsstrafrecht, Einführung und Allgemeiner Teil, 2. Auflage 2007

Tietz, Bruno, Der Direktvertrieb an Konsumenten, Stuttgart 1993

Tietz, Bruno, Strukturvertrieb, WiSt 1994, 629 ff.

Tietz, Bruno, Struktur und Dynamik des Direktvertriebs, Landsberg am Lech, 1985

Többens, Hans W., Die Straftaten nach dem Gesetz gegen den unlauteren Wettbewerb (§§ 16-19 UWG), WRP 2005, 552 ff.

Ullmann, Eike, Die Verwendung von Marke, Geschäftsbezeichnung und Firma im geschäftlichen Verkehr, insbesondere des Franchising, Jahrbuch Franchising 1994, herausgegeben vom Deutschen Franchise-Verband e.V., Frankfurt am Main 1994, S. 59 ff.

Ulrich, Gustav-Adolf, Die Laienwerbung, Festschrift für Henning Piper, München 1996, S. 495 ff.

von Ungern-Sternberg, Joachim, Wettbewerbsbezogene Anwendung des § 1 UWG und normzweckgerechte Auslegung der Sittenwidrigkeit, Festschrift für Willi Erdmann, Köln, Berlin, Bonn, München, 2002, S. 741 ff.

UWG Großkommentar, herausgegeben von Rainer Jacobs, Walter F. Lindacher; Otto Teplitzky, erster Band, §§ 1-12, Berlin 2006 von Mangoldt, Hermann; Klein, Friedrich; Starck, Christian, Kommentar zum Grundgesetz, Band 1, 5. Auflage, München 2005

Volmer, Bernhard, Das Schneeballsystem, Ein Beitrag zur Strafbarkeit der progressiven Kundenwerbung, GRUR 1953, 196 ff.

Wabnitz, Heinz-Bernd; Janovsky, Thomas, Handbuch des Wirtschafts- und Steuerstrafrechts, 3. Auflage, München 2007

Wachter, Thomas, Handbuch des Fachanwalts für Handels- und Gesellschaftsrecht, 1. Auflage, Münster 2007

Weber, Ulrich, Die Vorverlegung des Strafrechtsschutzes durch Gefährdungs- und Unternehmensdelikte, ZStW-Beiheft 1987, 1 ff.

Wehling, Margret, Strukturvertrieb – kurzfristige Modeerscheinung oder Vertriebsorganisation der Zukunft? (Teil I), zfo 1994, 203 ff.

Wehling, Margret, Anreizsysteme im Multi-Level-Marketing, Stuttgart 1999

Weinberg, Peter; Besemer, Simone, Direct-Marketing in der Zukunft – Appointment-Selling durch Multi-Level-Marketing-Companies aus verhaltenswissenschaftlicher Sicht, in: Festschrift für Dr. Richard Köhler, Stuttgart 2002, S. 611 ff.

Weitemeier, Ingmar; Große, Wolfgang, System- und Kettenspiele, Kriminalistik 1996, 787 ff.

Wessels Johannes; Beulke, Werner, Strafrecht Allgemeiner Teil, 39. Auflage, Heidelberg, München, Landsberg, Berlin 2009

Wessels, Johannes; Hillenkamp, Thomas, Strafrecht Besonderer Teil/2, 32. Auflage, Heidelberg 2009

Willingmann, Armin, Systemspielverträge im Spannungsfeld zwischen Zivilrechtsdogmatik, Verbraucherschutz und Wettbewerbsrecht, VuR 1997, 299 ff.

Wolf, Manfred; Horn, Norbert; Lindacher, Walter F., AGB Gesetz, 4. Auflage, München 1999

Zacharias, Michael, Grußwort, Die führenden Network Marketing Unternehmen, Hrsg. Dreyer, Clemens; Kreß, Markus, Köln, 2004, S. 6 ff.

Zacharias, Michael, Network Marketing in Deutschland, Die führenden Network Marketing Unternehmen, Hrsg. Dreyer, Clemens; Kreß, Markus, Köln, 2004, S. 32 ff.

Zippelius, Reinhold, Rechtsphilosophische Aspekte der Rechtsfindung, JZ 1976, 150 ff.

UNSER BUCHTIPP !

Felix Walther

Bestechlichkeit und Bestechung im geschäftlichen Verkehr
Internationale Vorgaben und deutsches Strafrecht

Studien zum Wirtschaftsstrafrecht, Bd. 36, 2011
338 S., br., ISBN 978-3-86226-089-7, € 26,80

Die vorliegende Untersuchung ermittelt ausgehend von einem Vergleich zwischen dem geltenden deutschen Strafrecht und den internationalen Modelltatbeständen den konkreten Umsetzungsbedarf für den Tatbestand der Bestechlichkeit und Bestechung im geschäftlichen Verkehr. Im Anschluss an eine umfassende Darstellung des deutschen Umsetzungsentwurfs werden unter Zuhilfenahme einer rechtsvergleichenden Analyse die kriminalpolitischen Problemschwerpunkte einer Umsetzung der internationalen Vorgaben identifiziert und analysiert. Anschließend wird ein Umsetzungsvorschlag erarbeitet, der einerseits den internationalen Vorgaben genügt, andererseits aber auch die Eigenheiten des deutschen Korruptionsstrafrechts berücksichtigt.

☞ **Besuchen Sie unsere Internetseite!**

www.centaurus-verlag.de

UNSERE BUCHTIPPS !

■ Jochen Stockburger
Unternehmenskrise und Organstrafbarkeit wegen Insolvenzstraftaten
Reihe Rechtswissenschaften, Bd. 215, 2011, ca. 280 S.,
ISBN 978-386226-093-5, 25,80 €

■ Stefan Holzner
Die Online Durchsuchung
Entwicklung eines neuen Grundrechts
Reihe Rechtswissenschaften, Bd. 211, 2009, 84 S.,
ISBN 978-3-8255-0733-6, 17,90 €

■ Karl Huber
Strafrechtlicher Verfall und Rückgewinnungshilfe bei der Insolvenz des Täters
Studien zum Wirtschaftsstrafrecht, Bd. 35, 2011, 260 S.,
ISBN 978-3-86226-053-9, € 26,80

■ Patrick Alf Hinderer
Insolvenzstrafrecht und EU-Niederlassungsfreiheit am Beispiel der englischen company limited by shares
Studien zum Wirtschaftsstrafrecht, Bd. 34, 2011, 280 S.,
ISBN 978-3-86226-033-1, € 25,80

■ Carsten Labinski
Zur strafrechtlichen Verantwortlichkeit des directors einer englischen Limited
Studien zum Wirtschaftsstrafrecht, Bd. 33, 2011, 410 S.,
ISBN 978-3-86226-025-6, € 29,00

■ Stefan Arens
Untreue im Konzern
Studien zum Wirtschaftsstrafrecht, Bd. 32, 2010, 330 S.,
ISBN 978-3-8255-0764-0, € 26,90

■ Claudia Wunderlich
Die Akzessorietät des § 298 StGB zum Gesetz gegen Wettbewerbsbeschränkungen (GWB)
Studien zum Wirtschaftsstrafrecht, Bd. 31, 2009, 327 S.,
ISBN 978-3-8255-0752-7, € 28,00

■ Raphael Vergo
Der Maßstab der Verbrauchererwartung im Verbraucherschutzstrafrecht
Studien zum Wirtschaftsstrafrecht, Bd. 30, 2009, 380 S.,
ISBN 978-3-8255-0731-2, € 30,00

www.centaurus-verlag.de

MIX
Papier aus verantwortungsvollen Quellen
Paper from responsible sources
FSC® C105338

If you have any concerns about our products,
you can contact us on
ProductSafety@springernature.com

In case Publisher is established outside the EU,
the EU authorized representative is:
**Springer Nature Customer Service Center GmbH
Europaplatz 3, 69115 Heidelberg, Germany**

Printed by Libri Plureos GmbH
in Hamburg, Germany